NCS

IBK캐피탈

필기전형

PREFACE

우리나라 기업들은 1960년대 이후 현재까지 비약적인 발전을 이루었다. 이렇게 급속한 성장을 이룰 수 있었던 배경에는 우리나라 국민들의 근면성 및 도전정신이 있었다. 그러나 빠르게 변화하는 세계 경제의 환경에 적응하기 위해서는 근면성과 도전정신 이외에 또 다른 성장 요인이 필요하다.

한국기업들이 지속가능한 성장을 하기 위해서는 혁신적인 제품 및 서비스 개발, 선도 기술을 위한 R&D, 새로운 비즈니스 모델 개발, 효율적인 기업의 합병·인수, 신사업 진출 및 새로운 시장 개발 등 다양한 대안을 구축해 볼 수 있다. 하지만, 이러한 대안들 역시 훌륭한 인적자원을 바탕으로 할 때에 가능하다. 최근으로 올수록 기업체들은 자신의 기업에 적합한 인재를 선발하기 위해 기존의 학벌 위주의 채용을 탈피하고 기업 고유의 필기시험 또는 인·적성검사 제도를 도입하고 있는 추세이다.

IBK캐피탈에서도 업무에 필요한 역량 및 책임감과 적응력 등을 구비한 인재를 선발하기 위하여 고유의 필기시험을 치르고 있다. 본서는 IBK캐피탈 신입 채용에 대비하기 위한 필독서로 IBK캐피탈 필기시험의 출제경향을 철저히 분석하여 응시자들이 보다 쉽게 시험유형을 파악하고 효율적으로 대비할 수 있도록 구성하였다.

신념을 가지고 도전하는 사람은 반드시 그 꿈을 이룰 수 있습니다. 처음에 품은 신념과 열정이 취업 성공의 그 날까지 빛바래지 않도록 서원각이 수험생 여러분을 응원합니다.

STRUCTURE

---

01 의사소통능력

1 의사소통과 의사소통능력

(1) 의사소통

① 개념 … 사람들 간에 생각이나 감정, 정보, 의견 등을 교환하는 총체적인 행위로, 직장생활에서의 의사소통은 조직과 팀의 효율성과 효과성을 성취할 목적으로 이루어지는 구성원 간의 정보와 지식 전달 과정이라고 할 수 있다.

② 기능 … 공동의 목표를 추구해 나가는 집단 내의 기본적 존재 기반이며 성과를 결정하는 핵심 기능이다.

③ 의사소통의 종류
　㉠ 언어적인 것 : 대화, 전화통화, 토론 등

직업기초능력

NCS 직업기초능력평가 영역별 핵심이론정리와 출제예상문제를 수록하였습니다.

---

01 경제 · 금융

1 웨어러블 기기 등 비교적 크기가 작고 사물인터넷을 구성하는 사물 간 교환하는 데이터의 양이 많지 않은 기기를 무엇이라 하는가?
　① 소물　　　　　　　② 폭스
　③ 라인　　　　　　　④ 로더

　　TIP》 웨어러블 기기 등 비교적 크기가 작고 사물인터넷을 구성하는 사물 간 교환하는 데이터의 양이 많지 않은 기기를 소물(Small Thing)이라고 한다.
　　　　※ 소물인터넷 … 소물에 적용되는 사물 인터넷 기술

2 불황 하에서 인플레이션이 수습이 안 되는 상황을 나타내는 것은?

직무수행능력

경제 · 금융, 디지털 기초지식, 일반사회 관련 출제예상문제를 엄선하여 수록하였습니다.

---

01 인성검사의 개요

1 인성(성격)검사의 개념과 목적

인성(성격)이란 개인을 특징짓는 평범하고 일상적인 사회적 이미지, 즉 지속적이고 일관된 공적 성격(Public – personality)이며, 환경에 대응함으로써 선천적 · 후천적 요소의 상호작용으로 결정화된 심리적 · 사회적 특성 및 경향을 의미한다.

인성검사는 직무적성검사를 실시하는 대부분의 기업체에서 병행하여 실시하고 있으며, 인성검사만 독자적으로 실시하는 기업도 있다.

기업체에서는 인성검사를 통하여 각 개인이 어떠한 성격 특성이 발달되어 있고, 어떤 특성이 얼마나 부족한지, 그것이 해당 직무의 특성 및 조직문화와 얼마나 맞는지를 알아보고 이에 적합한 인재를 선발하고자 한다. 또한 개인에게 적합한 직무 배분과 부족한 부분을 교육을 통해 보완하도록 할 수 있다.

인성검사 및 면접

인성검사의 개요 및 실전 인성검사를 수록하여 취업에 마무리까지 대비할 수 있습니다. 면접의 기본과 면접기출을 수록하여 취업의 마무리까지 깔끔하게 책임집니다.

CONTENTS

IBK캐피탈 소개

IBK캐피탈의 소개 및 채용 정보를 수록하여 서류와 면접에
대비할 수 있습니다.

IBK캐피탈 소개

01 기업소개 및 채용안내

1 기업소개

(1) 회사개요

IBK캐피탈은 IBK금융그룹의 일원으로서 서민에서 벤처기업, 중소·중견기업 및 대기업에 이르기까지 언제나 최상의 금융서비스를 제공하는 여신전문금융회사입니다.

(2) Vision 및 Slogan

① Vision ··· 새로운 금융 행복한 고객

② Slogan ··· 새로운 도전, 혁신성장 2019

(3) 경영이념

혁신성장 기반 마련	리스크 관리강화	중장기 지속성장 기반 구축
• 기존상품 경쟁력 강화 • 新성장동력 마련 • IBK시너지 확대	• 자산건전성 관리 강화 • 리스크 선제적 대응 및 내부통제 강화 • 경영체계/윤리경영 확립	• 조직 구조의 개선 • 인력 운용 효율성 강화 • 정책금융 역할 강화

(4) 그룹사 소개

IBK캐피탈						
IBK캐피탈은 기술집약형 중소기업에 대한 벤처투자, M&A, PF등 투자업무와 함께 팩토링, 중소기업대출, 할부, 리스, 신용대출, 일반대출까지 고객맞춤의 종합금융서비스를 지원하는 여신전문금융회사입니다.						
IBK 기업은행	IBK 투자증권	IBK 연금보험	IBK 저축은행	IBK 시스템	IBK 신용정보	IBK 자산운용

2 **채용안내**

(1) 인재상

	IBKC 핵심가치 고객의 행복, 최강의 팀웍, 신뢰와 책임, 창조적 열정에 부합하는 인재
고객의 행복	고객에게 행복을 드리는 회사가 되겠다는 IBKC의 약속입니다.
최강의 팀웍	조직의 역량을 극대화하기 위한 IBKC의 일하는 방식입니다.
신뢰와 책임	언제나 바른길을 가는 IBKC의 마음가짐입니다.
창조적 열정	창의적 사고와 탁월한 실행력으로 미래를 창조하는 IBKC의 힘입니다.

(2) 인사/복리후생

① 인사제도

  ㉠ **직무순환** : 당사는 사원급에서는 다양한 영역의 업무를 배울 수 있는 순환근무를 원칙으로 하고 있으며 책임자부터는 개개인의 적성과 능력을 감안하여 부서배치를 하고 있습니다.

  ㉡ **승진** : 당사는 개개인의 인사고과와 연수성적을 바탕으로 하여 공정한 승진기회를 제공하고 있습니다.

  ㉢ **급여체계** : 당사는 호봉제를 바탕으로 한 급여체계를 유지하고 있으며 경영실적에 따른 성과급 제도를 운용하고 있습니다.

② 연수제도

  ㉠ **신입사원 연수** : 자체 신입사원 연수, OJT 및 멘토링 제도 운영

  ㉡ **기본연수** : 사내기본연수, 사외연수(한국금융연수원 통신/사이버연수)

  ㉢ **직무연수** : 담당 직무 전문성 확보를 위한 사외 직무연수(집합연수)

③ 복리후생제도

건강검진	• 매년 전임직원 정기 건강검진 및 예방접종 실시
휴가제도	• 연차휴가 : 근로기준법에 의거 연차휴가 실시 • 청원휴가 : 결혼, 출산, 사망 등 사유 발생시 • 인병휴가 : 업무상 질병 또는 부상 시 180일 이내 • 특별휴가 : 산전후휴가, 생리휴가 등
경조사 지원	• 경조금 : 결혼, 출산, 회갑, 칠순 등 • 장례지원서비스, 장례용품, 조화 및 화환 제공
사내근로복지기금 운영	• 유치원비 보조 • 명절, 가정의달 기념품 지급 • 미혼직원 임차자금 지원 • 복지포인트 지급 • 임직원 단체상해보험가입 추가
직원주거안정	• 사택대여 • 주택구입자금 융자 • 임차보증금 융자 • 가계안정자금 융자
기타복리후생	• 휴양콘도 운영 • 생일축하선물 지급 • 결혼기념일선물 지급 • 근로자의 날, 창립기념일 기념품 지급 • 출산장려비 지급 등

(3) 채용안내(2019년 신입사원 모집 기준)

① 모집분야 및 인원

모집분야	인원	기본자격
일반분야	00명	학력 및 전공제한 없음
전산분야	0명	IT관련 전공자 및 정보처리기사

② 응시자격

㉠ IBK 핵심가치(고객의 행복, 신뢰와 책임, 창조적 열정, 최강의 팀웍)에 부합하는 인재 는 누구나 지원가능

㉡ 남자의 경우 병역필 또는 면제자로 해외여행에 결격사유가 없는 자

㉢ 2019년 7월 신입사원 연수 참가 및 8월 근무 가능한 자

③ 우대사항

구분		우대사항/자격	우대전형	우대방식	증빙서류
전문자격증 소지자	일반 분야	변호사, 변리사, 공인회계사, 세무사, 감정평가사, CFA, FRM, AICPA	서류전형	당사요건 충족 시 우선합격	자격시험 합격증
	전산 분야	OCP, CCNA, 리눅스마스터, MICSA			
국가보훈대상자		관련법에 의거 우대	서류전형 필기전형 면접전형	가점	취업지원 대상자 증명서
장애인		–	서류전형	당사요건 충족 시 우선합격	장애인 증명서

④ 전형절차

1단계	2단계	3단계
서류전형	필기전형 • 직업기초능력검사 • 직무수행능력검사 • 인성검사	논술 및 면접전형 (집단토론/임원)

㉠ 1단계(서류전형) : 채용예정인원의 약 66배수 합격
- 지원방법 : 온라인 접수
- 접수기간 : 2019. 5. 8.~5. 23.
- 입사지원서의 내용이 불성실하고 불량한 경우(회사명 오류기재, 내용부족, 반복된 답변 등) 필기시험 응시 제한
- 서류전형 합격자발표 예정일 : 2019. 6. 5.

㉡ 2단계(필기전형) : 채용예정인원의 약 3배수 합격
- 필기전형 예정일 : 2019. 6. 15. 장소 추후공지
- 필기전형 합격자발표 예정일 : 2019. 6. 20.

㉢ 3단계(논술 및 면접전형)
- 논술 및 면접전형 예정일 : 2019. 6. 28.
- 논술 및 면접 프로그램을 통해 창의력, 논리력, 협상력, 친화력 등에 대한 평가 및 가치관, 인성, 입사의지, 조직적합성 등을 종합적으로 평가

– IBK캐피탈, 조직 개편 단행 –

영업 관련 사업본부를 리테일, 기업금융, IB 등 3개 사업본부로 통합
미래성장 역량 확보를 위해 미래사업팀·창업벤처투자팀 신설

　IBK캐피탈이 대·내외 환경의 불확실성 증대와 대형 IB 출현 및 경쟁격화, 주 52시간 근로제 본격 시행 등 환경 변화에 효율적으로 대응하기 위해 조직을 개편한다고 밝혔다.

　IBK캐피탈은 그동안 중복요인이 있던 영업 관련 사업본부를 리테일(할부·리스 등), 기업금융, IB 등 3개 사업본부로 통합해 영업 사업본부 업무영역 및 성장경로를 명확하게 구분했다. 또 각 사업본부장에게는 인사·예산·전략수립 권한 위임을 확대해 사업본부장 중심의 책임경영 체계를 강화한다.

　기업금융본부와 IB본부는 중요성과 미래성장 가능성을 감안해 조직 및 인력을 확충한다. 기업금융과 IB 중심 자산 성장을 강화한다는 방침이다. 자산 건전성 제고와 신속하고 효율적인 여신 및 투자 결정을 위해 심사부를 심사본부로 확대했다. 또 여신위원회 밑에 별도의 심사협의체를 신설해 운영의 효율성을 강화했다.

　뿐만 아니라 중소기업 인수합병(M&A) 등 신사업 개발과 미래 먹거리 발굴 등 미래성장 역량 확보를 위해 미래사업팀을 신설했다. 이 외에도 초기 창업기업 투자를 강화하고 'IBK 창공'을 비롯한 IBK금융그룹 정책금융 시너지 제고를 위해 창업벤처투자팀을 신설했다.

　중복 사업본부 및 영업점은 통폐합했다. 이를 통해 조직효율성을 제고하고, 창출된 인력을 기업금융, IB, 심사 등 필요 부문에 충원한다는 방침이다. 특히 인력운용 효율성을 제고하고, 주 52시간 시행에도 능동적으로 대처한다는 계획이다.

　김성태 IBK캐피탈 대표는 "대내외적인 불확실성이 지속되고 경쟁이 격화되는 환경에 대응하기 위해 이번 조직개편으로 책임경영 체계를 강화한다."라며 "업무 효율성을 제고하고 신시장, 신상품, 신서비스 개발을 강화하고자 한다."라고 밝혔다.

– 2019. 4. 12.

– 창립 32주년 IBK캐피탈, 모바일 앱 출시 –

스탁론, 할부금융, 메디칼론 3가지 상품 제공

11월 1일, 기업은행 자회사인 IBK캐피탈은 창립 32주년을 맞이했다. 32년 전, 중소·벤처 기업의 육성과 금융지원이라는 목표 아래 한국 최초의 창업투자회사인 한국기업개발금융으로 설립된 IBK캐피탈은 IMF, 미국발 신용위기 등, 수많은 어려움 속에서도 기업금융, 신기술투자, 할부, 리스 등 다양한 포트폴리오를 갖춘 여신전문금융회사로 성장했다.

IBK캐피탈은 2017년초 이상진 대표이사 취임 이래 지난 2년간 뛰어난 경영성과를 이루었다. 금융자산은 2016년말 대비 2018년 9월말 현재 33% 증가한 6조원을 돌파하였고, 순이익은 2016년 722억 원, 2017년 776억 원, 2018년 9월 현재 801억 원으로 이미 전년도 전체 수익을 넘어서면서 올해도 사상 최고의 실적 달성을 예고하고 있다.

최근 IBK캐피탈은 4차 산업혁명, 핀테크 등 금융시장 패러다임 변화에 맞춰 모바일 앱을 선보였다. 현재 IBK캐피탈 모바일 앱에서는 스탁론, 할부금융, 메디칼론 3가지 상품을 제공하고 있다. 스탁론은 심사부터 대출까지 전 프로세스가 비대면으로 진행이 가능하고, 할부금융과 메디칼론은 고객이 앱으로 대출을 신청을 하면 상담사와 상담 후 대출을 진행하게 된다.

IBK캐피탈 관계자는 "비대면 대출거래가 가능한 모바일 앱 출시로 리테일 금융상품에 대한 고객 접근성과 온라인창구기능 강화에 따른 고객 편의성이 대폭 향상될 것으로 기대된다."며, "리테일 영업 강화를 통해 기업금융과 소매금융을 모두 아우르는 종합 여신전문금융회사로 거듭나는 계기가 될 것"이라고 밝혔다.

한편 이번 모바일 앱 출시로 IBK캐피탈은 모바일 신상품 출시 기반 확보, 대고객 서비스 개선 및 업무 효율성 제고 등으로 IBK캐피탈의 비전인, "새로운 금융, 행복한 고객" 달성 기반을 마련했다는 평가다.

– 2018. 11. 1.

직업기초능력

적중률 높은 영역별 출제예상문제를 상세하고 꼼꼼한 해설과 함께 수록하여
학습효율을 확실하게 높였습니다.

직업기초능력

01 의사소통능력

1 의사소통과 의사소통능력

(1) 의사소통

① **개념** … 사람들 간에 생각이나 감정, 정보, 의견 등을 교환하는 총체적인 행위로, 직장생활에서의 의사소통은 조직과 팀의 효율성과 효과성을 성취할 목적으로 이루어지는 구성원 간의 정보와 지식 전달 과정이라고 할 수 있다.

② **기능** … 공동의 목표를 추구해 나가는 집단 내의 기본적 존재 기반이며 성과를 결정하는 핵심 기능이다.

③ **의사소통의 종류**
　　㉠ 언어적인 것 : 대화, 전화통화, 토론 등
　　㉡ 문서적인 것 : 메모, 편지, 기획안 등
　　㉢ 비언어적인 것 : 몸짓, 표정 등

④ **의사소통을 저해하는 요인** … 정보의 과다, 메시지의 복잡성 및 메시지 간의 경쟁, 상이한 직위와 과업지향형, 신뢰의 부족, 의사소통을 위한 구조상의 권한, 잘못된 매체의 선택, 폐쇄적인 의사소통 분위기 등

(2) 의사소통능력

① **개념** … 의사소통능력은 직장생활에서 문서나 상대방이 하는 말의 의미를 파악하는 능력, 자신의 의사를 정확하게 표현하는 능력, 간단한 외국어 자료를 읽거나 외국인의 의사표시를 이해하는 능력을 포함한다.

② **의사소통능력 개발을 위한 방법**
　　㉠ 사후검토와 피드백을 활용한다.
　　㉡ 명확한 의미를 가진 이해하기 쉬운 단어를 선택하여 이해도를 높인다.
　　㉢ 적극적으로 경청한다.
　　㉣ 메시지를 감정적으로 곡해하지 않는다.

2 의사소통능력을 구성하는 하위능력

(1) 문서이해능력

① 문서와 문서이해능력

ㄱ 문서 : 제안서, 보고서, 기획서, 이메일, 팩스 등 문자로 구성된 것으로 상대방에게 의사를 전달하여 설득하는 것을 목적으로 한다.

ㄴ 문서이해능력 : 직업현장에서 자신의 업무와 관련된 문서를 읽고, 내용을 이해하고 요점을 파악할 수 있는 능력을 말한다.

예제 1

다음은 신용카드 약관의 주요내용이다. 규정 약관을 제대로 이해하지 못한 사람은?

[부가서비스]
카드사는 법령에서 정한 경우를 제외하고 상품을 새로 출시한 후 1년 이내에 부가서비스를 줄이거나 없앨 수가 없다. 또한 부가서비스를 줄이거나 없앨 경우에는 그 세부내용을 변경일 6개월 이전에 회원에게 알려주어야 한다.

[중도 해지 시 연회비 반환]
연회비 부과기간이 끝나기 이전에 카드를 중도해지하는 경우 남은 기간에 해당하는 연회비를 계산하여 10 영업일 이내에 돌려줘야 한다. 다만, 카드 발급 및 부가서비스 제공에 이미 지출된 비용은 제외된다.

[카드 이용한도]
카드 이용한도는 카드 발급을 신청할 때에 회원이 신청한 금액과 카드사의 심사 기준을 종합적으로 반영하여 회원이 신청한 금액 범위 이내에서 책정되며 회원의 신용도가 변동되었을 때에는 카드사는 회원의 이용한도를 조정할 수 있다.

[부정사용 책임]
카드 위조 및 변조로 인하여 발생된 부정사용 금액에 대해서는 카드사가 책임을 진다. 다만, 회원이 비밀번호를 다른 사람에게 알려주거나 카드를 다른 사람에게 빌려주는 등의 중대한 과실로 인해 부정사용이 발생하는 경우에는 회원이 그 책임의 전부 또는 일부를 부담할 수 있다.

① 혜수 : 카드사는 법령에서 정한 경우를 제외하고는 1년 이내에 부가서비스를 줄일 수 없어.

② 진성 : 카드 위조 및 변조로 인하여 발생된 부정사용 금액은 일괄 카드사가 책임을 지게 돼.

③ 영훈 : 회원의 신용도가 변경되었을 때 카드사가 이용한도를 조정할 수 있어.

④ 영호 : 연회비 부과기간이 끝나기 이전에 카드를 중도 해지하는 경우에는 남은 기간에 해당하는 연회비를 카드사는 돌려줘야 해.

답 ②

② 문서의 종류

    ㉠ **공문서** : 정부기관에서 공무를 집행하기 위해 작성하는 문서로, 단체 또는 일반회사에서 정부기관을 상대로 사업을 진행할 때 작성하는 문서도 포함된다. 엄격한 규격과 양식이 특징이다.

    ㉡ **기획서** : 아이디어를 바탕으로 기획한 프로젝트에 대해 상대방에게 전달하여 시행하도록 설득하는 문서이다.

    ㉢ **기안서** : 업무에 대한 협조를 구하거나 의견을 전달할 때 작성하는 사내 공문서이다.

    ㉣ **보고서** : 특정한 업무에 관한 현황이나 진행 상황, 연구·검토 결과 등을 보고하고자 할 때 작성하는 문서이다.

    ㉤ **설명서** : 상품의 특성이나 작동 방법 등을 소비자에게 설명하기 위해 작성하는 문서이다.

    ㉥ **보도자료** : 정부기관이나 기업체 등이 언론을 상대로 자신들의 정보를 기사화 되도록 하기 위해 보내는 자료이다.

    ㉦ **자기소개서** : 개인이 자신의 성장과정이나, 입사 동기, 포부 등에 대해 구체적으로 기술하여 자신을 소개하는 문서이다.

    ㉧ **비즈니스 레터(E-mail)** : 사업상의 이유로 고객에게 보내는 편지다.

    ㉨ **비즈니스 메모** : 업무상 확인해야 할 일을 메모형식으로 작성하여 전달하는 글이다.

③ **문서이해의 절차** … 문서의 목적 이해→문서 작성 배경·주제 파악→정보 확인 및 현안문제 파악→문서 작성자의 의도 파악 및 자신에게 요구되는 행동 분석→목적 달성을 위해 취해야 할 행동 고려→문서 작성자의 의도를 도표나 그림 등으로 요약·정리

(2) 문서작성능력

① 작성되는 문서에는 대상과 목적, 시기, 기대효과 등이 포함되어야 한다.

② **문서작성의 구성요소**

    ㉠ 짜임새 있는 골격, 이해하기 쉬운 구조

    ㉡ 객관적이고 논리적인 내용

    ㉢ 명료하고 설득력 있는 문장

    ㉣ 세련되고 인상적인 레이아웃

예제 2

다음은 들은 내용을 구조적으로 정리하는 방법이다. 순서에 맞게 배열하면?

> ㉠ 관련 있는 내용끼리 묶는다.
> ㉡ 묶은 내용에 적절한 이름을 붙인다.
> ㉢ 전체 내용을 이해하기 쉽게 구조화한다.
> ㉣ 중복된 내용이나 덜 중요한 내용을 삭제한다.

① ㉠㉡㉢㉣
② ㉠㉡㉣㉢
③ ㉡㉠㉢㉣
④ ㉡㉠㉣㉢

③ 문서의 종류에 따른 작성방법

　㉠ 공문서
　• 육하원칙이 드러나도록 써야 한다.
　• 날짜는 반드시 연도와 월, 일을 함께 언급하며, 날짜 다음에 괄호를 사용할 때는 마침표를 찍지 않는다.
　• 대외문서이며, 장기간 보관되기 때문에 정확하게 기술해야 한다.
　• 내용이 복잡할 경우 '-다음-', '-아래-'와 같은 항목을 만들어 구분한다.
　• 한 장에 담아내는 것을 원칙으로 하며, 마지막엔 반드시 '끝'자로 마무리 한다.

　㉡ 설명서
　• 정확하고 간결하게 작성한다.
　• 이해하기 어려운 전문용어의 사용은 삼가고, 복잡한 내용은 도표화 한다.
　• 명령문보다는 평서문을 사용하고, 동어 반복보다는 다양한 표현을 구사하는 것이 바람직하다.

　㉢ 기획서
　• 상대를 설득하여 기획서가 채택되는 것이 목적이므로 상대가 요구하는 것이 무엇인지 고려하여 작성하며, 기획의 핵심을 잘 전달하였는지 확인한다.
　• 분량이 많을 경우 전체 내용을 한눈에 파악할 수 있도록 목차구성을 신중히 한다.
　• 효과적인 내용 전달을 위한 표나 그래프를 적절히 활용하고 산뜻한 느낌을 줄 수 있도록 한다.
　• 인용한 자료의 출처 및 내용이 정확해야 하며 제출 전 충분히 검토한다.

ⓔ 보고서
- 도출하고자 한 핵심내용을 구체적이고 간결하게 작성한다.
- 내용이 복잡할 경우 도표나 그림을 활용하고, 참고자료는 정확하게 제시한다.
- 제출하기 전에 최종점검을 하며 질의를 받을 것에 대비한다.

예제 3

다음 중 공문서 작성에 대한 설명으로 가장 적절하지 못한 것은?

① 공문서나 유가증권 등에 금액을 표시할 때에는 한글로 기재하고 그 옆에 괄호를 넣어 숫자로 표기한다.
② 날짜는 숫자로 표기하되 년, 월, 일의 글자는 생략하고 그 자리에 온점(.)을 찍어 표시한다.
③ 첨부물이 있는 경우에는 붙임 표시문 끝에 1자 띄우고 "끝."이라고 표시한다.
④ 공문서의 본문이 끝났을 경우에는 1자를 띄우고 "끝."이라고 표시한다.

---

④ 문서작성의 원칙
  ㉠ 문장은 짧고 간결하게 작성한다(간결체 사용).
  ㉡ 상대방이 이해하기 쉽게 쓴다.
  ㉢ 불필요한 한자의 사용을 자제한다.
  ㉣ 문장은 긍정문의 형식을 사용한다.
  ㉤ 간단한 표제를 붙인다.
  ㉥ 문서의 핵심내용을 먼저 쓰도록 한다(두괄식 구성).

⑤ 문서작성 시 주의사항
  ㉠ 육하원칙에 의해 작성한다.
  ㉡ 문서 작성시기가 중요하다.
  ㉢ 한 사안은 한 장의 용지에 작성한다.
  ㉣ 반드시 필요한 자료만 첨부한다.
  ㉤ 금액, 수량, 일자 등은 기재에 정확성을 기한다.
  ㉥ 경어나 단어사용 등 표현에 신경 쓴다.
  ㉦ 문서작성 후 반드시 최종적으로 검토한다.

⑥ 효과적인 문서작성 요령

    ㉠ **내용이해** : 전달하고자 하는 내용과 핵심을 정확하게 이해해야 한다.

    ㉡ **목표설정** : 전달하고자 하는 목표를 분명하게 설정한다.

    ㉢ **구성** : 내용 전달 및 설득에 효과적인 구성과 형식을 고려한다.

    ㉣ **자료수집** : 목표를 뒷받침할 자료를 수집한다.

    ㉤ **핵심전달** : 단락별 핵심을 하위목차로 요약한다.

    ㉥ **대상파악** : 대상에 대한 이해와 분석을 통해 철저히 파악한다.

    ㉦ **보충설명** : 예상되는 질문을 정리하여 구체적인 답변을 준비한다.

    ㉧ **문서표현의 시각화** : 그래프, 그림, 사진 등을 적절히 사용하여 이해를 돕는다.

(3) 경청능력

① **경청의 중요성** … 경청은 다른 사람의 말을 주의 깊게 들으며 공감하는 능력으로 경청을 통해 상대방을 한 개인으로 존중하고 성실한 마음으로 대하게 되며, 상대방의 입장에 공감하고 이해하게 된다.

② **경청을 방해하는 습관** … 짐작하기, 대답할 말 준비하기, 걸러내기, 판단하기, 다른 생각하기, 조언하기, 언쟁하기, 옳아야만 하기, 슬쩍 넘어가기, 비위 맞추기 등

③ **효과적인 경청방법**

    ㉠ **준비하기** : 강연이나 프레젠테이션 이전에 나누어주는 자료를 읽어 미리 주제를 파악하고 등장하는 용어를 익혀둔다.

    ㉡ **주의 집중** : 말하는 사람의 모든 것에 집중해서 적극적으로 듣는다.

    ㉢ **예측하기** : 다음에 무엇을 말할 것인가를 추측하려고 노력한다.

    ㉣ **나와 관련짓기** : 상대방이 전달하고자 하는 메시지를 나의 경험과 관련지어 생각해 본다.

    ㉤ **질문하기** : 질문은 듣는 행위를 적극적으로 하게 만들고 집중력을 높인다.

    ㉥ **요약하기** : 주기적으로 상대방이 전달하려는 내용을 요약한다.

    ㉦ **반응하기** : 피드백을 통해 의사소통을 점검한다.

예제 4

다음은 면접스터디 중 일어난 대화이다. 민아의 고민을 해소하기 위한 조언으로 가장 적절한 것은?

지섭 : 민아씨, 어디 아파요? 표정이 안 좋아 보여요.

민아 : 제가 원서 넣은 공단이 내일 면접이어서요. 그동안 스터디를 통해서 면접 연습을 많이 했는데도 벌써부터 긴장이 되네요.

지섭 : 민아씨는 자기 의견도 명확히 피력할 줄 알고 조리 있게 설명을 잘 하시니 걱정 안하셔도 될 것 같아요. 아, 손에 꽉 쥐고 계신 건 뭔가요?

민아 : 아, 제가 예상 답변을 정리해서 모아둔거예요. 내용은 거의 외웠는데 이렇게 쥐고 있지 않으면 불안해서

지섭 : 그 정도로 준비를 철저히 하셨으면 걱정할 이유 없을 것 같아요.

민아 : 그래도 압박면접이거나 예상치 못한 질문이 들어오면 어떻게 하죠?

지섭 : _____

---

① 시선을 적절히 처리하면서 부드러운 어투로 말하는 연습을 해보는 건 어때요?
② 공식적인 자리인 만큼 옷차림을 신경 쓰는 게 좋을 것 같아요.
③ 당황하지 말고 질문자의 의도를 잘 파악해서 침착하게 대답하면 되지 않을까요?
④ 예상 질문에 대한 답변을 좀 더 정확하게 외워보는 건 어떨까요?

[출제의도]
상대방이 하는 말을 듣고 질문 의도에 따라 올바르게 답하는 능력을 측정하는 문항이다.
[해설]
민아는 압박질문이나 예상치 못한 질문에 대해 걱정을 하고 있으므로 침착하게 대응하라고 조언을 해주는 것이 좋다.

답 ③

(4) 의사표현능력

① **의사표현의 개념과 종류**

ㄱ **개념** : 화자가 자신의 생각과 감정을 청자에게 음성언어나 신체언어로 표현하는 행위이다.

ㄴ **종류**

• 공식적 말하기 : 사전에 준비된 내용을 대중을 대상으로 말하는 것으로 연설, 토의, 토론 등이 있다.

• 의례적 말하기 : 사회·문화적 행사에서와 같이 절차에 따라 하는 말하기로 식사, 주례, 회의 등이 있다.

• 친교적 말하기 : 친근한 사람들 사이에서 자연스럽게 주고받는 대화 등을 말한다.

② **의사표현의 방해요인**

ㄱ **연단공포증** : 연단에 섰을 때 가슴이 두근거리거나 땀이 나고 얼굴이 달아오르는 등의 현상으로 충분한 분석과 준비, 더 많은 말하기 기회 등을 통해 극복할 수 있다.

ⓛ 말 : 말의 장단, 고저, 발음, 속도, 쉼 등을 포함한다.

ⓒ 음성 : 목소리와 관련된 것으로 음색, 고저, 명료도, 완급 등을 의미한다.

ⓔ 몸짓 : 비언어적 요소로 화자의 외모, 표정, 동작 등이다.

ⓜ 유머 : 말하기 상황에 따른 적절한 유머를 구사할 수 있어야 한다.

③ 상황과 대상에 따른 의사표현법

ⓐ 잘못을 지적할 때 : 모호한 표현을 삼가고 확실하게 지적하며, 당장 꾸짖고 있는 내용에만 한정한다.

ⓑ 칭찬할 때 : 자칫 아부로 여겨질 수 있으므로 센스 있는 칭찬이 필요하다.

ⓒ 부탁할 때 : 먼저 상대방의 사정을 듣고 응하기 쉽게 구체적으로 부탁하며 거절을 당해도 싫은 내색을 하지 않는다.

ⓓ 요구를 거절할 때 : 먼저 사과하고 응해줄 수 없는 이유를 설명한다.

ⓔ 명령할 때 : 강압적인 말투보다는 '○○을 이렇게 해주는 것이 어떻겠습니까?'와 같은 식으로 부드럽게 표현하는 것이 효과적이다.

ⓗ 설득할 때 : 일방적으로 강요하기보다는 먼저 양보해서 이익을 공유하겠다는 의지를 보여주는 것이 좋다.

ⓢ 충고할 때 : 충고는 가장 최후의 방법이다. 반드시 충고가 필요한 상황이라면 예화를 들어 비유적으로 깨우쳐주는 것이 바람직하다.

ⓞ 질책할 때 : 샌드위치 화법(칭찬의 말 + 질책의 말 + 격려의 말)을 사용하여 청자의 반발을 최소화 한다.

예제 5

당신은 팀장님께 업무 지시내용을 수행하고 결과물을 보고 드렸다. 하지만 팀장님께서는 "최대리 업무를 이렇게 처리하면 어떡하나? 누락된 부분이 있지 않은가."라고 말하였다. 이에 대해 당신이 행할 수 있는 가장 부적절한 대처 자세는?

① "죄송합니다. 제가 잘 모르는 부분이라 이수혁 과장님께 부탁을 했는데 과장님께서 실수를 하신 것 같습니다."

② "주의를 기울이지 못해 죄송합니다. 어느 부분을 수정보완하면 될까요?"

③ "지시하신 내용을 제가 충분히 이해하지 못하였습니다. 내용을 다시 한 번 여쭤보아도 되겠습니까?"

④ "부족한 내용을 보완하는 자료를 취합하기 위해서 하루정도가 더 소요될 것 같습니다. 언제까지 재작성하여 드리면 될까요?"

[출제의도]
상사가 잘못을 지적하는 상황에서 어떻게 대처해야 하는지를 묻는 문항이다.

[해설]
상사가 부탁한 지시사항을 다른 사람에게 부탁하는 것은 옳지 못하며 설사 그렇다고 해도 그 일의 과오에 대해 책임을 전가하는 것은 지양해야 할 자세이다.

답 ①

④ 원활한 의사표현을 위한 지침

    ㉠ 올바른 화법을 위해 독서를 하라.

    ㉡ 좋은 청중이 되라.

    ㉢ 칭찬을 아끼지 마라.

    ㉣ 공감하고, 긍정적으로 보이게 하라.

    ㉤ 겸손은 최고의 미덕임을 잊지 마라.

    ㉥ 과감하게 공개하라.

    ㉦ 뒷말을 숨기지 마라.

    ㉧ 첫마디 말을 준비하라.

    ㉨ 이성과 감성의 조화를 꾀하라.

    ㉩ 대화의 룰을 지켜라.

    ㉪ 문장을 완전하게 말하라.

⑤ 설득력 있는 의사표현을 위한 지침

    ㉠ 'Yes'를 유도하여 미리 설득 분위기를 조성하라.

    ㉡ 대비 효과로 분발심을 불러 일으켜라.

    ㉢ 침묵을 지키는 사람의 참여도를 높여라.

    ㉣ 여운을 남기는 말로 상대방의 감정을 누그러뜨려라.

    ㉤ 하던 말을 갑자기 멈춤으로써 상대방의 주의를 끌어라.

    ㉥ 호칭을 바꿔서 심리적 간격을 좁혀라.

    ㉦ 끄집어 말하여 자존심을 건드려라.

    ㉧ 정보전달 공식을 이용하여 설득하라.

    ㉨ 상대방의 불평이 가져올 결과를 강조하라.

    ㉩ 권위 있는 사람의 말이나 작품을 인용하라.

    ㉪ 약점을 보여 주어 심리적 거리를 좁혀라.

    ㉫ 이상과 현실의 구체적 차이를 확인시켜라.

    ㉬ 자신의 잘못도 솔직하게 인정하라.

    ㉭ 집단의 요구를 거절하려면 개개인의 의견을 물어라.

    ⓐ 동조 심리를 이용하여 설득하라.

    ⓑ 지금까지의 노고를 치하한 뒤 새로운 요구를 하라.

    ⓒ 담당자가 대변자 역할을 하도록 하여 윗사람을 설득하게 하라.

    ⓓ 겉치레 양보로 기선을 제압하라.

    ⓔ 변명의 여지를 만들어 주고 설득하라.

    ⓕ 혼자 말하는 척하면서 상대의 잘못을 지적하라.

(5) 기초외국어능력

① 기초외국어능력의 개념과 필요성

　ㄱ 개념 : 기초외국어능력은 외국어로 된 간단한 자료를 이해하거나, 외국인과의 전화응대
　　와 간단한 대화 등 외국인의 의사표현을 이해하고, 자신의 의사를 기초외국어로 표현
　　할 수 있는 능력이다.

　ㄴ 필요성 : 국제화·세계화 시대에 다른 나라와의 무역을 위해 우리의 언어가 아닌 국제적
　　인 통용어를 사용하거나 그들의 언어로 의사소통을 해야 하는 경우가 생길 수 있다.

② 외국인과의 의사소통에서 피해야 할 행동

　ㄱ 상대를 볼 때 흘겨보거나, 노려보거나, 아예 보지 않는 행동

　ㄴ 팔이나 다리를 꼬는 행동

　ㄷ 표정이 없는 것

　ㄹ 다리를 흔들거나 펜을 돌리는 행동

　ㅁ 맞장구를 치지 않거나 고개를 끄덕이지 않는 행동

　ㅂ 생각 없이 메모하는 행동

　ㅅ 자료만 들여다보는 행동

　ㅇ 바르지 못한 자세로 앉는 행동

　ㅈ 한숨, 하품, 신음소리를 내는 행동

　ㅊ 다른 일을 하며 듣는 행동

　ㅋ 상대방에게 이름이나 호칭을 어떻게 부를지 묻지 않고 마음대로 부르는 행동

③ 기초외국어능력 향상을 위한 공부법

　ㄱ 외국어공부의 목적부터 정하라.

　ㄴ 매일 30분씩 눈과 손과 입에 밸 정도로 반복하라.

　ㄷ 실수를 두려워하지 말고 기회가 있을 때마다 외국어로 말하라.

　ㄹ 외국어 잡지나 원서와 친해져라.

　ㅁ 소홀해지지 않도록 라이벌을 정하고 공부하라.

　ㅂ 업무와 관련된 주요 용어의 외국어는 꼭 알아두자.

　ㅅ 출퇴근 시간에 외국어 방송을 보거나, 듣는 것만으로도 귀가 트인다.

　ㅇ 어린이가 단어를 배우듯 외국어 단어를 암기할 때 그림카드를 사용해 보라.

　ㅈ 가능하면 외국인 친구를 사귀고 대화를 자주 나눠 보라.

출제예상문제

1 다음 글에서 언급된 밑줄 친 '합리적 기대이론'에 대한 설명으로 적절하지 않은 것은 무엇인가?

> 과거에 중앙은행들은 자신이 가진 정보와 향후의 정책방향을 외부에 알리지 않는 이른바 비밀주의를 오랜 기간 지켜왔다. 통화정책 커뮤니케이션이 활발하지 않았던 이유는 여러 가지가 있었지만 무엇보다도 통화정책 결정의 영향이 파급되는 경로가 비교적 단순하고 분명하여 커뮤니케이션의 필요성이 크지 않았기 때문이었다. 게다가 중앙은행에게는 권한의 행사와 그로 인해 나타난 결과에 대해 국민에게 설명할 어떠한 의무도 부과되지 않았다.
>
> 중앙은행의 소극적인 의사소통을 옹호하는 주장 가운데는 비밀주의가 오히려 금융시장의 발전을 가져올 수 있다는 견해가 있었다. 중앙은행이 모호한 표현을 이용하여 자신의 정책의도를 이해하기 어렵게 설명하면 금리의 변화 방향에 대한 불확실성이 커지고 그 결과 미래 금리에 대한 시장의 기대가 다양하게 형성된다. 이처럼 미래의 적정금리에 대한 기대의 폭이 넓어지면 금융거래가 더욱 역동적으로 이루어짐으로써 시장의 규모가 커지는 등 금융시장이 발전하게 된다는 것이다. 또한 통화정책의 효과를 극대화하기 위해 커뮤니케이션을 자제해야 한다는 생각이 통화정책 비밀주의를 오래도록 유지하게 한 요인이었다. <u>합리적 기대이론</u>에 따르면 사전에 예견된 통화정책은 경제주체의 기대 변화를 통해 가격조정이 정책의 변화 이전에 이루어지기 때문에 실질생산량, 고용 등의 변수에 변화를 가져올 수 없다. 따라서 단기간 동안이라도 실질변수에 변화를 가져오기 위해서는 통화정책이 예상치 못한 상황에서 수행되어야 한다는 것이다.
>
> 이 외에 통화정책결정에 있어 중앙은행의 독립성이 확립되지 않은 경우 비밀주의를 유지하는 것이 외부의 압력으로부터 중앙은행을 지키는 데 유리하다는 견해가 있다. 중앙은행의 통화정책이 공개되면 이해관계가 서로 다른 집단이나 정부 등이 정책결정에 간섭할 가능성이 커지고 이들의 간섭이 중앙은행의 독립적인 정책수행을 어렵게 할 수 있다는 것이다.

① 사람들은 현상을 충분히 합리적으로 판단할 수 있으므로 어떠한 정책 변화도 미리 합리적으로 예상하여 행동한다.

② 경제주체들이 자신의 기대형성 방식이 잘못되었다는 것을 알면서도 그런 방식으로 계속 기대를 형성한다고 가정하는 것이다.

③ 1년 후의 물가가 10% 오를 것으로 예상될 때 10% 이하의 금리로 돈을 빌려 주면 손실을 보게 되기 때문에, 대출금리를 10% 이상으로 인상시켜 놓게 된다.

④ 임금이나 실업 수준 등에 실질적인 영향을 미치고자 할 때에는 사람들이 예상하지 못하는 방법으로 통화 공급을 변화시켜야 한다.

> **TIP »** 제시된 글을 통해 알 수 있는 합리적 기대이론의 의미는, 가계나 기업 등 경제주체들은 활용가능한 모든 정보를 활용해 경제상황의 변화를 합리적으로 예측한다는 것으로, 이에 따르면 공개된 금융, 재정 정책은 합리적 기대이론에 의한 경제주체들의 선제적 반응으로 무력화되고 만다.
> ②에서 언급된 내용은 이와 정반대로 움직이는 경제주체의 모습을 설명한 것으로, 경제주체들이 드러난 정보를 무시하고 과거의 실적치만으로 기대를 형성하는 기대오류를 범한다고 보는 견해이다.

2 다음은 IBK기업은행이 자사 홈페이지에 게시한 입찰 관련 안내문의 일부이다. 다음 입찰 안내문을 보고 알 수 있는 내용으로 적절하지 않은 것은 어느 것인가?

〈입찰 일반사항〉

가. 용역명 : 「IBK기업은행 을지로 제13지구 도시환경정비사업 건축설계 및 인허가」 용역
나. 용역목적
    (1) 건축물 노후화에 따른 업무 환경개선과 시설 기능 개선 및 향상을 도모하고 미래 환경에 대한 최적의 지원 환경 구축과 효율적인 보유 자산 활용을 위해 을지로 제13지구 기존 건축물을 재건축하고자 함
    (2) 을지로 제13지구 도시환경정비사업 건축설계 및 인허가 용역은 건축, 정비계획, 지하철출입구, 관리처분 계획 등을 위한 설계에 대한 축적된 지식과 노하우를 보유한 최적의 설계회사를 선정하는데 목적이 있음
다. 용역내용

구분		설계개요
발주자		IBK기업은행
토지 등 소유자		IBK기업은행, ㈜I홀딩스
위치		서울특별시 중구 을지로 xxx
설계 규모	기간	건축물사용승인 완료 후 1개월까지(계약일로부터 약 67개월)
	추정공사비	약 430억 원(VAT포함) ☞ 건축공사비 408억, 지하철연결 22억 원(변동가능)
	사업시행 면적	2,169.7㎡(656평) ※ 서울특별시 고시 제2016-310호 참조 ☞ 당행(1,494.2㎡)+I홀딩스(191.1㎡)+기부채납(공원)부지(207.4㎡)+서쪽 보행자도로 조성(271.9㎡)+도로 xxx번지 일부 5.1㎡ 편입
	대지면적	1,685.3㎡(509.8평) ⇒ 당행(1,494.2㎡:452평), ㈜I홀딩스(191.1㎡:57.8평)
	연면적	21,165㎡ (6,402평) 내외

구분		설계개요
	건물규모	지하5층, 지상18층 내외
	주요시설	업무시설 및 부대시설
설계 규모	설계	건축 계획·기본·실시설계, 지하철출입구·공공보행통로 설계 등 정비사업 시행에 필요한 설계
	인허가	건축허가, 정비계획 변경, 도시계획시설(철도) 변경, 실시계획인가, 사업시행인가, 관리처분계획인가 등 정비사업 시행에 필요한 인허가
	기타	서울교통공사 업무협약, 사후설계 관리업무, 설계 및 인허가를 위한 발주자 또는 인허가청 요청업무 등

① 건축 및 사업 시행에 필요한 인가, 허가 사항은 모두 낙찰업체의 이행 과제이다.

② 지상, 지하 총 23층 내외의 건축물 설계에 관한 입찰이며, 업무시설 이외의 시설도 포함된다.

③ 건축물 사용승인을 얻은 후에도 일정 기간 용역 계약은 유지된다.

④ 응찰 업체는 추정가격 430억 원을 기준으로 가장 근접한 합리적인 가격을 제시하여야 한다.

TIP 》 주어진 입찰 건은 건축물 시공에 대한 입찰이 아니며, 설계 및 인허가에 관한 용역 계약이므로 추정 공사비는 설계를 위한 참고 사항으로 제시한 것으로 보아야 하며, 따라서 설계 용역 응찰 업체가 430억 원에 근접한 가격을 제시할 필요는 없다.

　① 입찰의 설계 내용에 제반 인허가 사항이 포함되어 있으므로 낙찰될 업체의 의무 이행 과제라고 볼 수 있다.

　② 건물규모가 지하5층, 지상18층 내외이며 주요시설로 업무시설 및 부대시설이 있음을 명시하고 있다.

　③ 건축물사용승인 완료 후 1개월까지가 계약 기간이 된다.

┃3~4┃ 다음 글을 읽고 이어지는 물음에 답하시오.

기업의 사회적 역할과 책임의 영역이 어디까지 가야 하는가의 문제는 두 가지 차원 즉, 누구의 이익을 먼저 고려할 것이냐 라는 문제와 어떤 동기에서 취해진 행동인가에서 검토해야 한다.

첫째로, 기업 활동의 지향에는 ㉠주주지향과 ㉡이해관계자 지향의 두 가지가 있다. 주주지향이론 (Stockholder-oriented model)은 전통적인 관점이다. 즉, 기업이란 주주의 소유재산이고, 주주들이 선정한 이사회가 기업운영의 기본방침을 정한다. 따라서 주주의 대리인으로서의 이사회나 경영자는 주주들의 경제적 이익을 가장 먼저 고려해야 한다. 여기에 대해서 이해관계자 지향 이론(Stakeholder-oriented model)은 범위를 더욱 넓혀서 종업원, 고객, 납품업자, 소비자단체, 지역사회, 정부, 여론 등 기업경영에서 영향을 미치는 이해관계자의 이익을 우선적으로 고려해야 한다. 기업은 이 이해관계자와 더불어 존재하므로 기업의 사회적 책임은 주주를 포함한 각 이해관계자 전체의 조화된 이익에 우선순위를 두어야 한다.

둘째로, 기업 활동의 동기에도 ㉢자기이익동기(Self-interest motives)와 ㉣도덕적 의무동기(Moral duty motives)의 두 가지가 있다. 자기이익동기를 주장하는 사람들은 기업은 이익극대화가 가장 중요한 존재이유이므로 합법적이고 일반적인 도덕규범의 범위 안에서 정당하게 영업을 해서 이익을 될 수 있는 대로 많이 올리는 것이 '부'(富)를 창조하는 것이고 그것이 기업의 사회적 책임을 다하는 길이라고 생각한다. 그러나 도덕적 의무론을 주장하는 사람은 (   ) 사회의 필요를 충족시키는 것을 가장 우선적으로 생각해야 한다고 보는 것이다.

3 위의 기업의 사회적 책임과 관련된 글을 참고할 때, 밑줄 친 ㉠～㉣ 중 다음의 (가)와 (나)에 해당하는 가치로 올바르게 연결된 것은 어느 것인가?

(가) 기업의 목적은 자체의 이익극대화를 위한 동기 위에서, 주주의 직접적 이익을 증대시키는 것이라고 보고, 그것을 위해서 비용은 적게 들이고 수익은 가능한 한 많이 올리는 것(생산성)이 기업의 사회적 책임이라고 보는 견해가 생산성 주의이다. 훌륭한 기업은 생산성(작은 투입으로 많은 산출을 내는 것)을 높여야 하는데 그러자면 자선활동 등 기업고유의 영역 이외의 활동에 자원을 투입하면 생산성이 떨어지고 비능률적이 된다. 이것은 사회가 준 자원을 비효율적으로 사용하는 것이 되므로 기업의 사회적 책임의 범위에 속하지 않는다고 보는 견해가 생산성 주의이다.

(나) 박애주의는 생산성주의처럼 기업의 이익을 우선적으로 취급하지만, 기업의 사회적 책임은 순전한 손익계산 이상의 것이라고 본다. 기업은 사회에 대하여 큰 영향력을 가지고 있으므로 기업의 장래를 위하여 직접적 손익계산 이상으로 사회적 책임이 있다고 보는 견해가 박애주의이다. 그래서 기업은 교육기관, 자선단체에 기부를 하고 지역사회를 위하여 각종 활동을 해야 한다. 그러나 그 목적은 어디까지나 기업외부의 사회활동에 참여함으로써 간접적으로 기업의 장기적 이익이 되고 주주를 위한 행동이므로 이익추구가 그 동기라고 할 수 있다. 따라서 자선활동도 간접적으로 또 장기적인 관점에서 기업에 이익이 될 때에만 행해진다.

	(가)	(나)
①	㉠, ㉣	㉠, ㉢
②	㉡, ㉢	㉡, ㉣
③	㉡, ㉣	㉡, ㉢
④	㉠, ㉢	㉠, ㉣

> **TIP 》** 생산성 주의 하에서는 주주의 직접적인 이익을 증대시키기 위하여 비용을 적게 들이고 많은 수익을 거두고자 한다. 즉, 자선활동 등의 도덕적 행위는 기업 활동을 비능률적으로 만든다고 보고 있으므로 주주와 자기이익 실현을 최우선 가치로 두는 개념이라고 볼 수 있다.
> 박애주의는 역시 이해관계자보다 기업의 주주를 지향하는 것을 우선적인 가치로 두지만, 사회적 책임 즉, 기부, 지역사회 활동 등의 도덕적인 행위에 대해서도 책임을 다하여야 한다고 보는 견해이다. 물론 박애주의는 장기적인 관점에서 기업에 이익이 될 때에만 사회활동이 의미 있다고 언급되어 있으나, 사회적인 책임에 대한 인식을 갖는다는 차원에서 생산성 주의와 구분된다고 볼 수 있다.
> 따라서 생산성 주의에는 주주 지향적 관점과 자기이익 동기의 의미가, 박애주의에는 주주 지향적 관점과 도덕적 의무 동기의 의미가 내포되어 있다고 볼 수 있다.

4 다음 중 윗글의 빈 칸에 들어갈 가장 적절한 말은 어느 것인가?

① 기업이 사회에 이바지하는 바가 크므로

② 기업은 이익추구를 통한 사회적 책임을 다하여야 하므로

③ 기업은 사회의 덕택으로 존재하므로

④ 기업은 이해관계자들의 욕구를 충족시켜야 하므로

> **TIP 》** 빈 칸의 뒤에 이어지는 말은 '사회의 필요를 충족시키는 것을 가장 우선적으로 생각해야 한다.'는 것이다. 그러므로 이와 같은 맥락의 내용이 빈 칸에 들어가야 할 것이며 이것은 곧 기업의 도덕적 의무론을 설명하는 의미가 되어야 한다. 따라서 사회가 기업에게 주고 있는 혜택에 보답해야 한다는 의미의 '기업은 사회의 덕택으로 존재하므로'가 가장 적절한 말이라고 할 수 있다.

5 다음 어느 항공사의 서비스 이용시 주의사항이다. 다음 중 주의사항에 어긋난 행동은?

항공사 서비스 이용시 주의사항

1. 운항지연 및 취소로 인해 출장·여행 등에 차질이 있을 수 있으므로 일정을 여유 있게 조정하시기 바랍니다.
   → 항공권은 다양한 이유로 취소되거나 지연될 수 있음을 고려하여, 예약확인 및 탑승 전까지 수시로 출발여부를 확인하여야 합니다.
2. 항공권 발권 즉시 탑승자의 영문철자, 출발 및 도착 일시, 도착지명 등 표시사항을 꼼꼼하게 확인하시기 바랍니다.
   → 항공권과 여권의 탑승자 영문철자가 다른 경우 탑승이 거절되거나, 시차를 고려하지 않아 출발·도착시간을 잘못 파악할 수 있으며, 도시 및 공항명 착오가 발생할 수 있으므로, 구입한 항공권 내용을 정확히 확인하여야 피해를 방지할 수 있습니다.
3. 고가이거나 손상되기 쉬운 물건은 반드시 휴대하시기 바랍니다.
   → 노트북컴퓨터나 카메라 등 고가의 전자제품이나 보석류·귀금속류·현금 등은 손상되거나 분실된 경우 항공사에 따라 보상 불가능한 경우가 많고, 소지가 금지되는 물품도 도착 국가별로 다양하므로 수하물 운송조건에 대한 내용은 사전에 항공사로 문의하거나 홈페이지를 통해 확인하시기 바랍니다.
4. 항공권 취소시 판매자인 여행사나 항공사에 환급을 요청하여야 하며, 환급시 공제된 수수료에 대한 내역을 꼭 확인하시기 바랍니다.
   → 환급시의 공제수수료는 항공권에 따라 다양하므로, 계약시 약정한 취소수수료로 공제되었는지 환급 즉시 확인하도록 합니다.

---

① 甲은 항공권을 발권하여 영문철자, 출발 및 도착 일시 등 표시사항을 꼼꼼히 확인하였다.
② 乙은 카메라를 애지중지하여 옷과 함께 캐리어에 넣어 수하물 위탁 처리하였다.
③ 丙은 운항이 지연될 수 있기 때문에 일정을 여유있게 잡았다.
④ 丁은 항공권을 취소하여 항공사에 환급을 요청하였고 수수료 내역을 꼼꼼히 확인하였다.

TIP 》 ② 고가이거나 손상되기 쉬운 물건(카메라, 노트북 등)은 직접 휴대하여야 한다.

6 다음은 어느 회사의 인턴 채용공고문의 일부이다. 인사를 담당하고 있는 한과장은 공고문을 올리기 전에 최종적으로 점검하려고 한다. 잘못 쓰인 부분은 몇 개인가?

인턴근무 개요
- 체용인원 : 00명
- 근무조건 : 월급 140만원(교통비 포함, 40h/주 근무) 및 4대 보험
  ※ 채용 후 공사의 필요에 따라 근무시간은 조정될 수 있음
- 근무기간 : 4개월

지원서 작성 및 증빙서류 제출
- 접수마감일에는 다수의 동시접속 등으로 인하여 접수가 이루어지지 않을 수 있음에 유의하시고, 반드시 '접수처리 결과'를 확인하시기 바랍니다.
- 원활한 접수진행을 위하여 사징파일 및 자격사항, 어학성적의 관련 일자 등 필요사항은 사전에 확인 · 준비하시기 바랍니다.
- 서류전형은 지원자가 입력한 내용만으로 합격자 사정을 하며, 각종 증빙서류는 필기시험 합격자에 한하여 추후 접수합니다.
- 원본 제출이 곤란한 서류의 경우 원본제시 후 사본을 제출하셔야 합니다.
- 지원서 접수시 입력착오 등으로 인한 불합격이나 손해에 대한 모든 책임은 지원자 본인에게 있습니다.

---

① 1개 ② 2개
③ 3개 ④ 4개

TIP 》 체용인원 → 채용인원
사징파일 → 사진파일

|7~8| 다음은 어느 공항의 〈교통약자 공항이용안내〉의 일부이다. 이를 읽고 물음에 답하시오.

패스트트랙

- Fast Track을 이용하려면 교통약자(보행장애인, 7세 미만 유소아, 80세 이상 고령자, 임산부, 동반여객 2인 포함)는 본인이 이용하는 항공사의 체크인카운터에서 이용대상자임을 확인 받고 'Fast Track Pass'를 받아 Fast Track 전용출국장인 출국장 1번, 6번 출국장입구에서 여권과 함께 제시하면 됩니다.
- 인천공항 동편 전용출국통로(Fast Track, 1번 출국장), 오전7시 ~ 오후7시까지 운영 중이며, 운영상의 미비점을 보완하여 정식운영(동·서편, 전 시간 개장)을 개시할 예정에 있습니다.

휠체어 및 유모차 대여

공항 내 모든 안내데스크에서 휠체어 및 유모차를 필요로 하는 분께 무료로 대여하여 드리고 있습니다.

장애인 전용 화장실

- 여객터미널 내 화장실마다 최소 1실의 장애인 전용화장실이 있습니다.
- 장애인분들의 이용 편의를 위하여 넓은 출입구와 내부공간, 버튼식자동문, 비상벨, 센서작동 물내림 시설을 설치하였으며 항상 깨끗하게 관리하여 편안한 공간이 될 수 있도록 하고 있습니다.

주차대행 서비스

- 공항에서 허가된 주차대행 서비스(유료)를 이용하시면 보다 편리하고 안전하게 차량을 주차하실 수 있습니다.
- 경차, 장애인, 국가유공자의 경우 할인된 금액으로 서비스를 이용하실 수 있습니다.

장애인 주차 요금 할인

주차장 출구의 유인부스를 이용하는 장애인 차량은 장애인증을 확인 후 일반주차요금의 50%를 할인하여 드리고 있습니다.

휠체어 리프트 서비스

- 장기주차장에서 여객터미널까지의 이동이 불편한 장애인, 노약자 등 교통약자의 이용 편의 증진을 위해 무료 이동 서비스를 제공하여 드리고 있습니다.
- 여객터미널↔장기주차장, 여객터미널↔화물터미널행의 모든 셔틀버스에 휠체어 탑승리프트를 설치, 편안하고 안전하게 모시고 있습니다.

7 다음 교통약자를 위한 서비스 중 무료로 이용할 수 있는 서비스만으로 묶인 것은?

① 주차대행 서비스, 장애인 전용 화장실 이용

② 장애인 차량 주차, 휠체어 및 유모차 대여

③ 휠체어 및 유모차 대여, 휠체어 리프트 서비스

④ 휠체어 및 유모차 대여, 주차대행 서비스

> **TIP 》** ①④ 주차대행 서비스가 유료이다.
> ② 장애인 차량은 장애인증 확인 후 일반주차요금의 50%가 할인된다.

8 Fast Track 이용 가능한 교통약자가 아닌 사람은?

① 80세 이상 고령자

② 임산부

③ 보행장애인

④ 8세 아동

> **TIP 》** Fast Track 이용 가능한 교통약자는 보행장애인, 7세 미만 유소아, 80세 이상 고령자, 임산부, 동반여객 2인이다.

9 다음은 사원들이 아래 신문 기사를 읽고 나눈 대화이다. 대화의 흐름상 빈칸에 들어갈 말로 가장 적절한 것은?

"김치는 살아 있다"
젖산균이 지배하는 신비한 미생물의 세계
처음에 생기는 일반 세균 새콤한 맛 젖산균이 물리쳐 "우와~ 김치 잘 익었네."
효모에 무너지는 '젖산균 왕국' "어유~ 군내, 팍 시었네."
점차 밝혀지는 김치의 과학 토종 젖산균 '김치 아이'
유전자 해독 계기로 맛 좌우하는 씨앗균 연구 개발

1990년대 중반 이후부터 실험실의 김치 연구가 거듭되면서, 배추김치, 무김치, 오이 김치들의 작은 시공간에서 펼쳐지는 미생물들의 '작지만 큰 생태계'도 점차 밝혀지고 있다. 20여 년째 김치를 연구해 오며 지난해 토종 젖산균(유산균) '류코노스톡 김치 아이'를 발견해 세계 학계에서 새로운 종으로 인정받은 인하대 한홍의(61) 미생물학과 교수는 "일반 세균과 젖산균, 효모로 이어지는 김치 생태계의 순환은 우리 생태계의 축소판"이라고 말했다.

흔히 "김치 참 잘 익었다."라고 말한다. 그러나 김치 과학자라면 매콤새콤하고 시원한 김치 맛을 보면 이렇게 말할 법하다. "젖산균들이 한창 물이 올랐군." 하지만, 젖산균이 물이 오르기 전까지 갓 담근 김치에선 배추, 무, 고춧가루 등에 살던 일반 세균들이 한때나마 왕성하게 번식한다. 소금에 절인 배추, 무는 포도당 등 영양분을 주는 좋은 먹이 터전인 것이다.

"김치 초기에 일반 세균은 최대 10배까지 급속히 늘어나다가 다시 급속히 사멸해 버립니다. 제 입에 맞는 먹잇감이 줄어드는데다 자신이 만들어 내는 이산화탄소가 포화 상태에 이르러 더는 살아갈 수 없는 환경이 되는 거죠." 한 교수는 이즈음 산소를 싫어하는 '혐기성' 미생물인 젖산균이 활동을 개시한다고 설명했다. 젖산균은 시큼한 젖산을 만들며 배추, 무를 서서히 김치로 무르익게 만든다. 젖산균만이 살 수 있는 환경이 되는데, "다른 미생물이 출현하면 수십 종의 젖산균이 함께 '박테리오신'이라는 항생 물질을 뿜어내어 이를 물리친다."라고 한다.

그러나 '젖산 왕조'도 크게 두 번의 부흥과 몰락을 겪는다. 김치 중기엔 주로 둥근 모양의 젖산균(구균)이, 김치 말기엔 막대 모양의 젖산균(간균)이 세력을 떨친다. 한국 식품 개발연구원 박완수(46) 김치 연구단장은 "처음엔 젖산과 에탄올 등 여러 유기물을 생산하는 젖산균이 지배하지만, 나중엔 젖산만을 내는 젖산균이 우세종이 된다."며 "김치가 숙성할수록 시큼털털해지는 것은 이 때문"이라고 설명했다.

−○○일보−

사원 甲 : 김치가 신 맛을 내는 이유는 젖산균 때문이었군? 난 세균 때문인 줄 알았어.

사원 乙 : 나도 그래. 처음에 번식하던 일반 세균이 스스로 사멸하다니, 김치는 참 신기해.

사원 丙 : 맞아. 게다가 젖산균이 출현한 이후에는 젖산균이 뿜어내는 항생 물질 때문에 다른 미생물들이 살 수 없는 환경이 된다는데.

사원 丁 : 하지만 _____

① 일반세균이 모두 죽고 나면 단 한가지의 젖산균만이 활동하게 돼.

② 모든 젖산균이 김치를 맛있게 만드는 것은 아니더군.

③ 김치는 오래되면 오래될수록 맛이 깊어지지.

④ 김치가 오래될수록 시큼해지는 이유는 젖산균에서 나오는 유기물들 때문이야.

> **TIP 》** ① 김치 중기엔 주로 둥근 모양의 젖산균(구균)이, 김치 말기엔 막대 모양의 젖산균(간균)이 세력을 떨친다.
> ③ 나중엔 젖산만을 내는 젖산균이 우세종이 되어 김치가 숙성될수록 시금털털해진다.
> ④ 김치가 오래될수록 시큼해지는 이유는 젖산균에서 나오는 젖산 때문이다.

10 다음은 한 인터넷 쇼핑몰의 FAQ 게시판이다. 사원 甲씨는 순서 없이 배열되어있던 질문과 답을 고객들이 보기 쉽도록 분류하여 정리하려고 한다. ㉠~㉣에 들어갈 수 있는 질문으로 적절하게 연결된 것은?

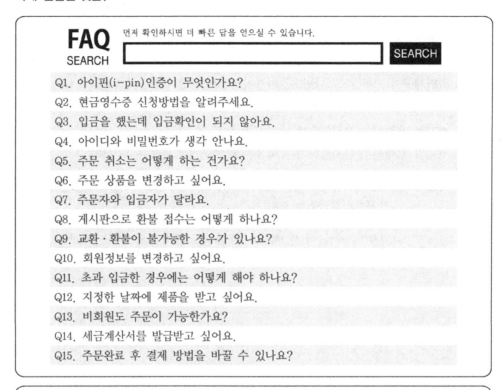

FAQ 자주 묻는 질문			
회원정보	주문/배송	반품/취소/환불	입금/결제
㉠	㉡	㉢	㉣

① ㉠ : Q1, Q4, Q7　　　　　　② ㉡ : Q6, Q8, Q12

③ ㉢ : Q5, Q9, Q14　　　　　　④ ㉣ : Q2, Q3, Q11

TIP 》　㉠ 회원정보 : Q1, Q4, Q10
　　　　㉡ 주문/배송 : Q6, Q12, Q13
　　　　㉢ 반품/취소/환불 : Q5, Q8, Q9
　　　　㉣ 입금/결제 : Q2, Q3, Q7, Q11, Q14, Q15

11 다음과 같은 상황에서 김 과장이 취할 행동으로 가장 바람직한 것은?

> 무역회사에 근무하는 김 과장은 아침부터 밀려드는 일에 정신이 없다. 오늘 독일의 고객사에서 보내온 주방용품 컨테이너 수취확인서를 보내야하고, 운송장을 작성해야 하는 일이 꼬여버려 국제전화로 걸려오는 수취확인 문의전화와 다른 고객사의 클레임을 받느라 전화도 불이 난다. 어제 오후 퇴근하기 전에 자리를 비운 박 대리에게 운송장을 영문으로 작성해서 오전 중에 메일로 보내줄 것을 지시한 메모를 잘 보이도록 책상 모니터에 붙여두고 갔는데 점심시간이 다 되도록 박 대리에게 메일을 받지 못했다.

① 박 대리가 점심 먹으러 나간 사이 다시 메모를 남겨놓는다.

② 바쁜 사람 여러 번 이야기하게 한다고 박 대리를 다그친다.

③ 바쁜 시간을 쪼개어 스스로 영문 운송장을 작성한다.

④ 메모를 못 본 것일 수 있으니 다시 한 번 업무를 지시한다.

> **TIP 》** 의사소통은 내가 상대방에게 메시지를 전달하는 과정이 아니라 상대방과의 상호작용을 통해 메시지를 다루는 과정이다. 우리가 남들에게 일방적으로 언어 혹은 문서를 통해 의사를 전달하는 것은 엄격한 의미에서 말하는 것이지 의사소통이라고 할 수 없다. 의사소통이란 다른 이해와 의미를 가지고 있는 사람들이 공통적으로 공유할 수 있는 의미와 이해를 만들어 내기 위해 서로 언어 또는 문서, 그리고 비언어적인 수단을 통해 상호 노력하는 과정이기 때문에 일방적인 말하기가 아니라 의사소통이 되기 위해서는 의사소통의 정확한 목적을 알고, 의견을 나누는 자세가 필요하다.

12 다음은 어느 쇼핑몰의 약관의 일부와 고객권리부 사원 乙씨가 홈페이지에 올라온 질문들에 대해서 약관에 근거하여 답변한 것이다. 옳지 않은 것은?

제12조(수신확인통지, 구매신청 변경 및 취소)
① "몰"은 이용자의 구매신청이 있는 경우 이용자에게 수신확인통지를 합니다.
② 수신확인통지를 받은 이용자는 의사표시의 불일치 등이 있는 경우에는 수신확인통지를 받은 후 즉시 구매신청 변경 및 취소를 요청할 수 있고 "몰"은 배송 전에 이용자의 요청이 있는 경우에는 지체 없이 그 요청에 따라 처리하여야 합니다. 다만 이미 대금을 지불한 경우에는 제15조의 청약철회 등에 관한 규정에 따릅니다.

제13조(재화 등의 공급)
① "몰"은 이용자와 재화 등의 공급시기에 관하여 별도의 약정이 없는 이상, 이용자가 청약을 한 날부터 7일 이내에 재화 등을 배송할 수 있도록 주문제작, 포장 등 기타의 필요한 조치를 취합니다. 다만, "몰"이 이미 재화 등의 대금의 전부 또는 일부를 받은 경우에는 대금의 전부 또는 일부를 받은 날부터 2영업일 이내에 조치를 취합니다. 이 때 "몰"은 이용자가 재화 등의 공급 절차 및 진행 사항을 확인할 수 있도록 적절한 조치를 합니다.
② "몰"은 이용자가 구매한 재화에 대해 배송수단, 수단별 배송비용 부담자, 수단별 배송기간 등을 명시합니다. 만약 "몰"이 약정 배송기간을 초과한 경우에는 그로 인한 이용자의 손해를 배상하여야 합니다. 다만 "몰"이 고의, 과실이 없음을 입증한 경우에는 그러하지 아니합니다.

제14조(환급)
"몰"은 이용자가 구매 신청한 재화 등이 품절 등의 사유로 인도 또는 제공을 할 수 없을 때에는 지체 없이 그 사유를 이용자에게 통지하고 사전에 재화 등의 대금을 받은 경우에는 대금을 받은 날부터 2영업일 이내에 환급하거나 환급에 필요한 조치를 취합니다.

제15조(청약철회 등)
① "몰"과 재화 등의 구매에 관한 계약을 체결한 이용자는 수신확인의 통지를 받은 날부터 7일 이내에는 청약의 철회를 할 수 있습니다.
② 이용자는 재화 등을 배송 받은 경우 다음 각 호의 1에 해당하는 경우에는 반품 및 교환을 할 수 없습니다.
  1. 이용자에게 책임 있는 사유로 재화 등이 멸실 또는 훼손된 경우(다만, 재화 등의 내용을 확인하기 위하여 포장 등을 훼손한 경우에는 청약철회를 할 수 있습니다)
  2. 이용자의 사용 또는 일부 소비에 의하여 재화 등의 가치가 현저히 감소한 경우
  3. 시간의 경과에 의하여 재판매가 곤란할 정도로 재화 등의 가치가 현저히 감소한 경우
  4. 같은 성능을 지닌 재화 등으로 복제가 가능한 경우 그 원본인 재화 등의 포장을 훼손한 경우

③ 제2항 제2호 내지 제4호의 경우에 "몰"이 사전에 청약철회 등이 제한되는 사실을 소비자가 쉽게 알 수 있는 곳에 명기하거나 시용상품을 제공하는 등의 조치를 하지 않았다면 이용자의 청약철회 등이 제한되지 않습니다.

④ 이용자는 제1항 및 제2항의 규정에 불구하고 재화 등의 내용이 표시·광고 내용과 다르거나 계약내용과 다르게 이행된 때에는 당해 재화 등을 공급받은 날부터 3월 이내, 그 사실을 안 날 또는 알 수 있었던 날부터 30일 이내에 청약철회 등을 할 수 있습니다.

① Q. 겉포장을 뜯었는데 거울이 깨져있습니다. 교환이나 환불이 가능한가요?
 A. 제품을 확인하기 위해서 포장을 뜯은 경우에는 교환이나 환불이 가능합니다.
② Q. 구매한 제품과 다른 색상이 왔습니다. 언제까지 교환 환불이 가능한가요?
 A. 제품을 받으신 날부터 3개월 이내, 받으신 제품이 구매품과 다른 것을 안 날 또는 알 수 있었던 날부터 30일 이내에 교환, 환불 등의 조치를 취하실 수 있습니다.
③ Q. 책을 구매했는데 비닐 포장을 뜯었습니다. 환불이 가능한가요? 사용하지 않은 새 책입니다.
 A. 복제가 가능한 책 등의 제품은 포장을 뜯으신 경우 환불이 불가능합니다. 하지만 도서를 구매할 당시 이 사실을 확실히 명기하지 않은 경우나 상품이 불량인 경우에는 환불하실 수 있습니다.
④ Q. 주문 완료한 상품이 품절이라고 되어있습니다. 환급은 언제 받을 수 있나요?
 A. 입금하신 날부터 5영업일 이내에 환급해드리거나 환급에 필요한 조치를 해드립니다.

 TIP 》 ④ 5영업일을 2영업일로 수정해야 한다.

13 다음은 총무팀의 업무분장표이다. 이를 보고 업무내용을 바르게 이해한 것을 고르면?

구분	담당	업무내용	비고
주요 업무	팀장	• 팀원들의 전반적인 관리 및 연간 계획 설정 • 업무분장, 감독, 근무평정 등 업무관리 • 타부서 및 거래처와의 관계유지 및 위원회의 참석	
	과장	• 보고서 작성 및 근무일지 취합 보고 • 비품 및 시설의 전반적인 관리	
기타 업무	사원	• 주간보고서, 일일보고서 작성 • 사무실 정리 및 관리 • 종이, 시트지, 코팅지, 복사지 등 지류정리 및 관리	
	사원	• 주간보고서, 일일보고서 작성 • 차량 및 행사지원	

① 비품 및 시설의 전반적 관리는 기타업무에 해당한다.

② 업무분장에 관한 사안은 과장의 주요업무 중 하나이다.

③ 팀 연간 계획의 설정은 과장에게 위임 가능하다.

④ 사원들은 일일보고서 및 주간보고서를 작성해야 한다.

TIP 》 ① 비품 및 시설의 전반적인 관리는 주요업무에 해당한다.
② 업무분장에 관한 사안은 팀장의 권한이다.
③ 팀 연간 계획의 설정이 위임가능하다는 내용은 제시되어 있지 않다.

14 밑줄 친 부분이 바르게 표기된 한자어를 고르면?

부 고

(주) 건웅의 민수현 사장님의 부친이신 민○○께서 병환으로 2016년 3월 13일 오전 7시 30분에 별세하였기에 이를 고합니다. 생전의 후의에 깊이 감사드리며, 다음과 같이 영결식을 거행하게 되었음을 알려 드립니다. 대단히 송구하오나 조화와 부의는 간곡히 사양하오니 협조 있으시기 바랍니다.

다 음

1. 발인일시 : 2016년 3월 15일 (수) 오전 8시
2. 장　　소 : OO 세브란스 병원 영안실 특2호
3. 장　　지 : 경상북도 합천군
4. 연 락 처 : 빈소 (02) 2457－5352
　　　　　　회사 (02) 6541－2300

첨부 영결식 장소 (OO 세브란스 병원) 약도 1부.
　　장 남　　　민 수 현
　　차 남　　　민 지 현
　　장례위원장 홍 승 민

* 조화 및 부의 사절

---

① 부고 － 附高
② 발인 － 發靷
③ 빈소 － 貧所
④ 조화 － 彫花

TIP 》　① 訃告(부고) : 사람의 죽음을 알림
　　　　　③ 殯所(빈소) : 죽은 사람을 매장할 때까지 안치시켜 놓는 장소
　　　　　④ 弔花(조화) : 조의를 표하는 데 쓰는 꽃

15 다음 빈칸 안에 들어갈 서류의 종류로 가장 적절한 것은?

> 직업생활 중에 회사차원이나 대외적으로 추진하는 일은 정보를 제공해야 성사가 되는 경우가 많다. 자신과 부서에 대한 정보뿐만 아니라 행사를 개최하거나 제품을 개발했을 때에는 반드시 정보를 제공해야 한다. 일반적으로 회사 자체에 대한 인력보유 홍보나 기업정보를 제공하는 경우가 있는데 이때에는 _____ 등의 문서가 필요하다.

① 보도자료　　　　　　　　　② 기안서
③ 공문서　　　　　　　　　　④ 비즈니스 레터

> **TIP 》** 보도자료 … 정부 기관이나 기업체, 각종 단체 등이 언론을 상대로 자신들의 정보가 기사로 보도되도록 하기 위해 보내는 자료이다.

16 다음 중 공문서의 작성법으로 옳은 것은?

① 날짜 다음에 괄호를 사용할 때에는 마침표를 찍지 않는다.
② 복잡한 내용일 때에는 도표나 그림을 활용한다.
③ 업무상 상사에게 제출하는 문서이므로, 궁금한 점을 질문 받을 것에 대비한다.
④ 분량이 많으므로 글의 내용이 한눈에 파악되도록 목차구성에 신경 쓴다.

> **TIP 》** ② 설명서, 기획서, 보고서 등과 같은 서류를 작성할 때의 작성법이다.
> ③ 보고서 등과 같은 서류의 작성법이다.
> ④ 기획서 등과 같은 서류의 작성법이다.
> ※ **공문서** … 정부 행정기관에서 대내적, 혹은 대외적 공무를 집행하기 위해 작성하는 문서를 의미하며, 정부기관이 일반회사, 또는 단체로부터 접수하는 문서 및 일반회사에서 정부기관을 상대로 사업을 진행하려고 할 때 작성하는 문서도 포함된다. 엄격한 규격과 양식에 따라 정당한 권리를 가진 사람이 작성해야 하며 최종 결재권자의 결재가 있어야 문서로서의 기능이 성립된다.
> ※ **공문서 작성법**
> ㉠ 공문서는 주로 회사 외부로 전달되는 글인 만큼 누가, 언제, 어디서, 무엇을, 어떻게 (또는 왜)가 드러나도록 써야한다.
> ㉡ 날짜는 연도와 월일을 반드시 함께 언급해야 한다.
> ㉢ 날짜 다음에 괄호를 사용할 때에는 마침표를 찍지 않는다.
> ㉣ 공문서는 대외문서이고, 장기간 보관되는 문서이기 때문에 정확하게 기술한다.
> ㉤ 내용이 복잡한 경우 '-다음-' 또는 '-아래-'와 같은 항목을 만들어 구분한다.
> ㉥ 공문서는 한 장에 담아내는 것이 원칙이다.
> ㉦ 마지막엔 반드시 '끝'자로 마무리 한다.

17 다음은 상사와 부하 직원 간의 대화이다. 다음 대화 후 김 대리가 가장 먼저 처리해야 하는 것으로 적절한 것은?

> 이 팀장 : 내일 있을 임원회의 준비를 우리 팀에서 맡아 진행하기로 했습니다. 박 대리는 내일 지방 공장에 다녀와야 할 일이 있으니 김 대리가 꼼꼼하게 체크 좀 해줘요.
>
> 김 대리 : 네 팀장님. 구체적으로 무엇을 준비하면 될까요?
>
> 이 팀장 : 일단 이번 회의에서 박 본부장님께서 발표하실 자료를 준비해야하니 비서실에 바로 연락해서 회의 자료 받고 참여하는 임원님들 수에 맞춰서 복사해두도록 하세요. 그리고 회의 때 마실 음료수도 준비해두고. 아, 당일 날 회의실에 프로젝터와 마이크설비가 제대로 작동하는지도 확인해보는 게 좋겠군. 난 오늘 좀 일찍 퇴근해야 하니 오늘 업무보고는 내일 오후에 듣도록 하겠습니다.

① 업무보고서를 쓴다.

② 회의실을 점검한다.

③ 비서실에 연락을 취한다.

④ 서류를 복사한다.

　　TIP 》 가장 먼저 해야 할 일은 비서실에 연락하여 회의 자료를 받는 일이다.

18 다음은 어느 은행의 이율에 관한 자료이다. 다음 지료를 보고 을(乙)이 이해한 내용으로 틀린 것은?

적금 종류	기본이율(%) (2016년 1월 1일 기준)	우대이율 (기본이율에 추가)	
A은행 희망적금	1년 미만 만기 : 2.6	최고 5.0%p 우대 조건 • 기초생활수급자 : 2%p • 소년소녀가장 : 2%p • 근로소득 연 1,500만원 이하 근로자 : 2%p • 한부모가족 : 1%p • 근로장려금수급자 : 1%p	※ 우대조건을 충족하는 경우 반드시 우대이율을 적용받는다. 또한 복수의 우대조건을 충족하는 경우 우대이율을 중복해서 적용받는다.
A은행 희망적금	1년 이상 2년 미만 만기 : 2.9		
A은행 희망적금	2년 이상 3년 미만 만기 : 3.1		

B은행
복리적금
	1년 이상 2년 미만 만기 : 2.9	최고 0.6%p 우대 조건
		• 첫 거래고객 : 0.3%p
		• 인터넷뱅킹 가입고객 :
		  0.2%p
		• 체크카드 신규발급고객 :
		  0.1%p
		• 예금, 펀드 중 1종 이
		  상 가입고객 : 0.1%p	

B은행 복리적금	2년 이상 3년 미만 만기 : 3.1		
B은행 복리적금	3년 이상 4년 미만 만기 : 3.3		
C은행 직장인 적금	2년 미만 만기 : 3.6	0.3%p 우대조건 회사에 입사한지 6개월 미만인 신입사원	
C은행 직장인 적금	2년 이상 3년 미만 만기 : 3.9		

① 3년 이상 4년 미만 만기로 B은행 복리적금을 드는 경우 인터넷뱅킹을 가입하면 이율이 3.5%가 되네.

② 회사에 입사한지 6개월 미만인 신입사원은 다른 우대조건이 없는 경우에는 C은행 직장인 적금을 드는 것이 유리하겠어.

③ 다른 우대조건 없이 2년 이상 3년 미만 만기 적금을 드는 경우 B은행 복리적금을 드는 것이 가장 적절한 방법인거 같아.

④ 근로소득 연 1,500만원 이하 근로자이면서 한부모가족이면 3%p가 기본이율에 추가가 되는구나.

　　TIP 》 다른 우대조건 없이 2년 이상 3년 미만 만기 적금을 드는 경우 C은행 직장인 적금의 이율이 가장 높다.

19 다음은 H전자기기매장의 판매원과 고객 간의 대화이다. 빈칸에 들어갈 말로 가장 적절한 것은?

고객 : 이번에 H전자에서 새로 나온 노트북을 좀 보고 싶어서 왔는데요.

판매원 : A기종과 B기종이 있는데, 어떤 모델을 찾으시나요?

고객 : 국내 최경량으로 나온 거라고 하던데, 모델명은 잘 모르겠고요.

판매원 : 아, B기종을 찾으시는군요. 죄송하지만 지금 그 모델은 ____(가)____.

고객 : 그렇습니까? 그럼 A기종과 B기종의 차이를 좀 설명해주시겠어요?

판매원 : A기종은 B기종보다 조금 무겁긴 하지만 디자인 업무를 하는 사람들을 위한 여러 가지 기능이 더 ____(나)____.

고객 : 흠, 그럼 B기종은 언제쯤 매장에서 볼 수 있을까요?

판매원 : 어제 요청을 해두었으니 3일정도 후에 매장에 들어올 겁니다. 연락처를 남겨주시면 제품이 들어오는 대로 ____(다)____.

	(가)	(나)	(다)
①	품절되었습니다	탑재되셨습니다	연락주시겠습니다
②	품절되었습니다	탑재되었습니다	연락드리겠습니다
③	품절되셨습니다	탑재되셨습니다	연락드리겠습니다
④	품절되셨습니다	탑재되었습니다	연락주시겠습니다

TIP 》 (가)(나) 판매모델(물건)은 존대의 대상이 아니다.

(다) '주시다'와 '드리다'는 모두 존대의 표현이지만 문제의 상황에서 고객을 높이기 위해서는 '드리다'를 사용해야 한다.

20 다음 글의 밑줄 친 부분을 고쳐 쓰기 위한 방안으로 적절하지 않은 것은?

> 세계기상기구(WMO)에서 발표한 자료에 따르면 지난 100년간 지구 온도가 뚜렷하게 상승하고 있다고 한다. ㉠그러나 지구가 점점 더워지고 있다는 말이다. 산업 혁명 이후 석탄과 석유 등의 화석연료를 지속적으로 사용한 결과로 다량의 온실 가스가 대기로 배출되었기 때문에 지구 온난화 현상이 심화된 것이다. ㉡비록 작은 것일지라도 실천할 수 있는 방법들을 찾아보아야 한다. 자전거를 타거나 걸어다니는 것을 실천해야겠다. ㉢나는 이번 여름에는 꼭 수영을 배울 것이다. 또, 과대 포장된 물건의 구입을 ㉣지향해야겠다.

① ㉠은 부적절하므로 '다시 말하면'으로 바꾼다.
② ㉡은 '일지라도'와 호응하지 않으므로 '만약'으로 바꾼다.
③ ㉢은 글의 통일성을 깨뜨리므로 삭제한다.
④ ㉣은 의미상 어울리지 않으므로 '지양'으로 바꾼다.

TIP 》 ② '만약'은 '혹시 있을지도 모르는 뜻밖의 경우'를 뜻하므로 '~라면'과 호응한다.

21 다음 대화의 빈칸에 들어갈 말로 적절하지 않은 것은?

> A : May I speak to Prof. Smith please?
> B : Sorry, _____. May I take a message?
> A : Yes, please tell him that Tom Andrews called and will drop by his office at two.
> B : I'll make sure he gets the message.

① he's not at his desk.
② he's on leave for the rest of the week.
③ he's on the other line.
④ he just stepped out.

TIP 》 ② 그는 한 주간 휴가를 떠났습니다.
「A : Smith 교수님 좀 바꿔주시겠어요?
B : 죄송하지만, 지금 자리에 안 계십니다. 전하실 말씀 있으면 전해드릴까요?
A : 네, Tom Andrew가 전화했으며, 오늘 2시에 연구실에 잠깐 들른다고 전해 주시겠어요?
B : 말씀을 꼭 전해 드리겠습니다.」

22 다음은 A회사 내 장애인봉사회의 월례회 안내문 초안이다. 작성한 내용을 고쳐 쓰기 위한 방안으로 적절하지 않은 것은?

제10회 월례회 안내

　회원님들의 무궁한 발전을 기원합니다.

　A회사 내 발전과 친목을 도모하기 위한 장애인봉사회가 그동안 여러 회원님들의 관심과 성원으로 나날이 발전하고 있습니다. 회원님들과 함께 월례회를 갖고자 합니다. 바쁘시더라도 부디 참석하시어 미비한 점이 있다면 보완해 나갈 수 있도록 좋은 의견 부탁드리겠습니다.

– 아래 –

1. 일시 : 2015년 00월 00일 00시
2. 장소 : 별관 10F 제2회의실

장애인봉사회 회장 ○○○

① 회의의 주요 안건에 대해 제시한다.

② 담당자의 연락처를 추가한다.

③ 안내문 마지막에 '감사합니다'를 추가한다.

④ '회장 ○○○'을 작성자의 이름으로 대체한다.

　TIP 》 문서에는 기관을 대표하는 장의 직함이나 성명을 적어야 한다. 안내문을 작성한 사람의 이름을 밝힐 필요는 없다.

23 다음 대화의 빈칸에 말로 가장 적설한 것은?

> A : Hello. This is the long distance operator.
> B : Hello, operator. I'd like to make a person to person call to Mr. James at the Royal hotel in Seoul.
> A : Do you know the number of the hotel?
> B : No, I don't. _____
> A : Just a moment, please. The number is 123-4567.

① Would you find out for me?

② Would you hold the line, please?

③ May I take a message?

④ Do you know?

>   **TIP 》** ② 잠시만 기다려주시겠어요?
>   ③ 용건을 전해드릴까요?
>   ④ 그래?
>   「A : 안녕하세요. 장거리 전화 교환원입니다.
>   B : 안녕하세요. 저는 서울 로얄 호텔에 있는 James씨와 통화를 하고 싶은데요.
>   A : 호텔 전화번호 알고 계신가요?
>   B : 아니요. <u>좀 알아봐 주시겠어요?</u>
>   A : 잠시만요. 번호는 123-4567입니다.」

24 다음 대화의 빈칸에 들어갈 말로 적절한 것은?

> A : Can I get a refund for this sweater, please?
> B : Why? What's wrong with it?
> A : Well, it's too small for me.
> B : We have a big one now. _____
> A : Yes, I do. Here's my receipt.
> B : Ok, I'll take care of it.

① Here you are.

② Do you still want a refund?

③ Do you find anything interesting?

④ Could you visit us again later?

> **TIP》** ① 여기 있습니다.
> ③ 흥미로운 것을 찾았습니까?
> ④ 다음번에 다시 방문해주시겠습니까?
> 「A : 이 스웨터를 환불받을 수 있을까요?
> B : 왜 그러시죠? 혹시 무슨 문제가 있나요?
> A : 음, 이건 저에게 너무 작아요.
> B : 더 큰 사이즈가 있어요. <u>그래도 환불을 원하시나요?</u>
> A : 네, 그렇게 해주세요. 영수증 드릴게요.
> B : 네, 처리해 드리겠습니다.」

25 〈보기 1〉을 보고 '전력 수급 위기 극복'을 주제로 보고서를 쓰기 위해 〈보기 2〉와 같이 개요를 작성하였다. 개요를 수정한 내용으로 적절하지 않은 것은?

〈보기 1〉

　대한민국은 전기 부족 국가로 블랙아웃(Black Out)이 상존한다. 2000년대 들어 두 차례 에너지 세제 개편을 실시한 후 난방유 가격이 오르면서 저렴한 전기로 난방을 하는 가구가 늘어 2010년대 들어서는 겨울철 전기 수요가 여름철을 넘어섰으며 실제 2011년 9월 한국전력은 전기 부족으로 서울 일부 지역을 포함한 지방 중소도시에 순환 정전을 실시했다.

〈보기 2〉

Ⅰ. 블랙아웃 사태 ·· ㉠
Ⅱ. 전력 수급 위기의 원인
　1. 공급측면
　　가. 전력의 비효율적 관리
　　나. 한국전력의 혁신도시 이전 ··· ㉡
　2. 수요측면
　　가. 블랙아웃의 위험성 인식부족
　　나. 전력의 효율적 관리구축 ·· ㉢
Ⅲ. 전력 수급 위기의 극복방안
　1. 공급측면
　　가. 전력 과소비문화 확대
　　나. 발전 시설의 정비 및 확충
　2. 수요측면
　　가. 에너지 사용량 강제 감축 할당량 부과
　　나. 송전선로 지중화 사업에 대해 홍보 활동 강화 ··············· ㉣
Ⅳ. 전력 수급 안정화를 위한 각계각층의 노력 촉구

---

① ㉠은 〈보기 1〉을 근거로 '블랙아웃의 급증'으로 구체화한다.

② ㉡은 주제와 관련 없는 내용이므로 삭제한다.

③ ㉢은 상위 항목과의 관계를 고려하여 'Ⅲ-1-가'와 위치를 바꾼다.

④ ㉣은 글의 일관성을 고려하여 '혁신도시 이전에 따른 홍보 강화'로 내용을 수정한다.

> **TIP** 》 ㉣은 블랙아웃의 해결책이 제시되어야 하므로 '절전에 대한 국민 홍보 강화'로 내용을 수정한다.

26 다음 중 문서를 이해하는데 있어서 필요한 능력으로 가장 먼 것은?

① 문서를 읽고 이해할 수 있는 능력

② 상황에 적합한 문서를 시각적이고 효과적으로 작성하기 위한 능력

③ 각종 문서에 수록된 정보를 확인하여 자신에게 필요한 정보를 구별하고 비교할 수 있는 능력

④ 문서에 나타난 타인의 의견을 요약·정리할 수 있는 능력

　　TIP 》 ② 상황에 적합한 문서를 시각적이고 효과적으로 작성하기 위한 능력은 문서작성에 필요한 능력이다.

27 다음 중 문서작성의 원칙으로 옳은 것을 모두 고른 것은?

> ㉠ 상대방의 이해를 돕기 위해 풍부한 미사여구를 사용한다.
> ㉡ 문서의미 전달에 반드시 필요하지 않은 경우 한자의 사용을 자제한다.
> ㉢ 부정문이나 의문문을 적절하게 사용한다.
> ㉣ 간단한 표제를 붙인다.
> ㉤ 주요한 내용을 먼저 쓴다.

① ㉠㉡㉢ 　　　　　　　② ㉡㉢㉣

③ ㉡㉣㉤ 　　　　　　　④ ㉢㉣㉤

　　TIP 》 ㉠ 문장은 짧고 간결하게 작성하도록 한다.
　　　　　㉢ 부정문이나 의문문은 되도록 피하고 긍정문으로 작성한다.

ANSWER 〉 25.④　26.②　27.③

｜28~30｜ 다음은 회의 내용의 일부이다. 물음에 답하시오.

> 김 팀장 : 네, 그렇군요. 수돗물 정책에 대한 이 과장님의 의견은 잘 들었습니다. 그런데 이 과장님 의
> 견에 대해 박 부장님께서 반대 의견이 있다고 하셨는데, 박 부장님 어떤 내용이신가요?
>
> 박 부장 : 네, 사실 굉장히 답답합니다. 공단 폐수 방류 사건 이후에 17년간 네 번에 걸친 종합 대책이
> 마련됐고, 상당히 많은 예산이 투입된 것으로 알고 있습니다. 그런데도 상수도 사업을 민영화
> 하겠다는 것은 결국 수돗물 정책이 실패했다는 걸 스스로 인정하는 게 아닌가 싶습니다. 그리
> 고 민영화만 되면 모든 문제가 해결되는 것처럼 말씀하시는데요, 현실을 너무 안이하게 보고
> 계신다는 생각이 듭니다.
>
> 김 팀장 : 말씀 중에 죄송합니다만, 제 생각에도 수돗물 사업이 민영화되면 좀 더 효율적이고 전문적으
> 로 운영될 것 같은데요.
>
> 박 부장 : 그렇지 않습니다. 전 우리 정부가 수돗물 사업과 관련하여 충분히 전문성을 갖추고 있다고
> 봅니다. 현장에서 근무하시는 분들의 기술 수준도 세계적이고요. 그리고 효율성 문제는요,
> 저희가 알아본 바에 의하면 시설 가동률이 50% 정도에 그치고 있고, 누수율도 15%나 된다
> 는데, 이런 것들은 시설 보수나 철저한 관리를 통해 충분히 해결할 수 있다고 봅니다. 게다
> 가 현재 상태로 민영화가 된다면 또 다른 문제가 생길 수 있습니다. 무엇보다 수돗물 가격의
> 인상을 피할 수 없다고 보는데요. 물 산업 강국이라는 프랑스도 민영화 이후에 물 값이
> 150%나 인상되었습니다. 우리에게도 같은 일이 일어나지 않으리라는 보장이 있습니까?
>
> 김 팀장 : 이 과장님, 박 부장님의 의견에 대해 어떻게 생각하십니까?
>
> 이 과장 : 민영화할 경우 아무래도 어느 정도 가격 인상 요인이 있겠습니다만 정부와 잘 협조하면 인상
> 폭을 최소화할 수 있으리라고 봅니다. 무엇보다도 수돗물 사업을 민간 기업이 운영하게 된다
> 면 수질도 개선될 것이고, 여러 가지 면에서 더욱 질 좋은 서비스를 받을 수 있을 겁니다.

28 김 팀장과 박 부장의 발언으로 볼 때, 이 과장이 이전에 말했을 내용으로 가장 적절한 것은?

① 민영화를 통해 수돗물의 가격을 안정시킬 수 있다.

② 효율성을 높이기 위해 수돗물 사업을 민영화해야 한다.

③ 수돗물 사업의 전문성을 위해 기술 교육을 강화할 필요가 있다.

④ 종합적인 대책 마련을 통해 효율적인 수돗물 공급을 달성해야 한다.

> **TIP 》** 박 부장이 두 번째 발언에 '그리고 효율성 문제는요, 저희가 알아본 바에 의하면 시설 가동
> 률이 50% 정도에 그치고 있고, 누수율도 15%나 된다는데, 이런 것들은 시설 보수나 철저
> 한 관리를 통해 충분히 해결할 수 있다고 봅니다.'를 통해 앞에서 이 과장이 효율성 문제를
> 들어 수돗물 사업 민영화를 주장했다는 것을 유추할 수 있다.

29 박 부장의 의사소통능력에 대한 평가로 적절한 것은?

① 전문가의 말을 인용하여 자신의 견해를 뒷받침한다.
② 사회적 통념을 근거로 자기 의견의 타당성을 주장한다.
③ 구체적인 정보를 활용하여 상대방의 주장을 비판하고 있다.
④ 이해가 되지 않는 부분에 대해 근거 자료를 요구하고 있다.

> **TIP 》** ③ 박 부장은 구체적인 사례와 수치 등을 들어 이 과장의 의견을 비판하고 있다.

30 주어진 회의에 대한 분석으로 적절하지 않은 것은?

① 김 팀장은 박 부장과 이 과장 사이에서 중립적인 자세를 취하고 있다.
② 박 부장은 이 과장의 의견에 반대하고 있다.
③ 이 과장은 수돗물 사업을 민영화하면 가격 인상이 될 수도 있다고 보고 있다.
④ 이 과장은 수돗물 사업 민영화로 받을 수 있는 질 좋은 서비스에 대해 구체적으로 제시하고 있지 않다.

> **TIP 》** ① "제 생각에도 수돗물 사업이 민영화되면 좀 더 효율적이고 전문적으로 운영될 것 같은데요."라고 한 김 팀장의 두 번째 발언으로 볼 때 김 팀장은 이 과장의 의견에 동의하고 있다.

ANSWER 〉 28.② 29.③ 30.①

02 수리능력

1 직장생활과 수리능력

(1) 기초직업능력으로서의 수리능력

① 개념 … 직장생활에서 요구되는 사칙연산과 기초적인 통계를 이해하고 도표의 의미를 파악하거나 도표를 이용해서 결과를 효과적으로 제시하는 능력을 말한다.

② 수리능력은 크게 기초연산능력, 기초통계능력, 도표분석능력, 도표작성능력으로 구성된다.
  ㉠ **기초연산능력** : 직장생활에서 필요한 기초적인 사칙연산과 계산방법을 이해하고 활용할 수 있는 능력
  ㉡ **기초통계능력** : 평균, 합계, 빈도 등 직장생활에서 자주 사용되는 기초적인 통계기법을 활용하여 자료의 특성과 경향성을 파악하는 능력
  ㉢ **도표분석능력** : 그래프, 그림 등 도표의 의미를 파악하고 필요한 정보를 해석하는 능력
  ㉣ **도표작성능력** : 도표를 이용하여 결과를 효과적으로 제시하는 능력

(2) 업무수행에서 수리능력이 활용되는 경우

① 업무상 계산을 수행하고 결과를 정리하는 경우

② 업무비용을 측정하는 경우

③ 고객과 소비자의 정보를 조사하고 결과를 종합하는 경우

④ 조직의 예산안을 작성하는 경우

⑤ 업무수행 경비를 제시해야 하는 경우

⑥ 다른 상품과 가격비교를 하는 경우

⑦ 연간 상품 판매실적을 제시하는 경우

⑧ 업무비용을 다른 조직과 비교해야 하는 경우

⑨ 상품판매를 위한 지역조사를 실시해야 하는 경우

⑩ 업무수행과정에서 도표로 주어진 자료를 해석하는 경우

⑪ 도표로 제시된 업무비용을 측정하는 경우

예제 1

다음 자료를 보고 주어진 상황에 대한 물음에 답하시오.

〈근로소득에 대한 간이 세액표〉

월 급여액(천 원) [비과세 및 학자금 제외]		공제대상 가족 수				
이상	미만	1	2	3	4	5
2,500	2,520	38,960	29,280	16,940	13,570	10,190
2,520	2,540	40,670	29,960	17,360	13,990	10,610
2,540	2,560	42,380	30,640	17,790	14,410	11,040
2,560	2,580	44,090	31,330	18,210	14,840	11,460
2,580	2,600	45,800	32,680	18,640	15,260	11,890
2,600	2,620	47,520	34,390	19,240	15,680	12,310
2,620	2,640	49,230	36,100	19,900	16,110	12,730
2,640	2,660	50,940	37,810	20,560	16,530	13,160
2,660	2,680	52,650	39,530	21,220	16,960	13,580
2,680	2,700	54,360	41,240	21,880	17,380	14,010
2,700	2,720	56,070	42,950	22,540	17,800	14,430
2,720	2,740	57,780	44,660	23,200	18,230	14,850
2,740	2,760	59,500	46,370	23,860	18,650	15,280

※ 갑근세는 제시되어 있는 간이 세액표에 따름
※ 주민세 = 갑근세의 10%
※ 국민연금 = 급여액의 4.50%
※ 고용보험 = 국민연금의 10%
※ 건강보험 = 급여액의 2.90%
※ 교육지원금 = 분기별 100,000원(매 분기별 첫 달에 지급)

박○○ 사원의 5월 급여내역이 다음과 같고 전월과 동일하게 근무하였으나 특별수당은 없고 차량지원금으로 100,000원을 받게 된다면, 6월에 받게 되는 급여는 얼마인가? (단, 원 단위 절삭)

(주) 서원플랜테크 5월 급여내역			
성명	박○○	지급일	5월 12일
기본급여	2,240,000	갑근세	39,530
직무수당	400,000	주민세	3,950
명절 상여금		고용보험	11,970
특별수당	20,000	국민연금	119,700
차량지원금		건강보험	77,140
교육지원		기타	
급여계	2,660,000	공제합계	252,290
		지급총액	2,407,710

① 2,443,910
② 2,453,910
③ 2,463,910
④ 2,473,910

[출제의도]
업무상 계산을 수행하거나 결과를 정리하고 업무비용을 측정하는 능력을 평가하기 위한 문제로서, 주어진 자료에서 문제를 해결하는 데에 필요한 부분을 빠르고 정확하게 찾아내는 것이 중요하다.

[해설]

기본급여	2,240,000	갑근세	46,370
직무수당	400,000	주민세	4,630
명절상여금		고용보험	12,330
특별수당		국민연금	123,300
차량지원금	100,000	건강보험	79,460
교육지원		기타	
급여계	2,740,000	공제합계	266,090
		지급총액	2,473,910

답 ④

(3) 수리능력의 중요성

① 수학적 사고를 통한 문제해결

② 직업세계의 변화에의 적응

③ 실용적 가치의 구현

(4) 단위환산표

구분	단위환산
길이	$1cm = 10mm$, $1m = 100cm$, $1km = 1,000m$
넓이	$1cm^2 = 100mm^2$, $1m^2 = 10,000cm^2$, $1km^2 = 1,000,000m^2$
부피	$1cm^3 = 1,000mm^3$, $1m^3 = 1,000,000cm^3$, $1km^3 = 1,000,000,000m^3$
들이	$1m\ell = 1cm^3$, $1d\ell = 100cm^3$, $1L = 1,000cm^3 = 10d\ell$
무게	$1kg = 1,000g$, $1t = 1,000kg = 1,000,000g$
시간	1분 = 60초, 1시간 = 60분 = 3,600초
할푼리	1푼 = 0.1할, 1리 = 0.01할, 1모 = 0.001할

예제 2

둘레의 길이가 4.4km인 정사각형 모양의 공원이 있다. 이 공원의 넓이는 몇 a인가?

① 12,100a

② 1,210a

③ 121a

④ 12.1a

[출제의도]
길이, 넓이, 부피, 들이, 무게, 시간, 속도 등 단위에 대한 기본적인 환산 능력을 평가하는 문제로서, 소수점 계산이 필요하며, 자릿수를 읽고 구분할 줄 알아야 한다.

[해설]
공원의 한 변의 길이는
$4.4 \div 4 = 1.1(km)$이고
$1km^2 = 10000a$이므로
공원의 넓이는
$1.1km \times 1.1km = 1.21km^2$
$= 12100a$

답 ①

2 수리능력을 구성하는 하위능력

(1) 기초연산능력

① 사칙연산 … 수에 관한 덧셈, 뺄셈, 곱셈, 나눗셈의 네 종류의 계산법으로 업무를 원활하게 수행하기 위해서는 기본적인 사칙연산뿐만 아니라 다단계의 복잡한 사칙연산까지도 수행할 수 있어야 한다.

② 검산 … 연산의 결과를 확인하는 과정으로 대표적인 검산방법으로 역연산과 구거법이 있다.
  ㉠ 역연산 : 덧셈은 뺄셈으로, 뺄셈은 덧셈으로, 곱셈은 나눗셈으로, 나눗셈은 곱셈으로 확인하는 방법이다.
  ㉡ 구거법 : 원래의 수와 각 자리 수의 합이 9로 나눈 나머지가 같다는 원리를 이용한 것으로 9를 버리고 남은 수로 계산하는 것이다.

예제 3

다음 식을 바르게 계산한 것은?

$$1 + \frac{2}{3} + \frac{1}{2} - \frac{3}{4}$$

① $\frac{13}{12}$　　　　　　② $\frac{15}{12}$

③ $\frac{17}{12}$　　　　　　④ $\frac{19}{12}$

[출제의도]
직장생활에서 필요한 기초적인 사칙연산과 계산방법을 이해하고 활용할 수 있는 능력을 평가하는 문제로서, 분수의 계산과 통분에 대한 기본적인 이해가 필요하다.
[해설]
$$\frac{12}{12} + \frac{8}{12} + \frac{6}{12} - \frac{9}{12} = \frac{17}{12}$$

답 ③

---

(2) 기초통계능력

① 업무수행과 통계
  ㉠ 통계의 의미 : 통계란 집단현상에 대한 구체적인 양적 기술을 반영하는 숫자이다.
  ㉡ 업무수행에 통계를 활용함으로써 얻을 수 있는 이점
    • 많은 수량적 자료를 처리가능하고 쉽게 이해할 수 있는 형태로 축소
    • 표본을 통해 연구대상 집단의 특성을 유추
    • 의사결정의 보조수단
    • 관찰 가능한 자료를 통해 논리적으로 결론을 추줄 · 검증

ⓒ 기본적인 통계치
- 빈도와 빈도분포 : 빈도란 어떤 사건이 일어나거나 증상이 나타나는 정도를 의미하며, 빈도분포란 빈도를 표나 그래프로 종합적으로 표시하는 것이다.
- 평균 : 모든 사례의 수치를 합한 후 총 사례 수로 나눈 값이다.
- 백분율 : 전체의 수량을 100으로 하여 생각하는 수량이 그중 몇이 되는가를 퍼센트로 나타낸 것이다.

② 통계기법
ⓐ 범위와 평균
- 범위 : 분포의 흩어진 정도를 가장 간단히 알아보는 방법으로 최곳값에서 최젓값을 뺀 값을 의미한다.
- 평균 : 집단의 특성을 요약하기 위해 가장 자주 활용하는 값으로 모든 사례의 수치를 합한 후 총 사례 수로 나눈 값이다.
- 관찰값이 1, 3, 5, 7, 9일 경우 범위는 $9 - 1 = 8$이 되고, 평균은 $\dfrac{1+3+5+7+9}{5} =$ 5가 된다.

ⓑ 분산과 표준편차
- 분산 : 관찰값의 흩어진 정도로, 각 관찰값과 평균값의 차의 제곱의 평균이다.
- 표준편차 : 평균으로부터 얼마나 떨어져 있는가를 나타내는 개념으로 분산값의 제곱근 값이다.
- 관찰값이 1, 2, 3이고 평균이 2인 집단의 분산은 $\dfrac{(1-2)^2 + (2-2)^2 + (3-2)^2}{3} = \dfrac{2}{3}$ 이고 표준편차는 분산값의 제곱근 값인 $\sqrt{\dfrac{2}{3}}$ 이다.

③ 통계자료의 해석
ⓐ 다섯숫자요약
- 최솟값 : 원자료 중 값의 크기가 가장 작은 값
- 최댓값 : 원자료 중 값의 크기가 가장 큰 값
- 중앙값 : 최솟값부터 최댓값까지 크기에 의하여 배열했을 때 중앙에 위치하는 사례의 값
- 하위 25%값 · 상위 25%값 : 원자료를 크기 순으로 배열하여 4등분한 값
ⓑ **평균값과 중앙값** : 평균값과 중앙값은 그 개념이 다르기 때문에 명확하게 제시해야 한다.

예제 4

인터넷 쇼핑몰에서 회원가입을 하고 디지털캠코더를 구매하려고 한다. 다음은 구입하고자 하는 모델에 대하여 인터넷 쇼핑몰 세 곳의 가격과 조건을 제시한 표이다. 표에 있는 모든 혜택을 적용하였을 때 디지털캠코더의 배송비를 포함한 실제 구매가격을 바르게 비교한 것은?

구분	A 쇼핑몰	B 쇼핑몰	C 쇼핑몰
정상가격	129,000원	131,000원	130,000원
회원혜택	7,000원 할인	3,500원 할인	7% 할인
할인쿠폰	5% 쿠폰	3% 쿠폰	5,000원
중복할인여부	불가	가능	불가
배송비	2,000원	무료	2,500원

① A<B<C   ② B<C<A

③ C<A<B   ④ C<B<A

[출제의도]
직장생활에서 자주 사용되는 기초적인 통계기법을 활용하여 자료의 특성과 경향성을 파악하는 능력이 요구되는 문제이다.
[해설]
㉠ A 쇼핑몰
• 회원혜택을 선택한 경우 :
  $129,000 - 7,000 + 2,000 = 124,000$(원)
• 5% 할인쿠폰을 선택한 경우 :
  $129,000 \times 0.95 + 2,000 = 124,550$
㉡ B 쇼핑몰
  $131,000 \times 0.97 - 3,500 = 123,570$
㉢ C 쇼핑몰
• 회원혜택을 선택한 경우 :
  $130,000 \times 0.93 + 2,500 = 123,400$
• 5,000원 할인쿠폰을 선택한 경우 : $130,000 - 5,000 + 2,500 = 127,500$
∴ C<B<A

답 ④

(3) 도표분석능력

① 도표의 종류

  ㉠ 목적별 : 관리(계획 및 통제), 해설(분석), 보고

  ㉡ 용도별 : 경과 그래프, 내역 그래프, 비교 그래프, 분포 그래프, 상관 그래프, 계산 그래프

  ㉢ 형상별 : 선 그래프, 막대 그래프, 원 그래프, 점 그래프, 층별 그래프, 레이더 차트

② 도표의 활용

  ㉠ 선 그래프

    • 주로 시간의 경과에 따라 수량에 의한 변화 상황(시계열 변화)을 절선의 기울기로 나타내는 그래프이다.

• 경과, 비교, 분포를 비롯하어 싱관관계 등을 나타낸 때 쓰인다.

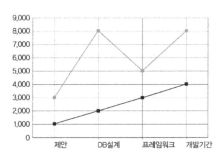

ⓛ 막대 그래프

• 비교하고자 하는 수량을 막대 길이로 표시하고 그 길이를 통해 수량 간의 대소관계를 나타내는 그래프이다.
• 내역, 비교, 경과, 도수 등을 표시하는 용도로 쓰인다.

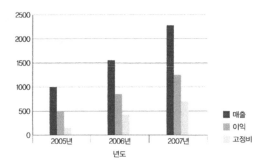

ⓒ 원 그래프

• 내역이나 내용의 구성비를 원을 분할하여 나타낸 그래프이다.
• 전체에 대해 부분이 차지하는 비율을 표시하는 용도로 쓰인다.

ⓔ 점 그래프

• 종축과 횡축에 2요소를 두고 보고자 하는 것이 어떤 위치에 있는가를 나타내는 그래프
  이다.

• 지역분포를 비롯하여 도시, 기방, 기업, 상품 등의 평가나 위치·성격을 표시하는데 쓰
  인다.

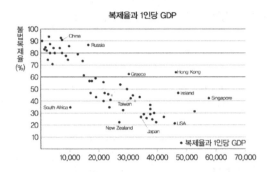

ⓜ 층별 그래프

• 선 그래프의 변형으로 연속내역 봉 그래프라고 할 수 있다. 선과 선 사이의 크기로 데
  이터 변화를 나타낸다.

• 합계와 부분의 크기를 백분율로 나타내고 시간적 변화를 보고자 할 때나 합계와 각 부
  분의 크기를 실수로 나타내고 시간적 변화를 보고자 할 때 쓰인다.

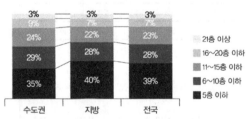

ⓗ 레이더 차트(거미줄 그래프)

• 원 그래프의 일종으로 비교하는 수량을 직경, 또는 반경으로 나누어 원의 중심에서의
  거리에 따라 각 수량의 관계를 나타내는 그래프이다.

• 비교하거나 경과를 나타내는 용도로 쓰인다.

③ 도표 해석상의 유의사항
　㉠ 요구되는 지식의 수준을 넓힌다.
　㉡ 도표에 제시된 자료의 의미를 정확히 숙지한다.
　㉢ 도표로부터 알 수 있는 것과 없는 것을 구별한다.
　㉣ 총량의 증가와 비율의 증가를 구분한다.
　㉤ 백분위수와 사분위수를 정확히 이해하고 있어야 한다.

| 예제 5

다음 표는 2009 ~ 2010년 지역별 직장인들의 자기개발에 관해 조사한 내용을 정리한 것이다. 이에 대한 분석으로 옳은 것은?

(단위 : %)

연도 구분 지역	2009				2010			
	자기 개발 하고 있음	자기개발 비용 부담 주체			자기 개발 하고 있음	자기개발 비용 부담 주체		
		직장 100%	본인 100%	직장50% + 본인50%		직장 100%	본인 100%	직장50% + 본인50%
충청도	36.8	8.5	88.5	3.1	45.9	9.0	65.5	24.5
제주도	57.4	8.3	89.1	2.9	68.5	7.9	68.3	23.8
경기도	58.2	12	86.3	2.6	71.0	7.5	74.0	18.5
서울시	60.6	13.4	84.2	2.4	72.7	11.0	73.7	15.3
경상도	40.5	10.7	86.1	3.2	51.0	13.6	74.9	11.6

① 2009년과 2010년 모두 자기개발 비용을 본인이 100% 부담하는 사람의 수는 응답자의 절반 이상이다.

② 자기개발을 하고 있다고 응답한 사람의 수는 2009년과 2010년 모두 서울시가 가장 많다.

③ 자기개발 비용을 직장과 본인이 각각 절반씩 부담하는 사람의 비율은 2009년과 2010년 모두 서울시가 가장 높다.

④ 2009년과 2010년 모두 자기개발을 하고 있다고 응답한 비율이 가장 높은 지역에서 자기개발비용을 직장이 100% 부담한다고 응답한 사람의 비율이 가장 높다.

[출제의도]
그래프, 그림, 도표 등 주어진 자료를 이해하고 의미를 파악하여 필요한 정보를 해석하는 능력을 평가하는 문제이다.

[해설]
② 지역별 인원수가 제시되어 있지 않으므로, 각 지역별 응답자 수는 알 수 없다.
③ 2009년에는 경상도에서, 2010년에는 충청도에서 가장 높은 비율을 보인다.
④ 2009년과 2010년 모두 '자기개발을 하고 있다'고 응답한 비율이 가장 높은 지역은 서울시이며, 2010년의 경우 자기개발 비용을 직장이 100% 부담한다고 응답한 사람의 비율이 가장 높은 지역은 경상도이다.

답 ①

(4) 도표작성능력

① 도표작성 절차
  ㉠ 어떠한 도표로 작성할 것인지를 결정
  ㉡ 가로축과 세로축에 나타낼 것을 결정
  ㉢ 한 눈금의 크기를 결정
  ㉣ 자료의 내용을 가로축과 세로축이 만나는 곳에 표현
  ㉤ 표현한 점들을 선분으로 연결
  ㉥ 도표의 제목을 표기

② 도표작성 시 유의사항
  ㉠ 선 그래프 작성 시 유의점
  • 세로축에 수량, 가로축에 명칭구분을 제시한다.
  • 선의 높이에 따라 수치를 파악하는 경우가 많으므로 세로축의 눈금을 가로축보다 크게 하는 것이 효과적이다.
  • 선이 두 종류 이상일 경우 반드시 그 명칭을 기입한다.
  ㉡ 막대 그래프 작성 시 유의점
  • 막대 수가 많을 경우에는 눈금선을 기입하는 것이 알아보기 쉽다.
  • 막대의 폭은 모두 같게 하여야 한다.
  ㉢ 원 그래프 작성 시 유의점
  • 정각 12시의 선을 기점으로 오른쪽으로 그리는 것이 보통이다.
  • 분할선은 구성비율이 큰 순서로 그린다.
  ㉣ 층별 그래프 작성 시 유의점
  • 눈금은 선 그래프나 막대 그래프보다 적게 하고 눈금선은 넣지 않는다.
  • 층별로 색이나 모양이 완전히 다른 것이어야 한다.
  • 같은 항목은 옆에 있는 층과 선으로 연결하여 보기 쉽도록 한다.

출제예상문제

1 다음에 제시된 왼쪽 네모 칸의 수들이 일정한 규칙에 의하여 오른쪽 네모 칸의 같은 위치의 수들과 대응관계를 이룰 때, 빈 칸에 들어갈 알맞은 숫자는 어느 것인가?

53	62
63	41

→

82	84
93	( )

① 72

② 74

③ 53

④ 93

> **TIP** 》 왼쪽 네모 칸의 숫자를 십의 자리 수와 일의 자리 수로 분리하여 두 수를 더한 값과 뺀 값
> 각각 십의 자리와 일의 자리 수로 한 값을 오른쪽 네모 칸에 써 넣은 것이다.
> 즉, (A, B)→(A+B, A−B)가 되는 것이다. 따라서 41→4+1=5와 4−1=3이 되어 53이 된다.

2 A사의 직원은 총 180명이고, 이 중 남직원의 62.5%와 여직원의 85%가 안경을 착용하고 있다. A사에서 안경을 쓴 직원이 전체 직원의 75%일 때, 안경을 쓴 여직원의 수는 얼마인가?

① 70명

② 75명

③ 80명

④ 85명

> **TIP** 》 다음과 같은 간단한 연립방정식을 세울 수 있다. 남직원의 수를 x, 여직원의 수를 y라 하면,
> $x + y = 180$
> $0.625x + 0.85y = 0.75 \times 180 \rightarrow 6.25x + 8.5y = 1,350$가 성립한다.
> 위의 식에 8.5를 곱하여 위의 식에서 아래 식을 빼면 $2.25x = 180$이 되어
> $x = 80$, $y = 100$명이 된다.
> 따라서 안경을 쓴 여직원의 수는 $0.85 \times 100 = 85$명이 된다.

3 A 주식의 가격은 B 주식의 가격의 2배이다. 민재가 두 주식을 각각 10주씩 구입 후 A 주식은 30%, B주식은 20% 올라 총 주식의 가격이 76,000원이 되었다. 오르기 전의 B 주식의 주당 가격은 얼마인가?

① 1,000원   ② 1,500원

③ 2,000원   ④ 3,000원

> **TIP 》** A 주식의 가격을 x, B 주식의 가격을 y라 하면
> $x = 2y$
> 두 주식을 각각 10주씩 사서 각각 30%, 20% 올랐으므로
> $1.3x \times 10 + 1.2y \times 10 = 76,000$
> B 주식의 가격을 구해야 하므로 y에 대해 정리하면
> $1.3 \times 2y \times 10 + 1.2y \times 10 = 76,000$
> $38y = 76,000$
> $y = 2,000$원

┃4~5┃ 다음 자료를 보고 이어지는 물음에 답하시오.

〈혼인연차별 초혼 · 재혼 비중〉

(단위 : 쌍, %)

혼인연차	Y-1년			Y년		
	신혼 부부 수	초혼 비중	재혼 비중	신혼 부부 수	초혼 비중	재혼 비중
계	1,471,647	(80.1)	(19.9)	1,436,948	(80.1)	(19.8)
5년차	289,258	(80.8)	(19.1)	291,621	(80.9)	(19.0)
4년차	297,118	(80.5)	(19.5)	293,723	(81.2)	(18.8)
3년차	299,543	(80.8)	(19.2)	288,689	(80.1)	(19.9)
2년차	294,962	(79.6)	(20.4)	284,323	(79.4)	(20.6)
1년차	290,766	(78.9)	(21.1)	278,592	(78.8)	(21.1)

4 Y-1년 대비 Y년의 신혼부부 커플 수가 가장 많이 변동된 혼인연차와 가장 적게 변동된 혼인연차의 변동 수 차이는 얼마인가?

① 8,779

② 9,811

③ 11,050

④ 14,537

TIP 》 신혼부부 커플 수의 '변동'을 말하고 있으므로 감소한 수와 증가한 수가 같은 의미가 된다. 따라서 1년차부터 5년차까지의 증감이 각각 −12,174, −10,639, −10,854, −3,395, 2,363 커플이므로 가장 많이 변동된 혼인연차의 변동 수인 12,174와 가장 적게 변동된 혼인연차의 변동 수인 2,363과의 차이는 12,174−2,363=9,811이 된다.

5 다음 중 위의 자료를 올바르게 해석하지 못한 것은 어느 것인가?

① Y년의 전체 신혼부부 커플 수의 전년대비 증감률은 약 −2.36%이다.

② Y년의 부부 중 1명 이상 재혼인 경우가 80.1%로 전년과 동일한 비중을 나타낸다.

③ 신혼부부가 재혼인 비중은 혼인연차가 많을수록 대체적으로 더 적다.

④ Y년의 초혼 비중이 가장 크게 증가한 혼인연차는 4년차이다.

TIP 》 80.1%는 초혼의 비중을 나타내며, 부부 중 1명 이상 재혼인 경우는 19.8%로 전년과 유사한 비중을 나타낸다.

① (1,436,948−1,471,647)÷1,471,647×100=약 −2.36%이다.

③ 두 해 모두 1년차에는 21%대의 재혼 비중이던 것이 5년차로 갈수록 19% 수준까지 낮아진 것을 확인할 수 있다.

④ 4년차의 초혼 비중은 80.5 → 81.2로 0.7%p 증가하여 가장 큰 증가폭을 보인다.

6

4	9	14
3	7	11
7	?	25

① 15

② 16

③ 17

④ 18

TIP 》 각 열의 3행 숫자들은 1행의 숫자와 2행의 숫자를 더한 값이다. 따라서 9+7=16이다.

7

90	45	15	3	3
2	3	?	1	

① 6

② 5

③ 4

④ 3

TIP 》

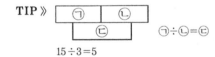

$15 \div 3 = 5$

8

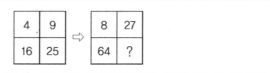

① 50

② 75

③ 100

④ 125

TIP 》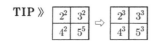

9 어떤 일을 하는데 수빈이는 16일, 혜림이는 12일이 걸린다. 처음에는 수빈이 혼자서 3일 동안 일하고, 그 다음은 수빈이와 혜림이가 같이 일을 하다가 마지막 하루는 혜림이만 일 하여 일을 끝냈다. 수빈이와 혜림이가 같이 일 한 기간은 며칠인가?

① 3일

② 4일

③ 5일

④ 6일

TIP 》 수빈이가 하루 일하는 양 : $\dfrac{1}{16}$

혜림이가 하루 일하는 양 : $\dfrac{1}{12}$

전체 일의 양을 1로 놓고 같이 일을 한 일을 x라 하면

$\dfrac{3}{16}+\left(\dfrac{1}{16}+\dfrac{1}{12}\right)x+\dfrac{1}{12}=1$

$\dfrac{13+7x}{48}=1$

$\therefore\ x=5$일

10 12%의 소금물 150g에 소금 xg을 섞었더니 31%의 소금물이 되었다. 추가된 소금의 양은 얼마인가?

① 20g

② 30g

③ 40g

④ 50g

TIP 》 $\dfrac{12+x}{150+x} = \dfrac{31}{100}$

$\therefore\ x = 50(g)$

11 1시간에 책을 60쪽씩 읽는 사람이 있다. 30분씩 읽고 난 후 5분씩 휴식하면서 3시간동안 읽으면 모두 몇 쪽을 읽게 되는가? (단, 읽는 속도는 일정하다)

① 155쪽

② 135쪽

③ 115쪽

④ 105쪽

TIP 》 1시간에 60쪽을 읽으므로, 1분에 1쪽을 읽는 것과 같다.
30분씩 읽고 5분 휴식하는 것을 묶어 35분으로 잡는다.
$180 = 35 \times 5 + 5$이므로 30분씩 5번 읽고, 5분을 더 읽는 것과 같다.
$30 \times 5 + 5 = 155$

12 두 자리의 자연수에 대하여 각 자리의 숫자의 합은 11이고, 이 자연수의 십의 자리 숫자와 일의 자리 숫자를 바꾼 수의 3배 보다 5 큰 수는 처음 자연수와 같다고 한다. 처음 자연수의 십의 자리 숫자는?

① 9

② 7

③ 5

④ 3

TIP 》 십의 자리 숫자를 x, 일의 자리 숫자를 y라고 할 때,
$x + y = 11 \cdots \bigcirc$
$3(10y + x) + 5 = 10x + y \cdots \bigcirc\!\!\!\bigcirc$
$\bigcirc\!\!\!\bigcirc$을 전개하여 정리하면 $-7x + 29y = -5$이므로
$\bigcirc \times 7 + \bigcirc\!\!\!\bigcirc$을 계산하면 $36y = 72$
따라서 $y = 2,\ x = 9$이다.

13 갑동이는 올해 10살이다. 엄마의 나이는 갑동이와 누나의 나이를 합한 값의 두 배이고, 3년 후의 엄마의 나이는 누나의 나이의 세 배일 때, 올해 누나의 나이는 얼마인가?

① 12세   ② 13세

③ 14세   ④ 15세

TIP 》 누나의 나이를 x, 엄마의 나이를 y라 하면,

$2(10 + x) = y$

$3(x + 3) = y + 3$

두 식을 연립하여 풀면,

$x = 14(세)$

14 6개의 흰 공과 4개의 검은 공이 들어 있는 주머니에서 임의로 공을 꺼내는 시행을 반복할 때, 처음 두 번 꺼낸 공이 모두 흰 공일 확률은? (단, 꺼낸 공은 다시 넣지 않는다)

① $\dfrac{1}{2}$ ② $\dfrac{1}{3}$

③ $\dfrac{5}{6}$ ④ $\dfrac{3}{10}$

TIP 》 처음에 흰 공을 꺼낼 확률 : $\dfrac{6}{10}$

두 번째에 흰 공을 꺼낼 확률 : $\dfrac{5}{9}$

동시에 일어나야 하므로 $\dfrac{6}{10} \times \dfrac{5}{9} = \dfrac{1}{3}$

15 정가 5,000원의 시계를 할인하여 3,500원으로 판다면 할인율은 얼마인가?

① 1할   ② 2할

③ 3할   ④ 5할

TIP 》 할인액은 $5,000 - 3,500 = 1,500(원)$

할인율은 $\dfrac{1,500}{5,000} = 0.3$

∴ 3할이다.

16 어떤 수에 15를 더하면 이 수의 7배보다 3만큼 더 작다고 한다. 이 수를 구하면?

① 3   ② 5

③ 7   ④ 10

> **TIP** 》 어떤 수를 x라 하면,
> $x + 15 = 7x - 3$
> $6x = 18$
> $\therefore x = 3$

17 가희와 미희는 가위바위보를 해서 계단을 오르내리는 게임을 하였다. 같은 칸에서 시작하여 이기면 3칸 올라가고, 지면 2칸 내려가기로 했을 때 총 열 번의 가위바위보가 끝난 시점에 가희가 미희보다 20칸 위에 있다면 가희는 미희보다 몇 번 더 이겼는가? (단, 두 사람은 한 번도 비기지 않았다.)

① 4회   ② 5회

③ 6회   ④ 7회

> **TIP** 》 가희가 이긴 횟수를 a, 미희가 이긴 횟수를 b라 할 때,
> $a + b = 10 \cdots$ ㉠ 이고,
> 가희의 움직임은 $(3a - 2b)$, 미희의 움직임은 $(3b - 2a)$이므로
> $(3a - 2b) - (3b - 2a) = 20$
> $a - b = 4 \cdots$ ㉡의 식이 성립한다.
> ㉠+㉡하면 $a = 7$, $b = 3$이므로 가희는 미희보다 4회 더 많이 이겼다.

18 ○○기업 공채에 응시한 남녀의 비는 5 : 4이고, 합격자 남녀의 비는 4 : 3, 불합격자 남녀의 비가 6 : 5이다. 총 합격자의 수가 140명일 때 ○○기업 공채에 응시한 인원수는 몇 명인가?

① 320명   ② 340명

③ 360명   ④ 380명

    TIP》 합격자가 140명이고 남녀비가 4 : 3이므로 합격한 남자의 수는 80명, 여자의 수는 60명이다. 남자 응시인원을 $5a$, 여자 응시인원을 $4a$라 하고, 남자 불합격인원을 $6b$, 여자 불합격인원을 $5b$라 할 때 만들어지는 식은 다음과 같다.

$$\begin{cases} 5a - 6b = 80 \\ 4a - 5b = 60 \end{cases}$$ 두 식을 연립하여 풀면 $a = 40$, $b = 20$이므로 총 응시인원은 $9a = 360$(명)이다.

19 △△기업의 인적성검사는 오답인 경우 감점이 있다. 한 문제당 점수는 5점, 오답 감점점수는 2점이다. 총 20문제를 풀어서 70점 이상 받아야 합격일 때, 최소한 몇 문제를 맞아야 합격할 수 있는가? (단, 빈칸으로 놔둔 문제도 오답으로 간주한다.)

① 15개   ② 16개

③ 17개   ④ 18개

    TIP》 정답의 개수를 a, 오답의 개수를 $20 - a$라 할 때,
20문제 중 70점 이상 받아야 합격이므로 이를 식으로 나타내면 다음과 같다.
$5a - 2(20 - a) \geq 70$
$7a \geq 110$
$a \geq 15.\text{xx}$
∴ 16문제 이상 맞아야 합격할 수 있다.

20 민경이는 $10 \times 10\text{m}^2$의 동아리방에 매트를 깔려고 한다. 다음 중 가장 저렴하게 구매할 수 있는 매트는?

> ㉠ A 놀이매트($1 \times 1\text{m}^2$) : 1세트(20개) 10만 원
>   ※ 5세트 구매 시 1세트 무료 증정
> ㉡ B 어린이매트($1 \times 1\text{m}^2$) : 1세트(25개) 15만 원
> ㉢ C 보호매트($1 \times 2\text{m}^2$) : 1세트(10개) 7만 원
> ㉣ D 환경매트($1 \times 2\text{m}^2$) : 1세트(10개) 10만 원
>   ※ 2세트 구매 시 단품 5개 증정

① ㉠   ② ㉡
③ ㉢   ④ ㉣

TIP 》 ㉠ 100개(5세트)가 필요하다. 10만 원×5세트＝50만 원
　　　 ㉡ 100개(4세트)가 필요하다. 15만 원×4세트＝60만 원
　　　 ㉢ 50개(5세트)가 필요하다. 7만 원×5세트＝35만 원
　　　 ㉣ 50개(5세트)가 필요하지만 40개(4세트)를 사면 단품 10개를 증정 받을 수 있다.
　　　　 10만 원×4세트＝40만 원
　　　 ∴ C 보호매트가 가장 저렴하다.

21 지헌이는 생활이 어려워 수집했던 고가의 피규어를 인터넷 경매를 통해 판매하려고 한다. 경매 방식과 규칙, 예상 응찰 현황이 다음과 같을 때, 경매 결과를 바르게 예측한 것은?

> - 경매 방식 : 각 상품은 따로 경매하거나 묶어서 경매
> - 경매 규칙
> - 낙찰자 : 최고가로 입찰한 자
> - 낙찰가 : 두 번째로 높은 입찰가
> - 두 상품을 묶어서 경매할 경우 낙찰가의 5%를 할인해 준다.
> - 입찰자는 낙찰가의 총액이 100,000원을 초과할 경우 구매를 포기한다.
> - 예상 응찰 현황
>
> | 입찰자 | A 입찰가 | B 입찰가 | 합계 |
> |---|---|---|---|
> | 甲 | 20,000 | 50,000 | 70,000 |
> | 乙 | 30,000 | 40,000 | 70,000 |
> | 丙 | 40,000 | 70,000 | 110,000 |
> | 丁 | 50,000 | 30,000 | 80,000 |
> | 戊 | 90,000 | 10,000 | 100,000 |
> | 己 | 40,000 | 80,000 | 120,000 |
> | 庚 | 10,000 | 20,000 | 30,000 |
> | 辛 | 30,000 | 10,000 | 40,000 |

① 두 상품을 묶어서 경매한다면 낙찰자는 己이다.

② 경매 방식에 상관없이 지헌이의 예상 수입은 동일하다.

③ 두 상품을 따로 경매한다면 얻는 수입은 120,000원이다.

④ 두 상품을 따로 경매한다면 A의 낙찰자는 丁이다.

TIP 》 ③ 두 상품을 따로 경매한다면 A는 戊에게 50,000원에, B는 己에게 70,000원에 낙찰되므로 얻는 수입은 120,000원이다.

① 두 상품을 묶어서 경매한다면 최고가 입찰자는 己이다. 己가 낙찰 받는 금액은 110,000 원으로 5% 할인을 해주어도 그 금액이 100,000원이 넘는다. 입찰자는 낙찰가의 총액이 100,000원을 초과할 경우 구매를 포기한다는 조건에 의해 己는 구매를 포기하게 되므로 낙찰자는 丙이 된다.

② 지헌이가 얻을 수 있는 예상 수입은 두 상품을 따로 경매할 경우 120,000원, 두 상품을 묶어서 경매할 경우 95,000원으로 동일하지 않다.

④ 두 상품을 따로 경매한다면 A의 낙찰자는 戊이다.

22 A씨는 30 % 할인 행사 중인 백화점에 갔다. 매장에 도착하니 당일 구매물품의 정가 총액에 따라 아래의 〈혜택〉 중 하나를 택할 수 있다고 한다. 정가 10만원짜리 상의와 15만원짜리 하의를 구입하고자 한다. 옷을 하나 이상 구입하여 일정 혜택을 받고 교통비를 포함해 총비용을 계산할 때, 〈보기〉의 설명 중 옳은 것을 모두 고르면? (단, 1회 왕복교통비는 5천원이고, 소요시간 등 기타사항은 금액으로 환산하지 않는다)

〈혜택〉
- 추가할인 : 정가 총액이 20만 원 이상이면, 할인된 가격의 5%를 추가로 할인
- 할인쿠폰 : 정가 총액이 10만 원 이상이면, 세일기간이 아닌 기간에 사용할 수 있는 40% 할인권 제공

〈보기〉
- ㉠ 오늘 상·하의를 모두 구입하는 것이 가장 싸게 구입하는 방법이다.
- ㉡ 상·하의를 가장 싸게 구입하면 17만원 미만의 비용이 소요된다.
- ㉢ 상·하의를 가장 싸게 구입하는 경우와 가장 비싸게 구입하는 경우의 비용 차이는 1회 왕복 교통비 이상이다.
- ㉣ 오늘 하의를 구입하고, 세일기간이 아닌 기간에 상의를 구입하면 17만 5천원이 든다.

① ㉠㉡

② ㉠㉢

③ ㉡㉢

④ ㉢㉣

TIP 》 갑씨가 선택할 수 있는 방법은 총 세 가지이다.
- 오늘 상·하의를 모두 구입하는 방법(추가할인적용)
  $(250,000 \times 0.7) \times 0.95 + 5,000 = 171,250(원)$
- 오늘 상의를 구입하고, 세일기간이 아닌 기간에 하의를 구입하는 방법(할인쿠폰사용)
  $(100,000 \times 0.7) + (150,000 \times 0.6) + 10,000 = 170,000(원)$
- 오늘 하의를 구입하고, 세일기간이 아닌 기간에 상의를 구입하는 방법(할인쿠폰사용)
  $(150,000 \times 0.7) + (100,000 \times 0.6) + 10,000 = 175,000(원)$
- ∴ ㉠ 가장 싸게 구입하는 방법은 오늘 상의를 구입하고, 세일기간이 아닌 기간에 하의를 구입하는 것이다.
  ㉡ 상하의를 가장 싸게 구입하면 17만원의 비용이 소요된다.

23 다이어트 중인 수진이는 품목별 가격과 칼로리, 오늘의 행사 제품 여부에 따라 물건을 구입하려고 한다. 예산이 10,000원이라고 할 때, 칼로리의 합이 가장 높은 조합은?

〈품목별 가격과 칼로리〉

품목	피자	돈가스	도넛	콜라	아이스크림
가격(원/개)	2,500	4,000	1,000	500	2,000
칼로리(kcal/개)	600	650	250	150	350

〈오늘의 행사〉

행사 1 : 피자 두 개 한 묶음을 사면 콜라 한 캔이 덤으로!
행사 2 : 돈가스 두 개 한 묶음을 사면 돈가스 하나가 덤으로!
행사 3 : 아이스크림 두 개 한 묶음을 사면 아이스크림 하나가 덤으로!
단, 행사는 품목당 한 묶음까지만 적용됩니다.

① 피자 2개, 아이스크림 2개, 도넛 1개
② 돈가스 2개, 피자 1개, 콜라 1개
③ 아이스크림 2개, 도넛 6개
④ 돈가스 2개, 도넛 2개

TIP 》 ① 피자 2개, 아이스크림 2개, 도넛 1개를 살 경우, 행사 적용에 의해 피자 2개, 아이스크림 3개, 도넛 1개, 콜라 1개를 사는 효과가 있다. 따라서 총 칼로리는 (600 × 2) + (350 × 3) + 250 + 150 = 2,650kcal이다.
② 돈가스 2개(8,000원), 피자 1개(2,500원), 콜라 1개(500원)의 조합은 예산 10,000원을 초과한다.
③ 아이스크림 2개, 도넛 6개를 살 경우, 행사 적용에 의해 아이스크림 3개, 도넛 6개를 구입하는 효과가 있다. 따라서 총 칼로리는 (350 × 3) + (250 × 6) = 2,550kcal이다.
④ 돈가스 2개, 도넛 2개를 살 경우, 행사 적용에 의해 돈가스 3개, 도넛 2개를 구입하는 효과가 있다. 따라서 총 칼로리는 (650 × 3) + (250 × 2) = 2,450kcal이다.

24 민국이는 91과 18을 자신만의 방식으로 더해서 100으로 읽었다. 같은 방법으로 91과 27을 더한 값은 얼마인가?

① 64
② 88
③ 91
④ 124

    TIP 》 민국이는 두 수의 일의 자리수와 십의 자리수를 바꾸어 계산했다.
            91+18을 민국이의 방식으로 계산하면
            19+81=100이 된다.
            따라서 91+27은 19+72, 즉 91이 된다.

25 다음 계산의 결과는?

$$0.3 + \frac{2}{5}$$

① $\frac{4}{5}$
② $\frac{7}{5}$
③ $\frac{7}{10}$
④ $\frac{11}{10}$

    TIP 》 $0.3 + \frac{2}{5} = \frac{3+4}{10} = \frac{7}{10}$

26 다음에 주어진 소수와 같은 값을 가진 분수는?

> 0.075

① $\dfrac{750}{1000}$　　　　　　② $\dfrac{75}{1000}$

③ $\dfrac{750}{100}$　　　　　　④ $\dfrac{75}{100}$

TIP 》 $0.075 = \dfrac{75}{1000}$ 이다.

27 다음 계산의 결과로 옳은 것은?

> 1.75kg − 925g

① 810g　　　　　　② 815g

③ 820g　　　　　　④ 825g

TIP 》 1kg은 1,000g이므로 1.75kg은 1,750g이다.
따라서 1.75kg − 925g = 1,750g − 925g = 825g이다.

28 다음은 어느 카페의 메뉴판이다. 오늘의 커피와 단호박 샌드위치를 먹으려할 때, 세트로 구매하는 것은 단품으로 시키는 것보다 얼마가 더 저렴한가?

〈메뉴〉

음료		샌드위치	
오늘의 커피	3,000	하우스 샌드위치	5,000
아메리카노	3,500	단호박 샌드위치	5,500
카페라떼	4,000	치즈듬뿍 샌드위치	5,500
생과일주스	4,000	베이컨토마토 샌드위치	6,000

수프
콘수프   4,500
감자수프   5,000
브로콜리수프   5,000

세트 7,000
오늘의 커피 + 하우스 샌드위치 or 콘수프 중 택1
※ 커피종류는 변경할 수 없음
※ 샌드위치 또는 수프 변경 시 가격의 차액만큼 추가

---

① 500원   ② 1,000원
③ 1,500원   ④ 2,000원

> **TIP 》** 단품으로 구매 시 : 오늘의 커피(3,000) + 단호박 샌드위치(5,500) = 8,500원
> 세트로 구매 시 : 7,000 + 샌드위치 차액(500) = 7,500원
> ∴ 세트로 구매하는 것이 단품으로 구매하는 것보다 1,000원 더 저렴하다.

29 다음은 A 자동차 회사의 광고모델 후보 4명에 대한 자료이다. 〈조건〉을 적용하여 광고모델을 선정할 때, 총 광고효과가 가장 큰 모델은?

〈표〉 광고모델별 1년 계약금 및 광고 1회당 광고효과

(단위 : 만 원)

광고모델	1년 계약금	1회당 광고효과	
		수익 증대 효과	브랜드 가치 증대 효과
A	1,000	100	100
B	600	60	100
C	700	60	110
D	1,200	110	110

〈조건〉

㉠ 광고효과는 수익 증대 효과와 브랜드 가치 증대 효과로만 구성된다.
- 총 광고효과 = 1회당 광고효과 × 1년 광고횟수
- 1회당 광고효과 = 1회당 수익 증대 효과 + 1회당 브랜드 가치 증대 효과

㉡ 1회당 광고비는 20만 원으로 고정되어 있다.
- 1년 광고횟수 = $\dfrac{1년\ 광고비}{1회당\ 광고비}$

㉢ 1년 광고비는 3,000만 원(고정값)에서 1년 계약금을 뺀 금액이다.
- 1년 광고비 = 3,000만 원 − 1년 계약금

※ 광고는 tv를 통해서만 1년 내에 모두 방송됨

① A   ② B
③ C   ④ D

TIP 》 총 광고효과 = 1회당 광고효과 × 1년 광고횟수

$$= (1회당\ 수익\ 증대\ 효과 + 1회당\ 브랜드가치\ 증대\ 효과) \times \frac{3,000만\ 원 - 1년\ 계약금}{1회당\ 광고비}$$

A : $(100 + 100) \times \dfrac{3,000 - 1,000}{20} = 20,000$만 원

B : $(60 + 100) \times \dfrac{3,000 - 600}{20} = 19,200$만 원

C : $(60 + 110) \times \dfrac{3,000 - 700}{20} = 19,550$만 원

D : $(110 + 110) \times \dfrac{3,000 - 1,200}{20} = 19,800$만 원

30 다음은 연령별 저축률에 대한 자료이다. 이에 대한 설명으로 가장 바른 것은?

연도	2010		2012		2014		2016	
구분	저축 중인 인원	저축률	저축 중인 인원	저축률	저축 중인 인원	저축률	저축 중인 인원	저축률
30대 이하	60명	73%	68명	68%	117명	81%	99명	70%
40대	270명	60%	277명	61%	180명	70%	210명	65%
50대	440명	59%	540명	55%	380명	59%	380명	54%
60대	470명	48%	540명	54%	540명	41%	540명	40%
70대 이상	580명	28%	560명	37%	770명	25%	755명	22%

① 70대 이상의 저축률은 꾸준히 감소되고 있다.

② 30대 이하와 40대의 연령별 저축률은 동일한 증감추이를 보이고 있다.

③ 30대 이하와 50대의 연령별 저축률은 반대의 증감추이를 보이고 있다.

④ 60대와 70대 이상의 저축률은 모두 동일한 증감추이를 보이고 있다.

> **TIP** 》 ① 2010년과 2012년 사이에는 증가하였다.
> ② 30대 이하는 감소→증가→감소를 나타내고, 40대는 증가→증가→감소를 나타내므로 두 연령층의 증감추이는 동일하지 않다.
> ③ 30대 이하와 50대의 연령별 저축률은 감소→증가→감소의 동일한 변화를 보이고 있다.
> ④ 60대와 70대 이상의 저축률은 모두 증가→감소→감소의 동일한 변화를 보이고 있다.

31 자료에 대한 옳은 분석을 모두 고른 것은?

구분	물 자원량 (십 억m³)	1인당 물 자원량(m³)	취수량 (십 억m³)	1인당 취수량(m³)	용도별 취수 비중(%)		
					생활	공업	농업
인도	1,911	1,614	646	554	8	5	87
중국	2,830	2,117	630	472	7	26	67
미국	3,069	9,943	479	1,553	13	46	41
브라질	8,243	43,304	59	312	20	18	62
오스트레일리아	492	23,593	24	1,146	15	10	75

㉠ 중국은 미국보다 1인당 취수량이 많다.
㉡ 미국은 인도보다 1인당 농업용수의 취수량이 많다.
㉢ 오스트레일리아는 브라질보다 물 자원량에서 차지하는 취수량의 비중이 높다.
㉣ 물 자원량이 많은 국가일수록 1인당 물 자원량이 많다.

① ㉠㉡
② ㉠㉢
③ ㉡㉢
④ ㉡㉣

TIP 》 ㉠ 중국은 미국보다 1인당 취수량이 적다.
　　　 ㉡ 미국은 인도보다 농업용도 취수 비중이 낮지만 1인당 취수량이 매우 많기 때문에 1인당 농업용수의 취수량이 많다.
　　　 ㉢ 오스트레일리아는 브라질보다 물 자원량에서 차지하는 취수량의 비중이 높다.

　　　　 브라질 : $\frac{59}{8.243} = 0.00715$

　　　　 오스트레일리아 : $\frac{24}{492} = 0.04878$

　　　 ㉣ 물 자원량이 많은 국가라고 해서 1인당 물 자원량이 많지는 않다.

항공사	구분	2008년	2009년	2010년	2011년
AAR	운항 편(대)	8,486	8,642	8,148	8,756
	여객(명)	1,101,596	1,168,460	964,830	1,078,490
	운항거리(km)	5,928,362	6,038,761	5,761,479	6,423,765
KAL	운항 편(대)	11,534	12,074	11,082	11,104
	여객(명)	1,891,652	2,062,426	1,715,962	1,574,966
	운항거리(km)	9,112,071	9,794,531	8,972,439	8,905,408

32 AAR 항공사의 경우 항공기 1대 당 수송 여객의 수가 가장 많았던 해는 언제인가?

① 2008년　　　　　　　　　② 2009년

③ 2010년　　　　　　　　　④ 2012년

> **TIP》** ① 2008년 : 1,101,596÷8,486=약 129명
> ② 2009년 : 1,168,460÷8,642=약 135명
> ③ 2010년 : 964,830÷8,148=약 118명
> ④ 2012년 : 1,078,490÷8,756=약 123명

33 항공기 1대당 운항 거리가 2011년과 동일하다고 했을 때, KAL 항공사가 2012년 한 해 동안 9,451,570km의 거리를 운항하기 위해서 증편해야 할 항공기 수는 몇 대인가?

① 495　　　　　　　　　② 573

③ 681　　　　　　　　　④ 709

> **TIP》** KAL 항공사의 2011년 항공기 1대당 운항 거리는 8,905,408÷11,104=802로, 2012년 한 해 동안 9,451,570km의 거리를 운항하기 위해서는 9,451,570÷802=11,785대의 항공기가 필요하다. 따라서 KAL 항공사는 11,785−11,104=681대의 항공기를 증편해야 한다.

|34~35| 다음 〈표〉는 시도별 외국인 국내 토지 소유현황에 관한 자료이다. 다음 자료를 보고 물음에 답하시오.

시도명	면적(천m^2)	비율(%)
서울	2,729	1.2
부산	5,738	2.6
대구	1,792	0.8
인천	4,842	2.2
광주	3,425	1.5
대전	837	0.4
울산	5,681	2.5
세종	867	0.4
경기	37,615	(㉠)
강원	18,993	8.5
충북	12,439	5.5
충남	22,313	9.9
전북	7,462	3.3
전남	37,992	16.9
경북	35,081	15.6
경남	17,058	(㉡)
제주	9,851	4.4
계	224,715	100.0

34 이 자료에 대한 설명으로 옳지 않은 것은?

① 울산의 외국인 소유면적은 대구보다 3배 이상이다.

② 외국인 국내 토지 소유면적이 가장 큰 지역은 전남이다.

③ 부산의 외국인 국내 토지 소유면적은 대구와 광주의 면적을 합친 것보다 작다.

④ ㉠에 알맞은 수치는 16.7이다.

　　TIP 》 ③ 1,792＋3,425＝5,217＜5,738

35 위의 표에서 ㉡에 알맞은 수치는? (단, 소수점 둘째자리에서 반올림한다.)

① 7.6 　　　　　　　　② 8.0

③ 8.4 　　　　　　　　④ 8.8

　　TIP 》 (17,058/224,715)×100＝7.59

03 문제해결능력

1 문제와 문제해결

(1) 문제의 정의와 분류

① 정의 … 문제란 업무를 수행함에 있어서 답을 요구하는 질문이나 의논하여 해결해야 되는 사항이다.

② 문제의 분류

구분	창의적 문제	분석적 문제
문제제시 방법	현재 문제가 없더라도 보다 나은 방법을 찾기 위한 문제 탐구→문제 자체가 명확하지 않음	현재의 문제점이나 미래의 문제로 예견될 것에 대한 문제 탐구→문제 자체가 명확함
해결방법	창의력에 의한 많은 아이디어의 작성을 통해 해결	분석, 논리, 귀납과 같은 논리적 방법을 통해 해결
해답 수	해답의 수가 많으며, 많은 답 가운데 보다 나은 것을 선택	답의 수가 적으며 한정되어 있음
주요특징	주관적, 직관적, 감각적, 정성적, 개별적, 특수성	객관적, 논리적, 정량적, 이성적, 일반적, 공통성

(2) 업무수행과정에서 발생하는 문제 유형

① **발생형 문제(보이는 문제)** … 현재 직면하여 해결하기 위해 고민하는 문제이다. 원인이 내재되어 있기 때문에 원인지향적인 문제라고도 한다.
  ㉠ 일탈문제 : 어떤 기준을 일탈함으로써 생기는 문제
  ㉡ 미달문제 : 어떤 기준에 미달하여 생기는 문제

② **탐색형 문제(찾는 문제)** … 현재의 상황을 개선하거나 효율을 높이기 위한 문제이다. 방치할 경우 큰 손실이 따르거나 해결할 수 없는 문제로 나타나게 된다.
  ㉠ 잠재문제 : 문제가 잠재되어 있어 인식하지 못하다가 확대되어 해결이 어려운 문제
  ㉡ 예측문제 : 현재로는 문제가 없으나 현 상태의 진행 상황을 예측하여 찾아야 앞으로 일어날 수 있는 문제가 보이는 문제

ⓒ 발견문제 : 현재로서는 담당 업무에 문제가 없으나 선진기업의 업무 방법 등 보다 좋은
제도나 기법을 발견하여 개선시킬 수 있는 문제

③ **설정형 문제(미래 문제)** … 장래의 경영전략을 생각하는 것으로 앞으로 어떻게 할 것인가 하
는 문제이다. 문제해결에 창조적인 노력이 요구되어 창조적 문제라고도 한다.

| 예제 1 |

D회사 신입사원으로 입사한 귀하는 신입사원 교육에서 업무수행과정에서
발생하는 문제 유형 중 설정형 문제를 하나씩 찾아오라는 지시를 받았다.
이에 대해 귀하는 교육받은 내용을 다시 복습하려고 한다. 설정형 문제에
해당하는 것은?

① 현재 직면하여 해결하기 위해 고민하는 문제
② 현재의 상황을 개선하거나 효율을 높이기 위한 문제
③ 앞으로 어떻게 할 것인가 하는 문제
④ 원인이 내재되어 있는 원인지향적인 문제

[출제의도]
업무수행 중 문제가 발생하였을 때
문제 유형을 구분하는 능력을 측정
하는 문항이다.
[해설]
업무수행과정에서 발생하는 문제
유형으로는 발생형 문제, 탐색형
문제, 설정형 문제가 있으며 ①④
는 발생형 문제이며 ②는 탐색형
문제, ③이 설정형 문제이다.

답 ③

---

(3) 문제해결

① **정의** … 목표와 현상을 분석하고 이 결과를 토대로 과제를 도출하여 최적의 해결책을 찾아
실행·평가해 가는 활동이다.

② **문제해결에 필요한 기본적 사고**
　ⓐ **전략적 사고** : 문제와 해결방안이 상위 시스템과 어떻게 연결되어 있는지를 생각한다.
　ⓑ **분석적 사고** : 전체를 각각의 요소로 나누어 그 의미를 도출하고 우선순위를 부여하여
구체적인 문제해결방법을 실행한다.
　ⓒ **발상의 전환** : 인식의 틀을 전환하여 새로운 관점으로 바라보는 사고를 지향한다.
　ⓓ **내·외부자원의 활용** : 기술, 재료, 사람 등 필요한 자원을 효과적으로 활용한다.

③ **문제해결의 장애요소**
　ⓐ 문제를 철저하게 분석하지 않는 경우
　ⓑ 고정관념에 얽매이는 경우
　ⓒ 쉽게 떠오르는 단순한 정보에 의지하는 경우
　ⓓ 너무 많은 자료를 수집하려고 노력하는 경우

④ 문제해결방법

    ⊙ 소프트 어프로치 : 문제해결을 위해서 직접적인 표현보다는 무언가를 시사하거나 암시를 통하여 의사를 전달하여 문제해결을 도모하고자 한다.

    ⓒ 하드 어프로치 : 상이한 문화적 토양을 가지고 있는 구성원을 가정하고, 서로의 생각을 직설적으로 주장하고 논쟁이나 협상을 통해 서로의 의견을 조정해 가는 방법이다.

    ⓒ 퍼실리테이션(facilitation) : 촉진을 의미하며 어떤 그룹이나 집단이 의사결정을 잘 하도록 도와주는 일을 의미한다.

2 문제해결능력을 구성하는 하위능력

(1) 사고력

① 창의적 사고 : 개인이 가지고 있는 경험과 지식을 통해 새로운 가치 있는 아이디어를 산출하는 사고능력이다.

    ⊙ 창의적 사고의 특징

      • 정보와 정보의 조합

      • 사회나 개인에게 새로운 가치 창출

      • 창조적인 가능성

예제 2

M사 홍보팀에서 근무하고 있는 귀하는 입사 5년차로 창의적인 기획안을 제출하기로 유명하다. S부장은 이번 신입사원 교육 때 귀하에게 창의적인 사고란 무엇인지 교육을 맡아달라고 부탁하였다. 창의적인 사고에 대한 귀하의 설명으로 옳지 않은 것은?

① 창의적인 사고는 새롭고 유용한 아이디어를 생산해 내는 정신적인 과정이다.
② 창의적인 사고는 특별한 사람들만이 할 수 있는 대단한 능력이다.
③ 창의적인 사고는 기존의 정보들을 특정한 요구조건에 맞거나 유용하도록 새롭게 조합시킨 것이다.
④ 창의적인 사고는 통상적인 것이 아니라 기발하거나, 신기하며 독창적인 것이다.

[출제의도]
창의적 사고에 대한 개념을 정확히 파악하고 있는지를 묻는 문항이다.
[해설]
흔히 사람들은 창의적인 사고에 대해 특별한 사람들만이 할 수 있는 대단한 능력이라고 생각하지만 그리 대단한 능력이 아니며 이미 알고 있는 경험과 지식을 해체하여 다시 새로운 정보로 결합하여 가치 있는 아이디어를 산출하는 사고라고 할 수 있다.

답 ②

ⓛ 발산적 사고 : 창의적 사고를 위해 필요한 것으로 자유연상법, 강제연상법, 비교발상법 등을 통해 개발할 수 있다.

구분	내용
자유연상법	생각나는 대로 자유롭게 발상 ex) 브레인스토밍
강제연상법	각종 힌트에 강제적으로 연결 지어 발상 ex) 체크리스트
비교발상법	주제의 본질과 닮은 것을 힌트로 발상 ex) NM법, Synectics

Point ≫ 브레인스토밍
　　ⓗ 진행방법
　　　• 주제를 구체적이고 명확하게 정한다.
　　　• 구성원의 얼굴을 볼 수 있는 좌석 배치와 큰 용지를 준비한다.
　　　• 구성원들의 다양한 의견을 도출할 수 있는 사람을 리더로 선출한다.
　　　• 구성원은 다양한 분야의 사람들로 5~8명 정도로 구성한다.
　　　• 발언은 누구나 자유롭게 할 수 있도록 하며, 모든 발언 내용을 기록한다.
　　　• 아이디어에 대한 평가는 비판해서는 안 된다.
　　ⓛ 4대 원칙
　　　• 비판엄금(Support) : 평가 단계 이전에 결코 비판이나 판단을 해서는 안 되며 평가는 나중까지 유보한다.
　　　• 자유분방(Silly) : 무엇이든 자유롭게 말하고 이런 바보 같은 소리를 해서는 안 된다는 등의 생각은 하지 않아야 한다.
　　　• 질보다 양(Speed) : 질에는 관계없이 가능한 많은 아이디어들을 생성해내도록 격려한다.
　　　• 결합과 개선(Synergy) : 다른 사람의 아이디어에 자극되어 보다 좋은 생각이 떠오르고, 서로 조합하면 재미있는 아이디어가 될 것 같은 생각이 들면 즉시 조합시킨다.

② 논리적 사고 … 사고의 전개에 있어 전후의 관계가 일치하고 있는가를 살피고 아이디어를 평가하는 사고능력이다.
　　ⓗ 논리적 사고를 위한 5가지 요소 : 생각하는 습관, 상대 논리의 구조화, 구체적인 생각, 타인에 대한 이해, 설득
　　ⓛ 논리적 사고 개발 방법
　　　• 피라미드 구조 : 하위의 사실이나 현상부터 사고하여 상위의 주장을 만들어가는 방법
　　　• so what기법 : '그래서 무엇이지?'하고 자문자답하여 주어진 정보로부터 가치 있는 정보를 이끌어 내는 사고 기법

③ 비판적 사고 … 어떤 주제나 주장에 대해서 적극적으로 분석하고 종합하며 평가하는 능동적인 사고이다.
　　ⓗ 비판적 사고 개발 태도 : 비판적 사고를 개발하기 위해서는 지적 호기심, 객관성, 개방성, 융통성, 지적 회의성, 지적 정직성, 체계성, 지속성, 결단성, 다른 관점에 대한 존중과 같은 태도가 요구된다.

ⓒ 비판적 사고를 위한 태도
- 문제의식 : 비판적인 사고를 위해서 가장 먼저 필요한 것은 바로 문제의식이다. 자신이 지니고 있는 문제와 목적을 확실하고 정확하게 파악하는 것이 비판적인 사고의 시작이다.
- 고정관념 타파 : 지각의 폭을 넓히는 일은 정보에 대한 개방성을 가지고 편견을 갖지 않는 것으로 고정관념을 타파하는 일이 중요하다.

(2) 문제처리능력과 문제해결절차

① 문제처리능력 … 목표와 현상을 분석하고 이를 토대로 문제를 도출하여 최적의 해결책을 찾아 실행·평가하는 능력이다.

② 문제해결절차 … 문제 인식 → 문제 도출 → 원인 분석 → 해결안 개발 → 실행 및 평가
   ⊙ 문제 인식 : 문제해결과정 중 'waht'을 결정하는 단계로 환경 분석 → 주요 과제 도출 → 과제 선정의 절차를 통해 수행된다.
   - 3C 분석 : 환경 분석 방법의 하나로 사업환경을 구성하고 있는 요소인 자사(Company), 경쟁사(Competitor), 고객(Customer)을 분석하는 것이다.

예제 3

L사에서 주력 상품으로 밀고 있는 TV의 판매 이익이 감소하고 있는 상황에서 귀하는 B부장으로부터 3C분석을 통해 해결방안을 강구해 오라는 지시를 받았다. 다음 중 3C에 해당하지 않는 것은?

① Customer   ② Company
③ Competitor   ④ Content

[출제의도]
3C의 개념과 구성요소를 정확히 숙지하고 있는지를 측정하는 문항이다.
[해설]
3C 분석에서 사업 환경을 구성하고 있는 요소인 자사(Company), 경쟁사(Competitor), 고객을 3C(Customer)라고 한다. 3C 분석에서 고객 분석에서는 '고객은 자사의 상품·서비스에 만족하고 있는지'를, 자사 분석에서는 '자사가 세운 달성목표와 현상 간에 차이가 없는지'를 경쟁사 분석에서는 '경쟁기업의 우수한 점과 자사의 현상과 차이가 없는지'에 대한 질문을 통해서 환경을 분석하게 된다.

답 ④

- SWOT 분석 : 기업내부의 강점과 약점, 외부환경의 기회와 위협요인을 분석·평가하여 문제해결 방안을 개발하는 방법이다.

		내부환경요인	
		강점(Strengths)	약점(Weaknesses)
외부환경요인	기회 (Opportunities)	SO 내부강점과 외부기회 요인을 극대화	WO 외부기회를 이용하여 내부약점을 강점으로 전환
	위협 (Threat)	ST 외부위협을 최소화하기 위해 내부 강점을 극대화	WT 내부약점과 외부위협을 최소화

ⓛ 문제 도출 : 선정된 문제를 분석하여 해결해야 할 것이 무엇인지를 명확히 하는 단계로, 문제 구조 파악→핵심 문제 선정 단계를 거쳐 수행된다.

- Logic Tree : 문제의 원인을 파고들거나 해결책을 구체화할 때 제한된 시간 안에서 넓이와 깊이를 추구하는데 도움이 되는 기술로 주요 과제를 나무모양으로 분해·정리하는 기술이다.

ⓒ 원인 분석 : 문제 도출 후 파악된 핵심 문제에 대한 분석을 통해 근본 원인을 찾는 단계로 Issue 분석→Data 분석→원인 파악의 절차로 진행된다.

ⓔ 해결안 개발 : 원인이 밝혀지면 이를 효과적으로 해결할 수 있는 다양한 해결안을 개발하고 최선의 해결안을 선택하는 것이 필요하다.

ⓜ 실행 및 평가 : 해결안 개발을 통해 만들어진 실행계획을 실제 상황에 적용하는 활동으로 실행계획 수립→실행→Follow-up의 절차로 진행된다.

예제 4

C사는 최근 국내 매출이 지속적으로 하락하고 있어 사내 분위기가 심상치 않다. 이에 대해 Y부장은 이 문제를 극복하고자 문제처리 팀을 구성하여 해결방안을 모색하도록 지시하였다. 문제처리 팀의 문제해결 절차를 올바른 순서로 나열한 것은?

① 문제 인식→원인 분석→해결안 개발→문제 도출→실행 및 평가
② 문제 도출→문제 인식→해결안 개발→원인 분석→실행 및 평가
③ 문제 인식→원인 분석→문제 도출→해결안 개발→실행 및 평가
④ 문제 인식→문제 도출→원인 분석→해결안 개발→실행 및 평가

[출제의도]
실제 업무 상황에서 문제가 일어났을 때 해결 절차를 알고 있는지를 측정하는 문항이다.
[해설]
일반적인 문제해결절차는 '문제 인식→문제 도출→원인 분석→해결안 개발→실행 및 평가'로 이루어진다.

답 ④

1 다음 제시문을 읽고 바르게 추론한 것을 〈보기〉에서 모두 고른 것은?

> A회사에서는 1,500명의 소속직원들이 마실 생수를 구입하기로 하였다. 모든 조건이 동일한 두 개의 생수회사가 최종 경쟁을 하게 되었다. 구입 담당자는 직원들에게 시음하게 하여 직원들이 가장 좋아하는 생수를 선정하고자 하였다. 다음과 같은 절차를 통하여 구입 담당자가 시음회를 주관하였다.
> - 직원들로부터 더 많이 선택 받은 생수회사를 최종적으로 선정한다.
> - 생수 시음회 참여를 원하는 직원을 대상으로 신청자를 접수하고 그 중 남자 15명과 여자 15명을 무작위로 선정하였다.
> - 두 개의 컵을 마련하여 하나는 1로 표기하고 다른 하나는 2로 표기하여 회사이름을 가렸다.
> - 참가직원들은 1번 컵의 생수를 마신 후 2번 컵의 생수를 마시고 둘 중 어느 쪽을 선호하는지 표시하였다.

> 〈보기〉
> ㉠ 참가자들이 특정 번호를 선호할 가능성을 고려하지 못하였다.
> ㉡ 참가자가 무작위로 선정되었으므로 전체 직원에 대한 대표성이 확보되었다.
> ㉢ 참가자의 절반은 2번 컵을 먼저 마시고 1번 컵을 나중에 마시도록 했어야 한다.
> ㉣ 우리나라의 남녀 비율이 50대 50이므로 남자직원과 여자직원을 동수로 뽑은 것은 적절하였다.

① ㉠㉡   ② ㉠㉢

③ ㉡㉢   ④ ㉡㉣

TIP》 ㉡ 참가자는 무작위로 선정한 것이 아니라 시음회의 참여를 원하는 직원을 대상으로 선정하였기 때문에 전체 직원에 대한 대표성이 확보되었다고 보기는 어렵다.
    ㉣ 대표성을 확보하기 위해서는 우리나라의 남녀 비율이 아닌 A회사의 남녀 비율을 고려하여 선정하는 것이 더 적절하다.

2 다음에 제시된 명제가 모두 참일 때, 항상 참인 명제는 어느 것인가?

> • A은행에서 신용대출이 안 되었다면 B은행에서도 마이너스 통장 개설이 안 되었다.
> • A, B은행 중 한 곳이라도 담보대출이 되었다면 A은행은 신용조회를 하였다.
> • A은행에서 신용대출이 되었다면 신용조회를 하지 않았을 것이다.

① B은행에서 마이너스 통장 개설이 되었다면 A은행은 신용조회를 했을 것이다.

② A, B은행 모두 담보대출이 되었다면 A은행은 신용대출이 되었다.

③ A은행에서 신용조회를 하였다면 B은행은 마이너스 통장 개설이 되었다.

④ B은행에서 마이너스 통장 개설이 되었다면 A, B 은행 모두 담보대출이 안 되었다.

TIP 》 '대우명제'는 원래의 참인 명제와 함께 항상 참이 된다. 따라서 제시된 명제들과 그 대우명
제들을 살펴보며 삼단 논법에 의해 보기에 제시된 명제와 일치하는 것을 찾아야 한다.
'첫 번째 명제의 대우명제+세 번째 명제+두 번째 명제의 대우명제'를 연결하면 다음과 같다.
'B은행에서 마이너스 통장 개설이 되었다면 A은행에서 신용대출이 되었다.' +
'A은행에서 신용대출이 되었다면 신용조회를 하지 않았을 것이다.' +
'A은행이 신용조회를 하지 않았다면 A, B은행 모두 담보대출이 안 되었다.'
→ 'B은행에서 마이너스 통장 개설이 되었다면 A, B 은행 모두 담보대출이 안 되었다.'
나머지 보기에 제시된 명제들은 모두 타당한 근거를 가지고 연결되어 있지 않다.

ANSWER 》 1.② 2.④

3 다음은 IBK기업은행장의 창립기념일 기념사 중 일부이다. 밑줄 친 부분과 같은 역할을 수행하기 위하여 가장 요구되는 사고의 종류로 적절한 것은 어느 것인가?

우리는 역대 최고의 이익을 목표로 하면서도 자산의 질을 지속적으로 개선시키고 BIS 비율 또한 안정적으로 관리하고 있습니다. 하지만 저금리와 지속적인 대출 유입 그리고 일회성 호재로 인한 착시 효과는 없는지 의심해보아야 합니다. 급격한 금리인상과 경기침체로 안정적으로 보였던 건전성이 갑자기 악화될 수 있다는 염려와 세심한 관리가 필요합니다. 금융의 기본은 '건전성'이지만, 금융의 기초는 다름 아닌 '신뢰'입니다. 그리고 금융에 대한 신뢰를 유지하기 위해서는 무엇보다 내부 통제 시스템이 튼튼해야 합니다. 이제는 이러한 내부 통제 시스템이 성공적인 역할을 수행할 수 있도록 <u>우리 모두가 지향해야 할 바를 스스로 결정해야 할 때인 것</u>입니다. 또한 인공지능(AI)을 활용한 준법 감시 시스템 등 레그테크(RegTech) 기술의 선제적 도입을 통해 글로벌 선진 은행 수준의 자금세탁 방지 체계와 더불어 강력한 내부 통제 기반을 구축해 나가야 합니다.

① 객관적 사고　　　　　　　　② 창의적 사고
③ 논리적 사고　　　　　　　　④ 비판적 사고

TIP 》 업무를 수행함에 있어 문제를 해결하기 위하여 필요한 사고로는 크게 창의적 사고, 비판적 사고, 논리적 사고를 꼽을 수 있다. 창의적인 사고는 문제에 대해서 다양한 사실을 찾거나 다채로운 아이디어를 창출하는 발산적 사고이며, 논리적 사고는 자신이 만든 계획이나 주장을 주위 사람에게 이해시키고 실현시키기 위하여 다른 사람들을 설득하는 과정에 필요한 사고이다. 또한 비판적인 사고는 어떤 주제나 주장 등에 대해서 적극적으로 분석하고 종합하며 평가하는 능동적인 사고이다. 특히 비판적 사고는 어떤 논증, 추론, 증거, 가치를 표현한 사례를 타당한 것으로 수용할 것인가 아니면 불합리한 것으로 거절할 것인가에 대한 결정을 내릴 때 요구되는 사고력이다. 따라서 제시글에 언급된 바와 같이 내부 통제 시스템의 성공적인 수행을 위해 각자가 지행해야 할 바를 결정하는 일에 필요한 사고력은 비판적 사고로 보는 것이 가장 타당하다.

4 다음 글과 상황을 근거로 판단할 때, A국 각 지역에 설치될 것으로 예상되는 풍력발전기 모델명을 바르게 짝지은 것은?

풍력발전기는 회전축의 방향에 따라 수평축 풍력발전기와 수직축 풍력발전기로 구분된다. 수평축 풍력발전기는 구조가 간단하고 설치가 용이하며 에너지 변환효율이 우수하다. 하지만 바람의 방향에 영향을 많이 받기 때문에 바람의 방향이 일정한 지역에만 설치가 가능하다. 수직축 풍력발전기는 바람의 방향에 영향을 받지 않아 바람의 방향이 일정하지 않은 지역에도 설치가 가능하며, 이로 인해 사막이나 평원에도 설치가 가능하다. 하지만 부품이 비싸고 수평축 풍력발전기에 비해 에너지 변환효율이 떨어진다는 단점이 있다. B사는 현재 4가지 모델의 풍력발전기를 생산하고 있다. 각 풍력발전기는 정격 풍속이 최대 발전량에 도달하며, 가동이 시작되면 최소 발전량 이상의 전기를 생산한다. 각 발전기의 특성은 아래와 같다.

모델명	U-50	U-57	U-88	U-93
시간당 최대 발전량(kW)	100	100	750	2,000
시간당 최소 발전량(kW)	20	20	150	400
발전기 높이(m)	50	68	80	84.7
회전축 방향	수직	수평	수직	수평

〈상황〉

A국은 B사의 풍력발전기를 X, Y, Z지역에 각 1기씩 설치할 계획이다. X지역은 산악지대로 바람의 방향이 일정하며, 최소 150kW 이상의 시간당 발전량이 필요하다. Y지역은 평원지대로 바람의 방향이 일정하지 않으며, 철새보호를 위해 발전기 높이는 70m 이하가 되어야 한다. Z지역은 사막지대로 바람의 방향이 일정하지 않으며, 주민 편의를 위해 정격 풍속에서 600kW 이상의 시간당 발전량이 필요하다. 복수의 모델이 각 지역의 조건을 충족할 경우, 에너지 변환효율을 높이기 위해 수평축 모델을 설치하기로 한다.

X지역	Y지역	Z지역		X지역	Y지역	Z지역
① U-88	U-50	U-88		② U-88	U-57	U-93
③ U-93	U-50	U-88		④ U-93	U-50	U-93

TIP 》 ㉠ X지역 : 바람의 방향이 일정하므로 수직·수평축 모두 사용할 수 있고, 최소 150kW 이상의 시간당 발전량이 필요하므로 U-88과 U-93 중 하나를 설치해야 한다. 에너지 변환효율을 높이기 위해 수평축 모델인 U-93을 설치한다.
　　　　㉡ Y지역 : 수직축 모델만 사용 가능하며, 높이가 70m 이하인 U-50만 설치 가능하다.
　　　　㉢ Z지역 : 수직축 모델만 사용 가능하며, 정격 풍속이 600kW 이상의 시간당 발전량을 갖는 U-88만 설치 가능하다.

ANSWER 〉 3.④ 4.③

│5~6│ 다음은 IBK 기업은행의 7월 3개 지점 간의 상호 송금 내역을 정리한 표이다. 이를 보고 이어지는 물음에 답하시오.

〈3개 지점 간 상호 거래〉

(단위 : 억 원)

구분 / 주	A지점		B지점		C지점	
	송금	입금	송금	입금	송금	입금
첫째 주	12	8	18	15	9	16
둘째 주	11	14	6	17	21	7
셋째 주	7	12	24	16	13	16
넷째 주	15	8	17	19	20	25

* 거래수지 = 입금액 – 송금액
* 3개 지점 간의 상호 거래 이외의 내역은 고려하지 않는다.

5 다음 중 위의 거래 내역을 대한 올바른 설명이 아닌 것은 어느 것인가?

① 7월의 거래수지가 마이너스(–)인 지점은 A지점이다.

② 7월의 송금액과 입금액의 합이 가장 많은 지점은 B지점이다.

③ 지점별 송금액과 입금액의 합은 넷째 주가 가장 많다.

④ 첫째 주 B지점이 송금한 18억 원은 A, C지점으로 같은 액수만큼 송금되었다.

> **TIP 》** 첫째 주에 B지점이 송금한 18억 원은 모두 A, C지점으로 송금된 것으로 볼 수 있으나, 어떻게 분배되어 송금되었는지는 알 수 없다. 또한 A지점의 첫째 주 입금액이 8억 원이므로 B지점 송금액의 절반의 액수인 9억 원이 송금된 것은 아님을 명확히 알 수 있다.
>   ① A지점은 총 송금액이 45억 원, 총 입금액이 42억 원으로 거래수지가 –3억 원이며, B, C지점은 모두 입금액이 송금액보다 많다.
>   ② B지점의 송금액과 입금액 총액은 각각 65억 원과 67억 원으로 3개 지점 중 가장 많은 액수이다.
>   ③ 넷째 주는 송금액과 입금액이 모두 52억 원씩으로 7월 중 가장 많은 주이다.

6 위의 송금 내역에서 넷째 주 B지점이 C지점으로 10억 원을 송금하였을 경우, B지점으로 입금된 19억 원은 어느 지점에서 얼마씩 입금된 것인가?

① 10억 원은 A지점, 9억 원은 C지점으로부터 입금되었다.

② 8억 원은 A지점, 11억 원은 C지점으로부터 입금되었다.

③ 전액 C지점으로부터 입금되었다.

④ 1억 원은 A지점, 18억 원은 C지점으로부터 입금되었다.

> **TIP** 》 B지점이 C지점으로 10억 원을 송금하였다면, 총 17억 원 중 나머지 7억 원은 A지점으로 송금한 것이 된다. 이 경우 A지점의 총 입금액 8억 원 중 7억 원이 B지점에서 입금된 것이므로 1억 원은 C지점에서 입금된 것이 된다. 또한 이것은 C지점에서 송금한 20억 원 중 A지점으로 1억 원이 송금된 것이 되므로 나머지 19억 원은 B지점으로 송금된 것이 되어 결국 B지점으로 입금된 19억 원은 전액 C지점으로부터 입금된 것이 된다.

7 비판적 사고를 개발하기 위한 태도 중 모든 신념을 의심스러운 것으로 개방하고 적절한 결론이 제시되지 않는 한 결론이 참이라고 받아들이지 않는 태도는?

① 지적 호기심　　　　　　　　② 지적 회의성

③ 지적 정직성　　　　　　　　④ 결단성

> **TIP** 》 ① **지적 호기심** : 여러 가지 다양한 문제에 대한 해답을 탐색하고 사건의 원인과 설명을 구하기 위하여 6하 원칙에 관한 질문을 제기한다.
> ③ **지적 정직성** : 어떤 진술이 우리가 바라는 신념과 대치되는 것이라도 그 증거가 충분히 타당하다면 그것을 진실로 받아들인다.
> ④ **결단성** : 증거가 타당할 경우 결론을 맺는 것뿐 아니라 모든 정보가 획득될 때까지 불필요한 논증·속단을 피하고 모든 결정을 유보하는 것을 포함한다.

8 문제처리과정을 순서대로 바르게 나열한 것은?

① 문제 인식→문제 도출→원인 분석→실행 및 평가→해결안 개발

② 문제 인식→문제 도출→원인 분석→해결안 개발→실행 및 평가

③ 문제 인식→원인 분석→문제 도출→실행 및 평가→해결안 개발

④ 문제 인식→원인 분석→문제 도출→해결안 개발→실행 및 평가

> **TIP** 》 문제처리과정
> 문제 인식→문제 도출→원인 분석→해결안 개발→실행 및 평가

ANSWER 〉 5.④　6.③　7.②　8.②

| 9~13 | 다음의 조건이 모두 참일 때, 반드시 참인 것을 고르시오.

9

> • 민수는 병식이보다 나이가 많다.
> • 나이가 많은 사람이 용돈을 더 많이 받는다.
> • 기완이는 병식이보다 더 많은 용돈을 받는다.

① 민수의 나이가 가장 많다.

② 기완이의 나이가 가장 많다.

③ 민수는 기완이보다 나이가 많다.

④ 병식이가 가장 어리다.

> **TIP** 》 세 사람의 나이는 '민수 > 병식, 기완 > 병식'이고, 기완이와 민수 중 나이가 누가 더 많은
> 지는 알 수 없다. 주어진 정보로 알 수 있는 사실은 병식이가 가장 어리다는 것이다.

10

> • 책 읽는 것을 좋아하는 사람은 집중력이 높다.
> • 성적이 좋지 않은 사람은 집중력이 높지 않다.
> • 미경이는 1학년 5반이다.
> • 1학년 5반의 어떤 학생은 책 읽는 것을 좋아한다.

① 미경이는 책 읽는 것을 좋아한다.

② 미경이는 집중력이 높지 않다.

③ 1학년 5반의 어떤 학생은 집중력이 높다.

④ 1학년 5반의 모든 학생은 성적이 좋다.

> **TIP** 》 1학년 5반의 어떤 학생은 책 읽는 것을 좋아하고, 책 읽는 것을 좋아하는 사람은 집중력이
> 높으므로 1학년 5반의 어떤 학생은 집중력이 높다는 결론은 반드시 참이 된다.

11

> • 어떤 육식동물은 춤을 잘 춘다.
> • 모든 호랑이는 노래를 잘한다.
> • 모든 늑대는 춤을 잘 춘다.
> • 호랑이와 늑대는 육식동물이다.

① 어떤 육식동물은 노래를 잘한다.

② 어떤 늑대는 노래를 잘한다.

③ 모든 호랑이는 춤도 잘 추고, 노래도 잘한다.

④ 모든 육식동물은 춤을 잘 춘다.

> **TIP 》** ① 모든 호랑이는 어떤 육식동물에 포함되므로 '모든 호랑이는 노래를 잘한다.'라는 전제를 통해 참이 되는 것을 알 수 있다.

12

> • 모든 호랑이는 뱀을 먹지 않는다.
> • 어떤 뱀은 개구리를 먹는다.
> • 어떤 여우는 뱀을 먹는다.
> • 뱀을 먹는 동물은 개구리를 먹는다.

① 호랑이는 개구리를 먹지 않는다.

② 어떤 여우도 개구리를 먹지 않는다.

③ 모든 호랑이는 여우를 먹는다.

④ 어떤 여우는 개구리를 먹는다.

> **TIP 》** 어떤 여우는 뱀을 먹는다. → 뱀을 먹는 동물은 개구리를 먹는다.
> ∴ 어떤 여우는 개구리를 먹는다.

13

> • 동호회 정모에 찬수가 참석하면 민희도 반드시 참석한다.
> • 지민이와 태수 중 적어도 한 명은 반드시 참석한다.
> • 저번 주 동호회 정모에서 지민이는 민희를 만났다.
> • 이번 주 동호회 정모에 지민이와 민희 둘 다 나오지 않았다.

① 찬수는 이번 주 동호회 모임에 나왔다.

② 태수는 이번 주 동호회 모임에 나왔다.

③ 찬수는 저번 주 동호회 모임에 나왔다.

④ 태수는 저번 주 동호회 모임에 나왔다.

TIP » 찬수, 민희, 지민, 태수의 동호회 참석은 다음 표와 같다.

	저번 주	이번 주
찬수	?	불참
민희	참석	불참
지민	참석	불참
태수	?	참석

① 찬수는 이번 주 동호회 모임에 나오지 않았다.
③④ 찬수와 태수의 저번 주 동호회 모임 참여 여부는 알 수 없다.

14 서울 출신 두 명과 강원도 출신 두 명, 충청도, 전라도, 경상도 출신 각 1명이 다음의 조건 대로 줄을 선다. 앞에서 네 번째에 서는 사람의 출신지역은 어디인가?

> • 충청도 사람은 맨 앞 또는 맨 뒤에 선다.
> • 서울 사람은 서로 붙어 서있어야 한다.
> • 강원도 사람 사이에는 다른 지역 사람 1명이 서있다.
> • 경상도 사람은 앞에서 세 번째에 선다.

① 서울   ② 강원도

③ 충청도   ④ 전라도

TIP » 경상도 사람은 앞에서 세 번째에 서고 강원도 사람 사이에는 다른 지역 사람이 서있어야 하므로 강원도 사람은 경상도 사람의 뒤쪽으로 서게 된다. 서울 사람은 서로 붙어있어야 하므로 첫 번째, 두 번째에 선다. 충청도 사람은 맨 앞 또는 맨 뒤에 서야하므로 맨 뒤에 서게 된다. 강원도 사람 사이에는 자리가 정해지지 않은 전라도 사람이 서게 된다.
서울 – 서울 – 경상도 – 강원도 – 전라도 – 강원도 – 충청도

15 A, B, C, D 네 명의 용의자가 살인사건 현장에서 신문을 받고 있다. 용의자들의 진술이 다음과 같고 네 사람 가운데 한명만 진실을 말하고 있다면 다음 중 살인자는 누구인가?

> • A : B가 살인을 저질렀습니다.
> • B : D가 살인을 저질렀어요.
> • C : 난 살인을 저지르지 않았어요.
> • D : B가 거짓말을 하고 있어요.

① A   ② B
③ C   ④ D

TIP 》 • A가 살인자일 경우→C, D 두 명이 진실이므로 모순
          • B가 살인자일 경우→A, C, D 모두 진실이므로 모순
          • D가 살인자일 경우→B, C 두 명이 진실이므로 모순
          • C가 살인자일 경우→D만 진실이고 나머지는 다 거짓이 됨
          ∴ C가 살인자이다.

16 민경이는 다음 주 중에 열릴 세미나의 요일을 잊어버려 팀원들에게 물어봤더니 한 사람을 제외한 모든 사람들이 거짓말로 대답해 주었다. 세미나가 열리는 요일은 무슨 요일인가?

> 미진 : 세미나는 월요일 또는 수요일에 열릴 거야.
> 가영 : 세미나는 수요일이야.
> 민호 : 저번 달에 열린 세미나도 금요일이었잖아. 이번 세미나도 금요일이야.
> 태민 : 나도 잘 모르겠는걸. 하지만 목, 금은 아니었어.
> 수진 : 세미나 다음 날은 토요일이라 쉴 수 있잖아요.

① 월요일   ② 화요일
③ 수요일   ④ 목요일

TIP 》 ㉠ 미진의 말이 참이면 태민의 말도 참이므로 미진의 말은 거짓이다.
          → 세미나는 월요일, 수요일 둘 다 아니다.
         ㉡ 가영의 말이 참이면 미진과 태민의 말도 참이므로 가영의 말은 거짓이다.
         ㉢ 민호의 말이 참이면 수진의 말도 참이고, 수진의 말이 참이면 민호의 말도 참이다. 따라서 민호와 수진의 말은 거짓이다.
         → 세미나는 금요일이 아니다.
         ∴ 진실을 말하고 있는 사람은 태민이고, 세미나가 열리는 요일은 화요일이다.

ANSWER 》 13.② 14.② 15.③ 16.②

17 서원상회는 많은 사과 산지들 중 산지 A, B, C, D, E를 예비 후보로 선정했다. 다음의 내용이 모두 참일 때, 반드시 선택되는 산지의 수는? (단, 이 외의 다른 산지가 선택될 가능성은 없다.)

> ㉠ 산지 A가 선택되면 산지 C도 선택된다.
> ㉡ 산지 A가 선택되지 않으면 B와 E도 선택되지 않는다.
> ㉢ 산지 C가 선택되면 D가 선택되거나, A가 선택되지 않는다.
> ㉣ 산지 B가 선택되지 않으면 A는 선택되고, C는 선택되지 않는다.

① 1개   ② 2개
③ 3개   ④ 4개

TIP 》 • 산지 A가 선택되지 않으면 ㉡과 ㉣이 모순된다.
• 산지 A가 선택되면 ㉠과 ㉢에 의해 C와 D가 선택된다.
• 산지 B가 선택되지 않으면 ㉣에서 모순이 생기므로 산지 B가 선택된다.
• 산지 E가 선택되는지에 대한 여부는 주어진 정보로 알 수 없다.
∴ 반드시 선택되는 산지는 A, B, C, D 총 4개이다.

18 다음 상황에서 진실을 얘기하고 있는 사람이 한 명 뿐일 때 총을 쏜 범인과 진실을 이야기한 사람으로 바르게 짝지어진 것은?

>   어느 아파트 옥상에서 한 남자가 총에 맞아 죽은 채 발견됐다. 그의 죽음을 조사하기 위해 형사는 피해자의 사망시각에 아파트 엘리베이터의 CCTV에 찍혔던 용의자 A, B, C, D 네 남자를 연행하여 심문하였는데 이들은 다음과 같이 진술하였다.
> A : B가 총을 쐈습니다. 내가 봤어요.
> B : C와 D는 거짓말쟁이입니다. 그들의 말은 믿을 수 없어요!
> C : A가 한 짓이 틀림없어요. A와 그 남자는 사이가 아주 안 좋았단 말입니다.
> D : 내가 한 짓이 아니에요. 나는 그를 죽일 이유가 없습니다.

① 범인 : A, 진실 : C   ② 범인 : B, 진실 : A
③ 범인 : C, 진실 : D   ④ 범인 : D, 진실 : B

TIP 》 B의 진술이 거짓이라면 C와 D는 거짓말쟁이가 아니므로 진실을 말한 사람이 두 사람이 되므로 진실을 얘기하고 있는 사람이 한 명 뿐이라는 단서와 모순이 생기므로 B의 진술이 진실이다. B의 진술이 진실이고 모두의 진술이 거짓이므로 A의 거짓진술에 의해 B는 범인이 아니며, C의 거짓진술에 의해 A도 범인이 아니다. D의 거짓진술에 의해 범인은 D가 된다.

19 다음 조건에 따를 때, 거짓말을 하는 나쁜 사람을 모두 고르면?

> • 5명은 착한 사람이 아니면 나쁜 사람이며 중간적인 성향은 없다.
> • 5명 중 3명은 항상 진실만을 말하는 착한 사람이고, 2명은 항상 거짓말만 하는 나쁜 사람이다.
> • 5명의 진술은 다음과 같다.
> – 주영 : 나는 착한 사람이다.
> – 영철 : 주영이가 착한 사람이면, 창진이도 착한 사람이다.
> – 혜미 : 창진이가 나쁜 사람이면, 주영이도 나쁜 사람이다.
> – 창진 : 민준이가 착한 사람이면, 주영이도 착한 사람이다.
> – 민준 : 주영이는 나쁜 사람이다.

① 주영, 창진　　　　　　　② 영철, 민준
③ 주영, 민준　　　　　　　④ 창진, 혜미

　TIP 》 주영이와 민준이의 진술이 모순이므로 둘 중에 하나는 거짓말을 하고 있다.
　　　㉠ **주영이가 참말을 하고 민준이가 거짓말을 하는 경우** : 창진이의 진술은 민준이와 주영이가 동시에 착한 사람이 될 수 없으므로 거짓이다. 따라서 창진이가 나쁜 사람이면 주영이도 나쁜 사람이라는 혜미의 진술 또한 거짓이다. 따라서 2명이 거짓을 말한다는 조건에 모순된다.
　　　㉡ **주영이가 거짓말 하고 민준이가 참말을 하는 경우** : 창진이의 진술은 민준이와 주영이가 동시에 착한 사람이 될 수 없으므로 거짓이다. 따라서 창진이가 나쁜 사람이면 주영이도 나쁜 사람이라는 혜미의 진술은 참이 되고 영철의 진술 또한 참이 된다. 따라서 거짓말을 하는 나쁜 사람은 주영이와 창진이다.

20 다음은 특보의 종류 및 기준에 관한 자료이다. ㉠과 ㉡의 상황에 어울리는 특보를 올바르게 짝지은 것은?

〈특보의 종류 및 기준〉

종류	주의보	경보
강풍	육상에서 풍속 14m/s 이상 또는 순간풍속 20m/s 이상이 예상될 때. 다만, 산지는 풍속 17m/s 이상 또는 순간풍속 25m/s 이상이 예상될 때	육상에서 풍속 21m/s 이상 또는 순간풍속 26m/s 이상이 예상될 때. 다만, 산지는 풍속 24m/s 이상 또는 순간풍속 30m/s 이상이 예상될 때
호우	6시간 강우량이 70mm 이상 예상되거나 12시간 강우량이 110mm 이상 예상될 때	6시간 강우량이 110mm 이상 예상되거나 12시간 강우량이 180mm 이상 예상될 때
태풍	태풍으로 인하여 강풍, 풍랑, 호우 현상 등이 주의보 기준에 도달할 것으로 예상될 때	태풍으로 인하여 풍속이 17m/s 이상 또는 강우량이 100mm 이상 예상될 때. 다만, 예상되는 바람과 비의 정도에 따라 아래와 같이 세분한다. |	3급	2급	1급 | |---|---|---|---| | 바람(m/s) | 17~24 | 25~32 | 33이상 | | 비(mm) | 100~249 | 250~399 | 400이상 |
폭염	6월~9월에 일최고기온이 33℃ 이상이고, 일최고열지수가 32℃ 이상인 상태가 2일 이상 지속될 것으로 예상될 때	6월~9월에 일최고기온이 35℃ 이상이고, 일최고열지수가 41℃ 이상인 상태가 2일 이상 지속될 것으로 예상될 때

> ㉠ 태풍이 남해안에 상륙하여 울산지역에 270mm의 비와 함께 풍속 26m/s의 바람이 예상된다.
> ㉡ 지리산에 오후 3시에서 오후 9시 사이에 약 130mm의 강우와 함께 순간풍속 28m/s가 예상된다.

	㉠	㉡
①	태풍경보 1급	호우주의보
②	태풍경보 2급	호우경보＋강풍주의보
③	태풍주의보	강풍주의보
④	태풍경보 2급	호우경보＋강풍경보

⊙ 태풍경보 표를 보면 알 수 있다. 비가 270mm이고 풍속 26m/s에 해당하는 경우는 태풍경보 2급이다.

⊙ 6시간 강우량이 130mm 이상 예상되므로 호우경보에 해당하며 산지의 경우 순간풍속 28m/s 이상이 예상되므로 강풍주의보에 해당한다.

21 Z회사에 근무하는 7명의 직원이 교육을 받으려고 한다. 교육실에서 직원들이 앉을 좌석의 조건이 다음과 같을 때 직원 중 빈 자리 바로 옆 자리에 배정받을 수 있는 사람은?

〈교육실 좌석〉			
첫 줄	A	B	C
중간 줄	D	E	F
마지막 줄	G	H	I

〈조건〉

• 직원은 강훈, 연정, 동현, 승만, 문성, 봉선, 승일 7명이다.
• 서로 같은 줄에 있는 좌석들끼리만 바로 옆 자리일 수 있다.
• 봉선의 자리는 마지막 줄에 있다.
• 동현이의 자리는 승만이의 바로 옆 자리이며, 또한 빈 자리 바로 옆이다.
• 승만이의 자리는 강훈이의 바로 뒷 자리이다.
• 문성이와 승일이는 같은 줄의 좌석을 배정 받았다.
• 문성이나 승일이는 누구도 강훈이의 바로 옆 자리에 배정받지 않았다.

① 승만   ② 문성
③ 연정   ④ 봉선

TIP 》 주어진 조건을 정리해 보면 마지막 줄에는 봉선, 문성, 승일이가 앉게 되며 중간 줄에는 동현이와 승만이가 앉게 된다. 그러나 동현이가 승만이 바로 옆 자리이며, 또한 빈자리가 바로 옆이라고 했으므로 승만이는 빈자리 옆에 앉지 못한다. 첫 줄에는 강훈이와 연정이가 앉게 되고 빈자리가 하나 있다. 따라서 연정이는 빈 자리 옆에 배정 받을 수 있다.

22 다음은 어느 레스토랑의 3C분석 결과이다. 이 결과를 토대로 하여 향후 해결해야 할 전략 과제를 선택하고자 할 때 적절하지 않은 것은?

3C	상황 분석
고객 / 시장(Customer)	• 식생활의 서구화 • 유명브랜드와 기술제휴 지향 • 신세대 및 뉴패밀리 층의 출현 • 포장기술의 발달
경쟁 회사(Competitor)	• 자유로운 분위기와 저렴한 가격 • 전문 패밀리 레스토랑으로 차별화 • 많은 점포수 • 외국인 고용으로 인한 외국인 손님 배려
자사(company)	• 높은 가격대 • 안정적 자금 공급 • 업계 최고의 시장점유율 • 고객증가에 따른 즉각적 응대의 한계

① 원가 절감을 통한 가격 조정
② 유명브랜드와의 장기적인 기술제휴
③ 즉각적인 응대를 위한 인력 증대
④ 안정적인 자금 확보를 위한 자본구조 개선

> **TIP** 》 '안정적 자금 공급'이 자사의 강점이기 때문에 '안정적인 자금 확보를 위한 자본구조 개선'은 향후 해결해야 할 과제에 속하지 않는다.

23 O회사에 근무하고 있는 채과장은 거래 업체를 선정하고자 한다. 업체별 현황과 평기기준이 다음과 같을 때, 선정되는 업체는?

〈업체별 현황〉

국가명	시장매력도	정보화수준	접근가능성
	시장규모(억 원)	정보화순위	수출액(백만 원)
A업체	550	106	9,103
B업체	333	62	2,459
C업체	315	91	2,597
D업체	1,706	95	2,777

〈평가기준〉

- 업체별 종합점수는 시장매력도(30점 만점), 정보화수준(30점 만점), 접근가능성(40점 만점)의 합계(100점 만점)로 구하며, 종합점수가 가장 높은 업체가 선정된다.
- 시장매력도 점수는 시장매력도가 가장 높은 업체에 30점, 가장 낮은 업체에 0점, 그 밖의 모든 업체에 15점을 부여한다. 시장규모가 클수록 시장매력도가 높다.
- 정보화수준 점수는 정보화순위가 가장 높은 업체에 30점, 가장 낮은 업체에 0점, 그 밖의 모든 업체에 15점을 부여한다.
- 접근가능성 점수는 접근가능성이 가장 높은 업체에 40점, 가장 낮은 업체에 0점, 그 밖의 모든 국가에 20점을 부여한다. 수출액이 클수록 접근가능성이 높다.

① A   ② B

③ C   ④ D

TIP 》 업체별 평가기준에 따른 점수는 다음과 같으며, D업체가 65점으로 선정된다.

	시장매력도	정보화수준	접근가능성	합계
A	15	0	40	55
B	15	30	0	45
C	0	15	20	35
D	30	15	20	65

24 다음은 공공기관을 구분하는 기준이다. 다음 규정에 따라 각 기관을 구분한 결과가 옳지 않은 것은?

〈공공기관의 구분〉

제00조 제1항

공공기관을 공기업·준정부기관과 기타공공기관으로 구분하여 지정한다. 직원 정원이 50인 이상인 공공기관은 공기업 또는 준정부기관으로, 그 외에는 기타공공기관으로 지정한다.

제00조 제2항

제1항의 규정에 따라 공기업과 준정부기관을 지정하는 경우 자체수입액이 총수입액의 2분의 1 이상인 기관은 공기업으로, 그 외에는 준정부기관으로 지정한다.

제00조 제3항

제1항 및 제2항의 규정에 따른 공기업을 다음의 구분에 따라 세분하여 지정한다.
- 시장형 공기업 : 자산규모가 2조 원 이상이고, 총 수입액 중 자체수입액이 100분의 85 이상인 공기업
- 준시장형 공기업 : 시장형 공기업이 아닌 공기업

〈공공기관의 현황〉

공공기관	직원 정원	자산규모	자체수입비율
A	70명	4조 원	90%
B	45명	2조 원	50%
C	65명	1조 원	55%
D	60명	1.5조 원	45%

※ 자체수입비율 : 총 수입액 대비 자체수입액 비율

---

① A - 시장형 공기업
② B - 기타공공기관
③ C - 준정부기관
④ D - 준정부기관

TIP 》 ③ C는 정원이 50명이 넘으므로 기타공공기관이 아니며, 자체수입비율이 55%이므로 자체수입액이 총수입액의 2분의 1 이상이기 때문에 공기업이다. 시장형 공기업 조건에 해당하지 않으므로 C는 준시장형 공기업이다.

25 다음 조건에 따를 때, 선정이의 병명은 무엇인가?

소윤, 홍미, 효진, 선정이가 처방전을 가지고 약국을 방문하였는데, 처방전을 받아 A~D의 약을 조제한 약사는 처방전을 잃어버리고 말았다.
- 약국을 방문한 4명의 병명은 감기, 배탈, 치통, 위염이었다.
- 홍미의 처방전은 B에 해당하는 것이었고, 그녀는 감기나 배탈 환자가 아니었다.
- A는 배탈 환자에 사용되는 약이 아니다.
- D는 위염에 사용되는 약이 포함되어 있다.
- 소윤이는 임신을 한 상태이고, A와 D에는 임산부가 먹으면 안 되는 약이 포함되어 있다.
- 효진이는 감기 환자가 아니었다.

① 감기 ② 배탈
③ 치통 ④ 위염

TIP 》

	소윤	홍미	효진	선정
감기(A)	×	×	×	○
배탈(C)	○	×	×	×
치통(B)	×	○	×	×
위염(D)	×	×	○	×

26 S기관은 업무처리시 오류 발생을 줄이기 위해 2015년부터 오류 점수를 계산하여 인사고과에 반영한다고 한다. 이를 위해 매월 직원별로 오류 건수를 조사하여 오류 점수를 다음과 같이 계산한다고 할 때, 가장 높은 오류 점수를 받은 사람은 누구인가?

〈오류 점수 계산 방식〉
• 일반 오류는 1건당 10점, 중대 오류는 1건당 20점씩 오류 점수를 부과하여 이를 합산한다.
• 전월 우수사원으로 선정된 경우, 합산한 오류 점수에서 80점을 차감하여 월별 최종 오류 점수를 계산한다.

〈S기관 벌점 산정 기초자료〉

직원	오류 건수(건)		전월 우수사원 선정 여부
	일반 오류	중대 오류	
A	5	20	미선정
B	10	20	미선정
C	15	15	선정
D	20	10	미선정

① A

② B

③ C

④ D

TIP》 ① A : 450점
② B : 500점
③ C : 370점
④ D : 400점

27 다음 조건에 따라 가영, 세경, 봉숙, 혜진, 분이 5명의 자리를 배정하려고 할 때 1번에 앉는 사람은 누구인가?

> • 친한 사람끼리는 바로 옆자리에 배정해야 하고, 친하지 않은 사람끼리는 바로 옆자리에 배정해서는 안 된다.
> • 봉숙이와 세경이는 서로 친하지 않다.
> • 가영이와 세경이는 서로 친하다.
> • 가영이와 봉숙이는 서로 친하다.
> • 분이와 봉숙이는 서로 친하지 않다.
> • 혜진이는 분이와 친하며, 5번 자리에 앉아야 한다.
>
> | 1 | 2 | 3 | 4 | 5 |
> |---|---|---|---|---|
> | ( ) | ( ) | ( ) | ( ) | 혜진 |

① 가영   ② 세경
③ 봉숙   ④ 분이

TIP 》 조건에 따라 배정한 결과는 다음과 같으며 1번 자리에는 봉숙이가 앉게 된다.

1	2	3	4	5
봉숙	가영	세경	분이	혜진

04 자원관리능력

1 자원과 자원관리

(1) 자원

① **자원의 종류** ··· 시간, 돈, 물적자원, 인적자원

② **자원의 낭비요인** ··· 비계획적 행동, 편리성 추구, 자원에 대한 인식 부재, 노하우 부족

(2) 자원관리 기본 과정

① 필요한 자원의 종류와 양 확인

② 이용 가능한 자원 수집하기

③ 자원 활용 계획 세우기

④ 계획대로 수행하기

예제 1

당신은 A출판사 교육훈련 담당자이다. 조직의 효율성을 높이기 위해 전사적인 시간관리에 대한 교육을 실시하기로 하였지만 바쁜 일정 상 직원들을 집합교육에 동원할 수 있는 시간은 제한적이다. 다음 중 귀하가 최우선의 교육 대상으로 삼아야 하는 것은 어느 부분인가?

구분	긴급한 일	긴급하지 않은 일
중요한 일	제1사분면	제2사분면
중요하지 않은 일	제3사분면	제4사분면

[출제의도]
주어진 일들을 중요도와 긴급도에 따른 시간관리 매트릭스에서 우선순위를 구분할 수 있는가를 측정하는 문항이다.

[해설]
교육훈련에서 최우선 교육대상으로 삼아야 하는 것은 긴급하지 않지만 중요한 일이다. 이를 긴급하지 않다고 해서 뒤로 미루다보면 급박하게 처리해야하는 업무가 증가하여 효율적인 시간관리가 어려워진다.

---

① 중요하고 긴급한 일로 위기사항이나 급박한 문제, 기간이 정해진 프로젝트 등이 해당되는 제1사분면

② 긴급하지는 않지만 중요한 일로 인간관계구축이나 새로운 기회의 발굴, 중장기 계획 등이 포함되는 제2사분면

③ 긴급하지만 중요하지 않은 일로 잠깐의 급한 질문, 일부 보고서, 눈 앞의 급박한 사항이 해당되는 제3사분면

④ 중요하지 않고 긴급하지 않은 일로 하찮은 일이나 시간낭비거리, 즐거운 활동 등이 포함되는 제4사분면

구분	긴급한 일	긴급하지 않은 일
중요한 일	위기사항, 급박한 문제, 기간이 정해진 프로젝트	인간관계구축, 새로운 기회의 발굴, 중장기계획
중요하지 않은 일	잠깐의 급한 질문, 일부 보고서, 눈앞의 급박한 사항	하찮은 일, 우편물, 전화, 시간낭비거리, 즐거운 활동

답 ②

2 자원관리능력을 구성하는 하위능력

(1) 시간관리능력

① 시간의 특성
  ㉠ 시간은 매일 주어지는 기적이다.
  ㉡ 시간은 똑같은 속도로 흐른다.
  ㉢ 시간의 흐름은 멈추게 할 수 없다.
  ㉣ 시간은 꾸거나 저축할 수 없다.
  ㉤ 시간은 사용하기에 따라 가치가 달라진다.

② 시간관리의 효과
  ㉠ 생산성 향상
  ㉡ 가격 인상
  ㉢ 위험 감소
  ㉣ 시장 점유율 증가

③ 시간계획

　　㉠ 개념 : 시간 자원을 최대한 활용하기 위하여 가장 많이 반복되는 일에 가장 많은 시간을 분배하고, 최단시간에 최선의 목표를 달성하는 것을 의미한다.

　　㉡ 60 : 40의 Rule

계획된 행동 (60%)		계획 외의 행동 (20%)	자발적 행동 (20%)
총 시간			

예제 2

유아용품 홍보팀의 사원 은이씨는 일산 킨텍스에서 열리는 유아용품박람회에 참여하고자 한다. 당일 회의 후 출발해야 하며 회의 종료 시간은 오후 3시이다.

장소	일시
일산 킨텍스 제2전시장	2016. 1. 20(금) PM 15:00~19:00 * 입장가능시간은 종료 2시간 전까지

오시는 길
지하철 : 4호선 대화역(도보 30분 거리)
버스 : 8109번, 8407번(도보 5분 거리)

• 회사에서 버스정류장 및 지하철역까지 소요시간

출발지	도착지		소요시간
회사	×× 정류장	도보	15분
		택시	5분
	지하철역	도보	30분
		택시	10분

• 일산 킨텍스 가는 길

교통편	출발지	도착지	소요시간
지하철	강남역	대화역	1시간 25분
버스	×× 정류장	일산 킨텍스 정류장	1시간 45분

위의 제시 상황을 보고 은이씨가 선택할 교통편으로 가장 적절한 것은?

① 도보 – 지하철　　　　　② 도보 – 버스
③ 택시 – 지하철　　　　　④ 택시 – 버스

[출제의도]
주어진 여러 시간정보를 수집하여 실제 업무 상황에서 시간자원을 어떻게 활용할 것인지 계획하고 할당하는 능력을 측정하는 문항이다.
[해설]
④ 택시로 버스정류장까지 이동해서 버스를 타고 가게 되면 택시(5분), 버스(1시간 45분), 도보(5분)으로 1시간 55분이 걸린다.
① 도보-지하철 : 도보(30분), 지하철(1시간 25분), 도보(30분)이므로 총 2시간 25분이 걸린다.
② 도보-버스 : 도보(15분), 버스(1시간 45분), 도보(5분)이므로 총 2시간 5분이 걸린다.
③ 택시-지하철 : 택시(10분), 지하철(1시간 25분), 도보(30분)이므로 총 2시간 5분이 걸린다.

답 ④

(2) 예산관리능력

① 예산과 예산관리

ⓐ 예산 : 필요한 비용을 미리 헤아려 계산하는 것이나 그 비용

ⓑ 예산관리 : 활동이나 사업에 소요되는 비용을 산정하고, 예산을 편성하는 것뿐만 아니라 예산을 통제하는 것 모두를 포함한다.

② 예산의 구성요소

비용	직접비용	재료비, 원료와 장비, 시설비, 여행(출장) 및 잡비, 인건비 등
	간접비용	보험료, 건물관리비, 광고비, 통신비, 사무비품비, 각종 공과금 등

③ 예산수립 과정 … 필요한 과업 및 활동 구명 → 우선순위 결정 → 예산 배정

■ 예제 3

당신은 가을 체육대회에서 총무를 맡으라는 지시를 받았다. 다음과 같은 계획에 따라 예산을 진행하였으나 확보된 예산이 생각보다 적게 되어 불가피하게 비용항목을 줄여야 한다. 다음 중 귀하가 비용 항목을 없애기에 가장 적절한 것은 무엇인가?

〈○○산업공단 춘계 1차 워크숍〉

1. 해당부서 : 인사관리팀, 영업팀, 재무팀
2. 일   정 : 2016년 4월 21일~23일(2박 3일)
3. 장   소 : 강원도 속초 ○○연수원
4. 행사내용 : 바다열차탑승, 체육대회, 친교의 밤 행사, 기타

① 숙박비   ② 식비
③ 교통비   ④ 기념품비

[출제의도]
업무에 소요되는 예산 중 꼭 필요한 것과 예산을 감축해야할 때 삭제 또는 감축이 가능한 것을 구분해내는 능력을 묻는 문항이다.
[해설]
한정된 예산을 가지고 과업을 수행할 때에는 중요도를 기준으로 예산을 사용한다. 위와 같이 불가피하게 비용 항목을 줄여야 한다면 기본적인 항목인 숙박비, 식비, 교통비는 유지되어야 하기에 항목을 없애기 가장 적절한 정답은 ④번이 된다.

답 ④

(3) 물적관리능력

① 물적자원의 종류
  ㉠ **자연자원** : 자연상태 그대로의 자원 ex) 석탄, 석유 등
  ㉡ **인공자원** : 인위적으로 가공한 자원 ex) 시설, 장비 등

② **물적자원관리** : 물적자원을 효과적으로 관리할 경우 경쟁력 향상이 향상되어 과제 및 사업의 성공으로 이어지며, 관리가 부족할 경우 경제적 손실로 인해 과제 및 사업의 실패 가능성이 커진다.

③ 물적자원 활용의 방해요인
  ㉠ 보관 장소의 파악 문제
  ㉡ 훼손
  ㉢ 분실

④ 물적자원관리 과정

과정	내용
사용 물품과 보관 물품의 구분	• 반복 작업 방지 • 물품활용의 편리성
동일 및 유사 물품으로의 분류	• 동일성의 원칙 • 유사성의 원칙
물품 특성에 맞는 보관 장소 선정	• 물품의 형상 • 물품의 소재

예제 4

S호텔의 외식사업부 소속인 K씨는 예약일정 관리를 담당하고 있다. 아래의 예약일정과 정보를 보고 K씨의 판단으로 옳지 않은 것은?

〈S호텔 일식 뷔페 1월 ROOM 예약 일정〉

* 예약 : ROOM 이름(시작시간)

SUN	MON	TUE	WED	THU	FRI	SAT
					1	2
					백합(16)	장미(11) 백합(15)
3	4	5	6	7	8	9
라일락(15)		백향목(10) 백합(15)	장미(10) 백향목(17)	백합(11) 라일락(18)	백향목(15)	장미(10) 라일락(15)

ROOM 구분	수용가능인원	최소투입인력	연회장 이용시간
백합	20	3	2시간
장미	30	5	3시간
라일락	25	4	2시간
백향목	40	8	3시간

- 오후 9시에 모든 업무를 종료함
- 한 타임 끝난 후 1시간씩 세팅 및 정리
- 동 시간 대 서빙 투입인력은 총 10명을 넘을 수 없음

안녕하세요, 1월 첫째 주 또는 둘째 주에 신년회 행사를 위해 ROOM을 예약하려고 하는데요, 저희 동호회의 총 인원은 27명이고 오후 8시쯤 마무리하려고 합니다. 신정과 주말, 월요일은 피하고 싶습니다. 예약이 가능할까요?

① 인원을 고려했을 때 장미ROOM과 백향목ROOM이 적합하겠군.
② 만약 2명이 안 온다면 예약 가능한 ROOM이 늘어나겠구나.
③ 조건을 고려했을 때 예약 가능한 ROOM은 5일 장미ROOM뿐이겠구나.
④ 오후 5시부터 8시까지 가능한 ROOM을 찾아야해.

[출제의도]
주어진 정보와 일정표를 토대로 이용 가능한 물적자원을 확보하여 이를 정확하게 안내할 수 있는 능력을 측정하는 문항이다. 고객이 제공한 정보를 정확하게 파악하고 그 조건 안에서 가능한 자원을 제공할 수 있어야 한다.

[해설]
③ 조건을 고려했을 때 5일 장미ROOM과 7일 장미ROOM이 예약 가능하다.
① 참석 인원이 27명이므로 30명 수용 가능한 장미ROOM과 40명 수용 가능한 백향목ROOM 두 곳이 적합하다.
② 만약 2명이 안 온다면 총 참석인원 25명이므로 라일락ROOM, 장미ROOM, 백향목ROOM이 예약 가능하다.
④ 오후 8시에 마무리하려고 계획하고 있으므로 적절하다.

답 ③

(4) 인적자원관리능력

① **인맥** … 가족, 친구, 직장동료 등 자신과 직접적인 관계에 있는 사람들인 핵심인맥과 핵심 인맥들로부터 알게 된 파생인맥이 존재한다.

② **인적자원의 특성** … 능동성, 개발가능성, 전략적 자원

③ 인력배치의 원칙

    ㉠ **적재적소주의** : 팀의 효율성을 높이기 위해 팀원의 능력이나 성격 등과 가장 적합한 위 치에 배치하여 팀원 개개인의 능력을 최대로 발휘해 줄 것을 기대하는 것

    ㉡ **능력주의** : 개인에게 능력을 발휘할 수 있는 기회와 장소를 부여하고 그 성과를 바르게 평가하며 평가된 능력과 실적에 대해 그에 상응하는 보상을 주는 원칙

    ㉢ **균형주의** : 모든 팀원에 대한 적재적소를 고려

④ 인력배치의 유형

    ㉠ **양적 배치** : 부문의 작업량과 조업도, 여유 또는 부족 인원을 감안하여 소요인원을 결정 하여 배치하는 것

    ㉡ **질적 배치** : 적재적소의 배치

    ㉢ **적성 배치** : 팀원의 적성 및 흥미에 따라 배치하는 것

예제 5

최근 조직개편 및 연봉협상 과정에서 직원들의 불만이 높아지고 있다. 온 갖 루머가 난무한 가운데 인사팀원인 당신에게 사내 게시판의 직원 불만사 항에 대한 진위여부를 파악하고 대안을 세우라는 팀장의 지시를 받았다. 다음 중 당신이 조치를 취해야 하는 직원은 누구인가?

① 사원 A는 팀장으로부터 업무 성과가 탁월하다는 평가를 받았는데도 조직개편 으로 인한 부서 통합으로 인해 승진을 못한 것이 불만이다.

② 사원 B는 회사가 예년에 비해 높은 영업 이익을 얻었는데도 불구하고 연봉 인상에 인색한 것이 불만이다.

③ 사원 C는 회사가 급여 정책을 변경해서 고정급 비율을 낮추고 기본급과 인센 티브를 지급하는 제도로 바꾼 것이 불만이다.

④ 사원 D는 입사 동기인 동료가 자신보다 업무 실적이 좋지 않고 불성실한 근 무태도를 가지고 있는데, 팀장과의 친분으로 인해 자신보다 높은 평가를 받 은 것이 불만이다.

[출제의도]
주어진 직원들의 정보를 통해 시급 하게 진위여부를 가리고 조치하여 인력배치를 해야 하는 사항을 확인 하는 문제이다.
[해설]
사원 A, B, C는 각각 조직 정책에 대한 불만이기에 논의를 통해 조직 적으로 대처하는 것이 옳지만, 사 원 D는 팀장의 독단적인 전횡에 대한 불만이기 때문에 조사하여 시 급히 조치할 필요가 있다. 따라서 가장 적절한 답은 ④번이 된다.

답 ④

출제예상문제

1 다음은 오 과장과 권 대리가 다니고 있는 직장의 수당지급에 대한 자료이다. 다음에 근거할 때, 오 과장과 권 대리가 받게 될 수당의 합계 금액은 얼마인가?

〈수당지급규정〉

수당의 종류	지급액 계산방법
시간외 근무수당	통상임금×1.5÷200×근무시간
야간 근무수당	통상임금×0.5÷200×근무시간
휴일 근무수당	통상임금×0.5÷200×근무시간

* 2개 이상의 근무가 겹치는 경우, 시간외 근무로 판단함.

〈추가 근무 시간 내역〉

	시간외 근무	야간 근무	휴일 근무
오 과장	18시간	4시간	8시간
권 대리	22시간	5시간	12시간

* 오 과장과 권 대리의 통상임금은 각각 320만 원과 280만 원임.

① 110.9만 원
② 108.3만 원
③ 102.8만 원
④ 98.5만 원

TIP 》 두 사람이 받게 될 수당을 계산하여 표로 정리하면 다음과 같다.

	시간외 근무	야간 근무	휴일 근무	합계
오 과장	320×1.5÷200×18 =43.2만 원	320×0.5÷200×4 =3.2만 원	320×0.5÷200×8 =6.4만 원	52.8만 원
권 대리	280×1.5÷200×22 =46.2만 원	280×0.5÷200×5 =3.5만 원	280×0.5÷200×12 =8.4만 원	58.1만 원

따라서 두 사람의 수당 합계 금액은 52.8+58.1=110.9만 원이 된다.

ANSWER 〉 1.①

┃2~3┃ 다음 수익체계표를 보고 이어지는 물음에 답하시오.

<table>
<tr><td colspan="5" align="center">〈판매 제품별 수익체계〉</td></tr>
<tr><td rowspan="2" colspan="2" align="center">갑 회사</td><td colspan="3" align="center">을 회사</td></tr>
<tr><td align="center">P 제품</td><td align="center">Q 제품</td><td align="center">R 제품</td></tr>
<tr><td rowspan="3" align="center">갑 회사</td><td align="center">X 제품</td><td align="center">(−3, 8)</td><td align="center">(6, −1)</td><td align="center">(3, −2)</td></tr>
<tr><td align="center">Y 제품</td><td align="center">(−5, 8)</td><td align="center">(−2, 8)</td><td align="center">(1, −2)</td></tr>
<tr><td align="center">Z 제품</td><td align="center">(2, −6)</td><td align="center">(5, −2)</td><td align="center">(−2, 4)</td></tr>
</table>

– 괄호 안의 숫자는 '갑' 회사와 '을' 회사의 제품으로 얻는 수익(억 원)을 뜻한다.('갑' 회사 월 수익 액, '을' 회사의 월 수익 액)

– **예** '갑' 회사가 X 제품을 판매하고 '을' 회사가 P 제품을 판매하였을 때 '갑' 회사의 월 수익 액은 −3 억 원이고, '을' 회사의 월 수익 액은 8억 원이다.

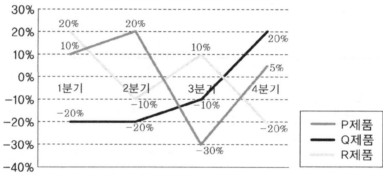

〈'을'사의 분기별 수익체계 증감 분포〉

– 제품별로 계절에 따른 매출의 증감률을 의미한다.

– 10% : 월 수익에서 10% 증가, 월 손해에서 10% 감소

– −10% : 월 수익에서 10% 감소, 월 손해에서 10% 증가

2 위의 수익체계표에 근거할 때, 갑, 을 두 회사의 수익 액의 합이 가장 클 경우는 양사가 어느 제품을 판매하였을 때인가? (단, 판매 시기는 고려하지 않음)

① 갑 : Y 제품, 을 : P 제품

② 갑 : X 제품, 을 : Q 제품

③ 갑 : Y 제품, 을 : Q 제품

④ 갑 : X 제품, 을 : R 제품

　　　TIP 》 주어진 수익체계표에서는 갑 회사가 Y 제품을, 을 회사가 Q 제품을 판매하였을 경우의 양사의 수익 액의 합이 −2+8=6억 원으로 가장 커지는 것을 알 수 있다.

3 다음 중 을 회사가 2분기에 제품을 홍보했을 경우, 갑 회사와 을 회사가 얻는 수익의 합이 가장 커지려면 양사가 어느 제품을 판매하였을 때인가?

① 갑 : X 제품, 을 : Q 제품

② 갑 : Y 제품, 을 : P 제품

③ 갑 : Z 제품, 을 : R 제품

④ 갑 : X 제품, 을 : P 제품

　　　TIP 》 을 회사가 2분기에 홍보를 하게 되면 P, Q, R 제품은 각각 20%, −20%, −10%만큼 수익 액의 변동이 생기게 된다. 따라서 수익체계표가 다음과 같이 수정된다.

		을 회사		
		P 제품	Q 제품	R 제품
갑 회사	X 제품	(−3, 9.6)	(6, −1.2)	(3, −2.2)
	Y 제품	(−5, 9.6)	(−2, 6.4)	(1, −2.2)
	Z 제품	(2, −4.8)	(5, −2.4)	(−2, 3.6)

따라서 이 경우 양사의 수익 액의 합이 가장 커지게 되는 것은 갑 회사가 X 제품, 을 회사가 P 제품을 판매하였을 경우의 −3+9.6=6.6억 원이 된다.

4 다음에 제시된 인사제도 중, 인력 배치의 원칙인 '적재적소 주의', '능력주의', '균형주의'가 나타나 있는 항목을 순서대로 적절히 연결한 것은?

채용	– 학력 및 연령제한 철폐 ·· (가) – 공개경쟁 원칙
보직	– 순환보직을 원칙으로 탄력적인 인력 배치 ··························· (나) – 사내공모를 통한 해외근무자 선발 ······························· (다) – 인사상담등록시스템에 의한 투명한 인사
승진	– 능력과 성과에 따른 승진관리 – 승진 심사 및 시험에 의한 승진자 결정
평가	– 역량평가 및 업적평가 ··· (라) – 상사·부하·동료·본인에 의한 다면평가시스템 운영 ············· (마)

① (가), (나), (라)   ② (라), (나), (다)

③ (나), (가), (라)   ④ (마), (라), (나)

TIP 》 순환보직을 원칙으로 탄력적인 인력 배치는 조직의 상황과 개인의 역량 및 특성에 맞는 인력의 적재적소 배치를 위한 방안으로 볼 수 있다. 또한, 학력이나 연령 등의 폐지는 실제 업무에 필요한 능력과 자질을 갖추고도 학력이나 연령 제한에 의해 능력이 사장되는 상황을 방지할 수 있는 방안이 될 수 있어 능력주의 원칙으로 볼 수 있으며, 역량과 업적을 평가하여 각 조직 간 인력 배치의 균형을 이룰 수 있는 근거를 마련할 수 있다는 점에서 균형주의 원칙으로 볼 수 있다.

5 F회사에 입사한지 3개월이 된 사원 A씨는 A씨에게 주어진 일에 대해 우선순위 없이 닥치는 대로 행하고 있다. 그렇다 보니 중요하지 않은 일을 먼저 하기도 해서 상사로부터 꾸중을 들었다. 그런 A씨에게 L대리는 시간관리 매트릭스를 4단계로 구분해보라고 조언을 하였다. 다음은 〈시간관리 매트릭스〉와 A씨가 해야 할 일들이다. 연결이 잘못 짝지어진 것은?

〈시간관리 매트릭스〉

	긴급함	긴급하지 않음
중요함	제1사분면	제2사분면
중요하지 않음	제3사분면	제4사분면

〈A씨가 해야 할 일〉

㉠ 어제 못 본 드라마보기
㉡ 마감이 정해진 프로젝트
㉢ 인간관계 구축하기
㉣ 업무 보고서 작성하기
㉤ 회의하기
㉥ 자기개발하기
㉦ 상사에게 급한 질문하기

① 제1사분면 : ㉡, ㉦
② 제2사분면 : ㉢, ㉥
③ 제3사분면 : ㉣, ㉤
④ 제4사분면 : ㉠

TIP 》 ㉦은 제3사분면에 들어가야 할 일이다.

ANSWER 》 4.③ 5.①

6 다음 글과 〈조건〉을 근거로 판단할 때, 중국으로 출장 가는 사람으로 짝지어진 것은?

C회사에서는 업무상 외국 출장이 잦은 편이다. 인사부 A씨는 매달 출장 갈 직원들을 정하는 업무를 맡고 있다. 이번 달에는 총 4국가로 출장을 가야 하며 인원은 다음과 같다.

미국	영국	중국	일본
1명	4명	3명	4명

출장을 갈 직원은 이과장, 김과장, 신과장, 류과장, 임과장, 장과장, 최과장이 있으며, 개인별 출장 가능한 국가는 다음과 같다.

국가＼직원	이과장	김과장	신과장	류과장	임과장	장과장	최과장
미국	○	×	○	×	×	×	×
영국	○	×	○	○	○	×	×
중국	×	○	○	○	○	×	○
일본	×	×	○	×	○	○	○

※ ○ : 출장 가능, × : 출장 불가능
※ 어떤 출장도 일정이 겹치진 않는다.

〈조건〉
• 한 사람이 두 국가까지만 출장 갈 수 있다.
• 모든 사람은 한 국가 이상 출장을 가야 한다.

① 김과장, 최과장, 류과장　　　② 김과장, 신과장, 류과장
③ 신과장, 류과장, 임과장　　　④ 김과장, 임과장, 최과장

TIP 》 모든 사람이 한 국가 이상 출장을 가야 한다고 했으므로 김과장은 꼭 중국을 가야 하며, 장과장은 꼭 일본을 가야 한다. 또한 영국으로 4명이 출장을 가야 되고, 출장 가능 직원도 4명이므로 이과장, 신과장, 류과장, 임과장이 영국을 가야한다. 4국가 출장에 필요한 직원은 12명인데 김과장과 장과장이 1국가 밖에 못가므로 나머지 5명이 2국가를 출장간다는 것에 주의한다.

국가	출장가는 직원
미국(1명)	이과장
영국(4명)	류과장, 이과장, 신과장, 임과장
중국(3명)	김과장, 최과장, 류과장
일본(4명)	장과장, 최과장, 신과장, 임과장

7 인사부에서 근무하는 H씨는 다음 〈상황〉과 〈조건〉에 근거하여 부서 배정을 하려고 한다. 〈상황〉과 〈조건〉을 모두 만족하는 부서 배정은 어느 것인가?

〈상황〉

총무부, 영업부, 홍보부에는 각각 3명, 3명, 4명의 인원을 배정하여야 한다. 이번에 선발한 인원으로는 5급이 A, B, C가 있으며, 6급이 D, E, F가 있고 7급이 G, H, I가 있다.

〈조건〉

조건1 : 총무부에는 5급이 2명 배정되어야 한다.
조건2 : B와 C는 서로 다른 부서에 배정되어야 한다.
조건3 : 홍보부에는 7급이 2명 배정되어야 한다.
조건4 : A와 I는 같은 부서에 배정되어야 한다.

	총무부	영업부	홍보부
①	A, C, I	D, E	B, F, G, H
②	A, B, E	D, G	C, F, H, I
③	A, B, I	C, D, G	E, F, H
④	B, C, H	D, E	A, F, G, I

TIP 》 ② A와 I가 같은 부서에 배정되어야 한다는 조건4를 만족하지 못한다.
③ 홍보부에 4명이 배정되어야 한다는 〈상황〉에 부합하지 못한다.
④ B와 C가 서로 다른 부서에 배정되어야 한다는 조건2를 만족하지 못한다.

8 신입사원 H씨는 팀의 다음 사업에 대한 계획을 마련하기 위해 각국의 환경오염의 실태와 해결방안을 조사해서 보고서를 올리라는 지시를 받았다. 다음의 보고서 작성 순서를 바르게 나열한 것은?

ⓐ 보고서에 들어갈 내용 중 너무 긴 내용은 표나 그래프로 작성한다.
ⓑ 해외 여러 나라들의 환경오염실태와 해결했던 실례들을 수집한다.
ⓒ 어떤 내용, 어떤 흐름으로 보고서를 작성할지 구상하고 개요를 작성한다.

---

① ㉠㉡㉢   ② ㉠㉢㉡

③ ㉡㉠㉢   ④ ㉢㉡㉠

> **TIP 》** 보고서를 어떻게 구성해야할지에 대해서 고민하고 개요를 작성한 후 자료를 수집하는 것이 시간을 절약할 수 있고, 구성 면에서도 우수한 보고서를 작성할 수 있다.

9 입사 2년차인 P씨와 같은 팀원들은 하루에도 수십 개씩의 서류를 받는다. 각자 감당할 수 없을 만큼의 서류가 쌓이다보니 빨리 처리해야할 업무가 무엇인지, 나중에 해도 되는 업무가 무엇인지 확인이 되지 않았다. 이런 상황에서 P씨가 가장 먼저 취해야 할 행동으로 가장 적절한 것은?

① 같은 팀원이자 후배인 K씨에게 서류정리를 시킨다.

② 가장 높은 상사의 일부터 처리한다.

③ 보고서와 주문서 등을 종류별로 정리하고 중요내용을 간추려 메모한다.

④ 눈앞의 급박한 상황들을 먼저 처리한다.

> **TIP 》** 업무 시에는 일의 우선순위를 정하는 것이 중요하다. 많은 서류들을 정리하고 중요 내용을 간추려 메모하면 이후의 서류들도 기존보다 빠르게 정리할 수 있으며 시간을 효율적으로 사용할 수 있다.

10 자원관리능력이 필요한 이유와 가장 관련 있는 자원의 특성은?

① 가변성　　　　　　　　　　　② 유한성

③ 편재성　　　　　　　　　　　④ 상대성

　　TIP》 ② 자원의 적절한 관리가 필요한 이유는 자원의 유한성 때문이다.

11 다음 중 SMART법칙에 따라 목표를 설정하지 못한 사람을 모두 고른 것은?

> 지민 : 나는 올해 안에 토익 800점을 넘을 거야.
> 상수 : 나는 점심시간 전까지 팀장님께 제출할 보고서 10페이지를 작성할거야.
> 민식 : 올해에는 좀 더 가족을 챙기는 가장이 되어야겠어.
> 소희 : 난 올해 안에 중국어와 일본어를 마스터하겠어.

① 지민, 상수　　　　　　　　　② 상수, 민식

③ 민식, 소희　　　　　　　　　④ 지민, 소희

　　TIP》 SMART법칙 … 목표를 어떻게 설정하고 그 목표를 성공적으로 달성하기 위해 꼭 필요한 필수 요건들을 S.M.A.R.T. 5개 철자에 따라 제시한 것이다.
　　　　㉠ Specific(구체적으로) : 목표를 구체적으로 작성한다.
　　　　㉡ Measurable(측정 가능하도록) : 수치화, 객관화시켜서 측정 가능한 척도를 세운다.
　　　　㉢ Action-oriented(행동 지향적으로) : 사고 및 생각에 그치는 것이 아닌 행동을 중심으로 목표를 세운다.
　　　　㉣ Realistic(현실성 있게) : 실현 가능한 목표를 세운다.
　　　　㉤ Time limited(시간적 제약이 있게) : 목표를 설정함에 있어 제한 시간을 둔다.

ANSWER 〉 8.④　9.③　10.②　11.③

12 다음 중 같은 성질을 가진 비용끼리 올바르게 묶은 것은?

> ㉠ 재료비   ㉡ 시설비
> ㉢ 사무실 관리비   ㉣ 인건비
> ㉤ 광고비   ㉥ 비품비

① ㉠㉡㉣   ② ㉡㉢㉣

③ ㉢㉣㉤   ④ ㉣㉤㉥

    TIP 》 ㉠㉡㉣는 직접비용, ㉢㉤㉥는 간접비용에 해당한다.
        ※ 직접비용과 간접비용
          ㉠ **직접비용**: 제품 생산 또는 서비스를 창출하기 위해 직접 소비된 것으로 여겨지는 비용으로 재료비, 원료와 장비, 시설비, 인건비 등이 있다.
          ㉡ **간접비용**: 제품을 생산하거나 서비스를 창출하기 위해 소비된 비용 중에서 직접비용을 제외한 비용으로 제품 생산에 직접 관련되지 않은 비용을 말한다. 간접비용의 경우 과제에 따라 매우 다양하며 보험료, 건물관리비, 광고비, 통신비, 사무비품비, 각종 공과금 등이 있다.

13 다음은 자원관리 기본 과정이다. 순서대로 나열한 것은?

> ㈎ 계획대로 수행하기
> ㈏ 이용 가능한 자원 수집하기
> ㈐ 필요한 자원의 종류와 양 확인하기
> ㈑ 자원 활용 계획 세우기

① ㈏ – ㈐ – ㈑ – ㈎   ② ㈏ – ㈑ – ㈐ – ㈎

③ ㈐ – ㈏ – ㈑ – ㈎   ④ ㈐ – ㈑ – ㈏ – ㈎

    TIP 》 자원관리 기본 과정
          ㉠ 필요한 자원의 종류와 양 확인하기
          ㉡ 이용 가능한 자원 수집하기
          ㉢ 자원 활용 계획 세우기
          ㉣ 계획대로 수행하기

14 자원 낭비의 요인으로 옳지 않은 것은?

① 계획적 행동
② 편리성 추구
③ 자원에 대한 인식 부재
④ 노하우 부족

> **TIP 》** 자원 낭비의 요인
> ㉠ 비계획적 행동
> ㉡ 편리성 추구
> ㉢ 자원에 대한 인식 부재
> ㉣ 노하우 부족

15 다음 중 시간자원에 대한 설명으로 틀린 것은?

① 시간은 누구에게나 똑같은 속도로 흐른다.
② 시간은 빌리거나 저축할 수 없다.
③ 시간은 시절에 관계없이 그 밀도가 같다.
④ 시간은 어떻게 사용하느냐에 따라 가치가 달라진다.

> **TIP 》** ③ 시간은 시절에 따라 밀도와 가치가 다르다. 인생의 황금기, 황금시간대 등은 시간자원의 이러한 성격을 반영하는 말이다.

16 시간계획 시 계획된 행동과 비계획된 행동(계획 외의 행동 및 자발적 행동)의 적절한 비중은 얼마인가?

① 80 : 20
② 70 : 30
③ 60 : 40
④ 50 : 50

> **TIP 》** 60 : 40 규칙 … 시간계획의 기본 원리인 60 : 40 규칙은 자신에게 주어진 시간 중 60%는 계획된 행동을 하여야 한다는 것을 의미한다.

17 다음 중 비용의 성격이 다른 하나는?

① 재료비   ② 인건비

③ 시설비   ④ 광고비

> **TIP 》** 비용
>   ㉠ **직접비용** : 재료비, 원료와 장비, 시설비, 여행 및 잡비, 인건비
>   ㉡ **간접비용** : 보험료, 건물관리비, 광고비, 통신비, 사무비품비, 각종 공과금

18 다음에 설명하고 있는 합리적인 인사관리 원칙은?

> 근로자의 인권을 존중하고 공헌도에 따라 노동의 대가를 지급한다.

① 적재적소 배치의 원리   ② 공정 보상의 원칙

③ 공정 인사의 원칙   ④ 종업원 안정의 원칙

> **TIP 》** 합리적인 인사관리의 원칙
>   ㉠ **적재적소 배치의 원리** : 해당 직무 수행에 가장 적합한 인재를 배치
>   ㉡ **공정 보상의 원칙** : 근로자의 인권을 존중하고 공헌도에 따라 노동의 대가를 공정하게 지급
>   ㉢ **공정 인사의 원칙** : 직무 배당, 승진, 상벌, 근무 성적의 평가, 임금 등을 공정하게 처리
>   ㉣ **종업원 안정의 원칙** : 직장에서의 신분 보장, 계속해서 근무할 수 있다는 믿음으로 근로자의 안정된 회사 생활 보장
>   ㉤ **창의력 계발의 원칙** : 근로자가 창의력을 발휘할 수 있도록 새로운 제안 · 전의 등의 기회를 마련하고 적절한 보상을 지급
>   ㉥ **단결의 원칙** : 직장 내에서 구성원들이 소외감을 갖지 않도록 배려하고, 서로 협동 · 단결할 수 있도록 유지

19 '물품의 활용 빈도가 높은 것은 상대적으로 가져다 쓰기 쉬운 위치에 보관한다.'는 물품보관 원칙 중 무엇에 해당되는가?

① 동일성의 원칙

② 유사성의 원칙

③ 개별성의 원칙

④ 회전대응 보관 원칙

> **TIP 》** 회전대응 보관 원칙 … 물품의 활용 빈도가 높은 것은 상대적으로 가져다 쓰기 쉬운 위치에 보관한다는 원칙으로, 입·출하의 빈도가 높은 품목은 출입구 가까운 곳에 보관하는 것을 말한다.

20 인맥관리를 위해 명함에 메모해두면 좋은 내용으로 가장 거리가 먼 것은?

① 소개자의 이름

② 상대의 업무내용, 취미, 기타 특이 사항

③ 함께 갔었던 식당 이름

④ 전근, 전직 등의 변동 사항

> **TIP 》** 인맥관리를 위해 명함에 메모해두면 좋은 내용
> ㉠ 언제, 어디서, 무슨 일로 만났는지에 관한 내용
> ㉡ 소개자의 이름
> ㉢ 학력이나 경력
> ㉣ 상대의 업무내용이나 취미, 기타 독특한 점
> ㉤ 전근, 전직 등의 변동 사항
> ㉥ 가족사항
> ㉦ 거주지와 기타 연락처
> ㉧ 대화를 나누고 나서의 느낀 점이나 성향

ANSWER 〉 17.④ 18.② 19.④ 20.③

05 정보능력

1 정보화사회와 정보능력

(1) 정보와 정보화사회

① 자료 · 정보 · 지식

구분	특징
자료 (Data)	객관적 실제의 반영이며, 그것을 전달할 수 있도록 기호화한 것
정보 (Information)	자료를 특정한 목적과 문제해결에 도움이 되도록 가공한 것
지식 (Knowledge)	정보를 집적하고 체계화하여 장래의 일반적인 사항에 대비해 보편성을 갖도록 한 것

② 정보화사회 … 필요로 하는 정보가 사회의 중심이 되는 사회

(2) 업무수행과 정보능력

① 컴퓨터의 활용 분야

    ㉠ 기업 경영 분야에서의 활용 : 판매, 회계, 재무, 인사 및 조직관리, 금융 업무 등

    ㉡ 행정 분야에서의 활용 : 민원처리, 각종 행정 통계 등

    ㉢ 산업 분야에서의 활용 : 공장 자동화, 산업용 로봇, 판매시점관리시스템(POS) 등

    ㉣ 기타 분야에서의 활용 : 교육, 연구소, 출판, 가정, 도서관, 예술 분야 등

② 정보처리과정

    ㉠ 정보 활용 절차 : 기획 → 수집 → 관리 → 활용

    ㉡ 5W2H : 정보 활용의 전략적 기획

    • WHAT(무엇을?) : 정보의 입수대상을 명확히 한다.

    • WHERE(어디에서?) : 정보의 소스(정보원)를 파악한다.

    • WHEN(언제까지) : 정보의 요구(수집)시점을 고려한다.

    • WHY(왜?) : 정보의 필요목적을 염두에 둔다.

- WHO(누가?) : 정보활동의 주체를 확정한다.
- HOW(어떻게) : 정보의 수집방법을 검토한다.
- HOW MUCH(얼마나?) : 정보수집의 비용성(효용성)을 중시한다.

예제 1

5W2H는 정보를 전략적으로 수집·활용할 때 주로 사용하는 방법이다. 5W2H에 대한 설명으로 옳지 않은 것은?

① WHAT : 정보의 수집방법을 검토한다.
② WHERE : 정보의 소스(정보원)를 파악한다.
③ WHEN : 정보의 요구(수집)시점을 고려한다.
④ HOW : 정보의 수집방법을 검토한다.

[출제의도]
방대한 정보들 중 꼭 필요한 정보와 수집 방법 등을 전략적으로 기획하고 정보수집이 이루어질 때 효과적인 정보 수집이 가능해진다. 5W2H는 이러한 전략적 정보 활용 기획의 방법으로 그 개념을 이해하고 있는지를 묻는 질문이다.
[해설]
5W2H의 'WHAT'은 정보의 입수대상을 명확히 하는 것이다. 정보의 수집방법을 검토하는 것은 HOW(어떻게)에 해당되는 내용이다.

답 ①

---

(3) 사이버공간에서 지켜야 할 예절

① 인터넷의 역기능
   ㉠ 불건전 정보의 유통
   ㉡ 개인 정보 유출
   ㉢ 사이버 성폭력
   ㉣ 사이버 언어폭력
   ㉤ 언어 훼손
   ㉥ 인터넷 중독
   ㉦ 불건전한 교제
   ㉧ 저작권 침해

② 네티켓(netiquette) … 네트워크(network) + 에티켓(etiquette)

(4) 정보의 유출에 따른 피해사례

① 개인정보의 종류
- ㉠ **일반 정보** : 이름, 주민등록번호, 운전면허정보, 주소, 전화번호, 생년월일, 출생지, 본적지, 성별, 국적 등
- ㉡ **가족 정보** : 가족의 이름, 직업, 생년월일, 주민등록번호, 출생지 등
- ㉢ **교육 및 훈련 정보** : 최종학력, 성적, 기술자격증/전문면허증, 이수훈련 프로그램, 서클활동, 상벌사항, 성격/행태보고 등
- ㉣ **병역 정보** : 군번 및 계급, 제대유형, 주특기, 근무부대 등
- ㉤ **부동산 및 동산 정보** : 소유주택 및 토지, 자동차, 저축현황, 현금카드, 주식 및 채권, 수집품, 고가의 예술품 등
- ㉥ **소득 정보** : 연봉, 소득의 원천, 소득세 지불 현황 등
- ㉦ **기타 수익 정보** : 보험가입현황, 수익자, 회사의 판공비 등
- ㉧ **신용 정보** : 대부상황, 저당, 신용카드, 담보설정 여부 등
- ㉨ **고용 정보** : 고용주, 회사주소, 상관의 이름, 직무수행 평가 기록, 훈련기록, 상벌기록 등
- ㉩ **법적 정보** : 전과기록, 구속기록, 이혼기록 등
- ㉪ **의료 정보** : 가족병력기록, 과거 의료기록, 신체장애, 혈액형 등
- ㉫ **조직 정보** : 노조가입, 정당가입, 클럽회원, 종교단체 활동 등
- ㉬ **습관 및 취미 정보** : 흡연/음주량, 여가활동, 도박성향, 비디오 대여기록 등

② 개인정보 유출방지 방법
- ㉠ 회원 가입 시 이용 약관을 읽는다.
- ㉡ 이용 목적에 부합하는 정보를 요구하는지 확인한다.
- ㉢ 비밀번호는 정기적으로 교체한다.
- ㉣ 정체불명의 사이트는 멀리한다.
- ㉤ 가입 해지 시 정보 파기 여부를 확인한다.
- ㉥ 남들이 쉽게 유추할 수 있는 비밀번호는 자제한다.

2 정보능력을 구성하는 하위능력

(1) 컴퓨터활용능력

① 인터넷 서비스 활용

- ㉠ **전자우편(E-mail) 서비스** : 정보 통신망을 이용하여 다른 사용자들과 편지나 여러 정보를 주고받는 통신 방법
- ㉡ **인터넷 디스크/웹 하드** : 웹 서버에 대용량의 저장 기능을 갖추고 사용자가 개인용 컴퓨터의 하드디스크와 같은 기능을 인터넷을 통하여 이용할 수 있게 하는 서비스
- ㉢ **메신저** : 인터넷에서 실시간으로 메시지와 데이터를 주고받을 수 있는 소프트웨어
- ㉣ **전자상거래** : 인터넷을 통해 상품을 사고팔거나 재화나 용역을 거래하는 사이버 비즈니스

② **정보검색** : 여러 곳에 분산되어 있는 수많은 정보 중에서 특정 목적에 적합한 정보만을 신속하고 정확하게 찾아내어 수집, 분류, 축적하는 과정

- ㉠ **검색엔진의 유형**
  - 키워드 검색 방식 : 찾고자 하는 정보와 관련된 핵심적인 언어인 키워드를 직접 입력하여 이를 검색 엔진에 보내어 검색 엔진이 키워드와 관련된 정보를 찾는 방식
  - 주제별 검색 방식 : 인터넷상에 존재하는 웹 문서들을 주제별, 계층별로 정리하여 데이터베이스를 구축한 후 이용하는 방식
  - 통합형 검색방식 : 사용자가 입력하는 검색어들이 연계된 다른 검색 엔진에게 보내고 이를 통하여 얻어진 검색 결과를 사용자에게 보여주는 방식
- ㉡ **정보 검색 연산자**

기호	연산자	검색조건
*, &	AND	두 단어가 모두 포함된 문서를 검색
|	OR	두 단어가 모두 포함되거나 두 단어 중에서 하나만 포함된 문서를 검색
-, !	NOT	'-' 기호나 '!' 기호 다음에 오는 단어는 포함하지 않는 문서를 검색
~, near	인접검색	앞/뒤의 단어가 가깝게 있는 문서를 검색

③ 소프트웨어의 활용

- ㉠ 워드프로세서
  - 특징 : 문서의 내용을 화면으로 확인하면서 쉽게 수정 가능, 문서 작성 후 인쇄 및 저장 가능, 글이나 그림의 입력 및 편집 가능
  - 기능 : 입력기능, 표시기능, 저장기능, 편집기능, 인쇄기능 등

ⓒ 스프레드시트

- 특징 : 쉽게 계산 수행, 계산 결과를 차트로 표시, 문서를 작성하고 편집 가능
- 기능 : 계산, 수식, 차트, 저장, 편집, 인쇄기능 등

예제 2

귀하는 커피 전문점을 운영하고 있다. 아래와 같이 엑셀 워크시트로 4개 지점의 원두 구매 수량과 단가를 이용하여 금액을 산출하고 있다. 귀하가 다음 중 D3셀에서 사용하고 있는 함수식으로 옳은 것은? (단, 금액 = 수량 × 단가)

	A	B	C	D	E
1	지점	원두	수량(100g)	금액	
2	A	케냐	15	150000	
3	B	콜롬비아	25	175000	
4	C	케냐	30	300000	
5	D	브라질	35	210000	
6					
7		원두	100g당 단가		
8		케냐	10,000		
9		콜롬비아	7,000		
10		브라질	6,000		
11					

① =C3*VLOOKUP(B3, $B$8:$C$10, 1, 1)

② =B3*HLOOKUP(C3, $B$8:$C$10, 2, 0)

③ =C3*VLOOKUP(B3, $B$8:$C$10, 2, 0)

④ =C3*HLOOKUP($B$8:$C$10, 2, B3)

[출제의도]
본 문항은 엑셀 워크시트 함수의 활용도를 확인하는 문제이다.
[해설]
"VLOOKUP(B3,$B$8:$C$10, 2, 0)"의 함수를 해설해보면 B3의 값(콜롬비아)을 B8:C10에서 찾은 후 그 영역의 2번째 열(C열, 100g당 단가)에 있는 값을 나타내는 함수이다. 금액은 "수량 × 단가"으로 나타내므로 D3셀에 사용되는 함수식은 "=C3*VLOOKUP(B3, $B$8:$C$10, 2, 0)"이다.
※ HLOOKUP과 VLOOKUP
  ⊙ HLOOKUP : 배열의 첫 행에서 값을 검색하여, 지정한 행의 같은 열에서 데이터를 추출
  ⓛ VLOOKUP : 배열의 첫 열에서 값을 검색하여, 지정한 열의 같은 행에서 데이터를 추출

답 ③

ⓒ 프레젠테이션

- 특징 : 각종 정보를 사용자 또는 대상자에게 쉽게 전달
- 기능 : 저장, 편집, 인쇄, 슬라이드 쇼 기능 등

ⓔ 유틸리티 프로그램 : 파일 압축 유틸리티, 바이러스 백신 프로그램

④ 데이터베이스의 필요성

⊙ 데이터의 중복을 줄인다.

ⓛ 데이터의 무결성을 높인다.

ⓒ 검색을 쉽게 해준다.

ⓔ 데이터의 안정성을 높인다.

ⓜ 개발기간을 단축한다.

(2) 정보처리능력

① **정보원** … 1차 자료는 원래의 연구성과가 기록된 자료이며, 2차 자료는 1차 자료를 효과적으로 찾아보기 위한 자료 또는 1차 자료에 포함되어 있는 정보를 압축·정리한 형태로 제공하는 자료이다.

　⊙ **1차 자료** : 단행본, 학술지와 논문, 학술회의자료, 연구보고서, 학위논문, 특허정보, 표준 및 규격자료, 레터, 출판 전 배포자료, 신문, 잡지, 웹 정보자원 등

　⊙ **2차 자료** : 사전, 백과사전, 편람, 연감, 서지데이터베이스 등

② **정보분석 및 가공**

　⊙ **정보분석의 절차** : 분석과제의 발생 → 과제(요구)의 분석 → 조사항목의 선정 → 관련정보의 수집(기존자료 조사/신규자료 조사) → 수집정보의 분류 → 항목별 분석 → 종합·결론 → 활용·정리

　⊙ **가공** : 서열화 및 구조화

③ **정보관리**

　⊙ 목록을 이용한 정보관리

　⊙ 색인을 이용한 정보관리

　⊙ 분류를 이용한 정보관리

▌예제 3

인사팀에서 근무하는 J씨는 회사가 성장함에 따라 직원 수가 급증하기 시작하면서 직원들의 정보관리 방법을 모색하던 중 다음과 같은 A사의 직원 정보관리 방법을 보게 되었다. J씨는 A사가 하고 있는 이 방법을 회사에도 도입하고자 한다. 이 방법은 무엇인가?

> A사의 인사부서에 근무하는 H씨는 직원들의 개인정보를 관리하는 업무를 담당하고 있다. A사에서 근무하는 직원은 수천 명에 달하기 때문에 H씨는 주요 키워드나 주제어를 가지고 직원들의 정보를 구분하여 관리하여, 찾을 때도 쉽고 내용을 수정할 때도 이전보다 훨씬 간편할 수 있도록 했다.

① 목록을 활용한 정보관리
② 색인을 활용한 정보관리
③ 분류를 활용한 정보관리
④ 1:1 매칭을 활용한 정보관리

[출제의도]
본 문항은 정보관리 방법의 개념을 이해하고 있는가를 묻는 문제이다.
[해설]
주어진 자료의 A사에서 사용하는 정보관리는 주요 키워드나 주제어를 가지고 정보를 관리하는 방식인 색인을 활용한 정보관리이다. 디지털 파일에 색인을 저장할 경우 추가, 삭제, 변경 등이 쉽다는 점에서 정보관리에 효율적이다.

답 ②

출제예상문제

1 엑셀 사용 시 발견할 수 있는 다음과 같은 오류 메시지 중 설명이 올바르지 않은 것은 어느 것인가?

① #DIV/0! – 수식에서 어떤 값을 0으로 나누었을 때 표시되는 오류 메시지

② #N/A – 함수나 수식에 사용할 수 없는 데이터를 사용했을 경우 발생하는 오류 메시지

③ #NULL! – 잘못된 인수나 피연산자를 사용했을 경우 발생하는 오류 메시지

④ #NUM! – 수식이나 함수에 잘못된 숫자 값이 포함되어 있을 경우 발생하는 오류 메시지

> **TIP 》** '#NULL!'은 교차하지 않은 두 영역의 교차점을 참조 영역으로 지정하였을 경우 발생하는 오류 메시지이며, 잘못된 인수나 피연산자를 사용했을 경우 발생하는 오류 메시지는 #VALUE!이다.

2 다음 중 엑셀 사용 시의 원본 데이터와 서식에 의한 결과 데이터가 올바르게 연결되지 않은 것은 어느 것인가?

	원본 데이터	서식	결과 데이터
①	1234.5	###	1235
②	2018-06-17	yyyy-mm-ddd	2018-06-Sun
③	2017/5/2	yy.m.d	17.5.2
④	대출	@주택담보	주택담보대출

> **TIP 》** '@'는 표시 위치를 지정하여 특정 문자열을 연결하여 함께 표시하는 기능을 한다. 따라서 '주택담보대출'이라는 결과 데이터를 얻기 위해서는 원본 데이터에 '주택담보', 서식에 '@대출'을 입력하여야 한다.

3 |회사에서 근무하고 있는 D씨는 다음 워크시트를 작성하던 중 [C1] 셀에 수식 '=A1 +B1+C1'를 입력하였다. 이 경우 어떤 표시가 뜨겠는가?

▲	A	B	C
1	100	200	
2			

① [C1] 셀에 #VALUE! 오류 표시

② [C1] 셀에 #NULL! 오류 표시

③ 순환 참조 경고 메시지 창 표시

④ [C1] 셀에 #REF! 오류 표시

> **TIP** 》 입력한 함수가 자기자신의 셀을 포함한 경우에는 순환 참조 경고 메시지 창이 표시된다.

4 다음의 시트에서 수식 '=DSUM(A1:D7, 4, B1:B2)'를 실행하였을 때 결과 값은?

▲	A	B	C	D
1	성명	부서	3/4분기	4/4분기
2	김하나	영업부	20	15
3	유진영	총무부	30	35
4	고금순	영업부	15	20
5	이영훈	총무부	10	15
6	김영대	총무부	20	10
7	채수빈	영업부	15	20

① 45   ② 50

③ 55   ④ 60

> **TIP** 》 DSUM함수는 DSUM(범위, 열 번호, 조건)으로 나타내며 조건에 부합하는 데이터를 합하는 수식이다. 제시된 수식은 영업부에 해당하는 4/4분기의 데이터를 합하라는 것이므로 15+ 20+20=55가 된다.

ANSWER 〉 1.③ 2.④ 3.③ 4.③

5 다음 순서도에서 인쇄되는 S의 값은? (단, $[x]$는 x보다 크지 않은 최대의 정수이다)

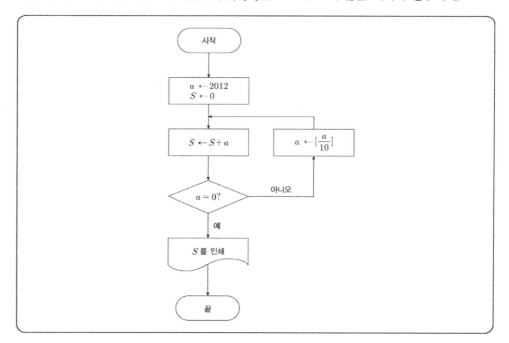

① 2230
② 2235
③ 2240
④ 2245

TIP ≫ a, S의 값의 변화과정을 표로 나타내면

a	S
2012	0
2012	0+2012
201	0+2012+201
20	0+2012+201+20
2	0+2012+201+20+2
0	0+2012+201+20+2+0

따라서 인쇄되는 S의 값은 $0+2012+201+20+2+0 = 2235$이다.

6 다음 순서도에서 인쇄되는 S의 값은?

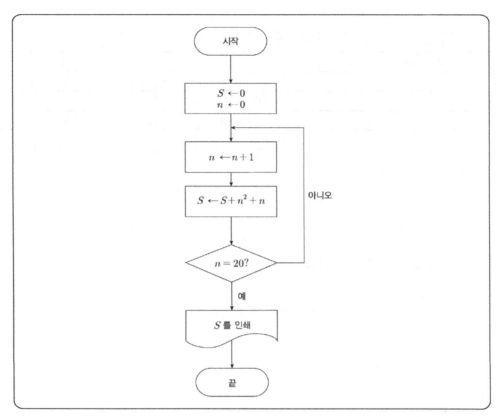

① 3050   ② 3060

③ 3070   ④ 3080

TIP 》 $S = \left(1^2 + 2^2 + \cdots + 20^2\right) + \left(1 + 2 + \cdots + 20\right)$

$$= \frac{20 \times 21 \times 41}{6} + \frac{20 \times 21}{2} = 3080$$

BL－19－JAP－1C－1501	HA－07－PHI－3A－1402	BB－37－KOR－3B－1502
HA－32－KOR－2B－1409	CO－17－JAP－2A－1401	BB－37－PHI－1B－1502
MP－14－PHI－1A－1408	TA－18－CHA－2A－1411	CO－17－JAP－2A－1409
TA－18－CHA－2C－1503	BL－19－KOR－2B－1407	EA－22－CHA－3A－1412
MP－14－KOR－2B－1501	EA－22－CHA－3A－1409	EA－22－CHA－3A－1403
EA－22－CHA－2C－1402	TA－18－KOR－2B－1405	BL－19－JAP－1C－1505
EA－22－CHA－2B－1408	MP－14－KOR－2B－1405	CO－17－JAP－2A－1410
BB－37－CHA－1A－1408	BB－37－CHA－2A－1502	BB－37－KOR－2B－1502
BL－19－KOR－2B－1412	CO－17－JAP－2A－1411	TA－18－KOR－2B－1407
CO－17－JAP－2A－1412	EA－22－CHA－3A－1410	BB－37－PHI－1A－1408
TA－18－PHI－3B－1407	HA－07－KOR－2B－1402	TA－18－PHI－2B－1405
EA－22－CHA－3A－1404	TA－18－PHI－3B－1411	CO－17－JAP－2A－1401

〈코드 부여 방식〉

[기기 종류]－[모델 번호]－[생산 국가]－[공장과 라인]－[제조연월]

〈예시〉

NO－10－KOR－3A－1511

2015년 11월에 한국 3공장 A라인에서 생산된 노트북 10번 모델

기기 종류 코드	기기 종류	생산 국가 코드	생산 국가
NO	노트북	CHA	중국
CO	데스크톱pc	KOR	한국
TA	태블릿pc	JAP	일본
HA	외장하드	PHI	필리핀
MP	MP3		
BL	블루투스		
BB	블랙박스		
EA	이어폰		
BA	보조배터리		

7 위의 코드 부여 방식을 참고할 때 옳지 않은 것은?

① 창고에 있는 기기 중 데스크톱pc는 모두 일본 2공장 A라인에서 생산된 것들이다.

② 창고에 있는 기기 중 한국에서 생산된 것은 모두 2공장 B라인에서 생산된 것들이다.

③ 창고에 있는 기기 중 이어폰은 모두 2014년에 생산된 것들이다.

④ 창고에 있는 기기 중 외장하드는 있지만 보조배터리는 없다.

> **TIP 》** ② 재고목록에 BB-37-KOR-3B-1502가 있는 것으로 보아 한국에서 생산된 것들 중에 3공장 B라인에서 생산된 것도 있다.

8 O회사에 다니는 K대리는 전자기기 코드 목록을 파일로 불러와 검색을 하고자 한다. 다음의 결과로 옳은 것은?

① K대리는 창고에 있는 기기 중 일본에서 생산된 것이 몇 개인지 알기 위해 'JAP'를 검색한 결과 7개임을 알았다.

② K대리는 '07'이 들어가는 코드를 알고 싶어서 검색한 결과 '07'이 들어가는 코드가 5개임을 알았다.

③ K대리는 창고에 있는 데스크톱pc가 몇 개인지 알기 위해 'CO'를 검색한 결과 7개임을 알았다.

④ K대리는 '15' 검색을 통해 창고에 있는 기기 중 2015년에 생산된 제품이 9개임을 알았다.

> **TIP 》** ① 일본에서 생산된 제품은 8개이다.
> ③ 창고에 있는 데스크톱pc는 6개이다.
> ④ 2015년에 생산된 제품은 8개이다.

▌9~13 ▌ 다음은 어느 화장품회사의 LOT번호의 규정이다. 표를 보고 물음에 답하시오.

〈LOT번호 규칙〉

LOT 제조년월일 – 화장품라인 – 제품종류 – 완성품 수량

제조년월일	화장품라인				제품종류			완성품수량
• 2014년 12월 1일 제조 → 141201 • 2015년 2월 5일 제조 → 150205	제품코드		코드명		분류코드		용량번호	00001부터 시작하여 완성품수량만큼 5자리의 번호가 매겨짐
	1	계열사 I	A	베이비	01	스킨	001	100mL
			B	발효			002	300mL
			C	모이스춰			003	500mL
			D	안티에이징	02	에센스	004	50mL
			E	바디			005	100mL
			F	옴므			006	200mL
	2	계열사 M	G	베이비	03	로션	007	100mL
			H	발효			008	300mL
			I	모이스춰			009	500mL
			J	안티에이징	04	크림	010	30mL
			K	바디			011	50mL
			L	옴므			012	100mL
	3	계열사 R	M	베이비	05	엠플	013	3mL
			N	발효			014	5mL
			O	모이스춰			015	10mL
			P	안티에이징	06	클렌징	016	50g
			Q	바디			017	100g
			R	옴므			018	150g

〈예시〉

2014년 12월 3일에 제조된 계열사 R의 안티에이징 크림 100mL제품 51,200개의 LOT번호

LOT 141203-3P-04012-51200

9 2015년 1월 21일에 제조된 계열사 M의 바디 클렌징 150g제품 29,000개의 LOT번호로 알맞은 것은 무엇인가?

① LOT 1501213K0401729000
② LOT 1501213K0601729000
③ LOT 1510212K0601829000
④ LOT 1501212K0601829000

> **TIP** 》 2015년 1월 21일 제조 : 150121
> 계열사 M의 바디 라인 : 2K
> 클렌징 150g : 06018
> ∴ LOT 1501212K0601829000

10 2014년 9월 1일에 제조된 계열사 I의 옴므 스킨 300mL제품 83,214개의 LOT번호로 알맞은 것은 무엇인가?

① LOT 1401091F0200283214
② LOT 1409011F0100283214
③ LOT 1409012L0100283214
④ LOT 1409012R0100283214

> **TIP** 》 2014년 9월 1일에 제조 : 140901
> 계열사 I의 옴므 라인 : 1F
> 스킨 300mL : 01002
> ∴ LOT 1409011F0100283214

11 LOT 1308022J05013975541에 대한 설명으로 옳지 않은 것은?

① 2013년 8월 2일에 제조되었다.
② 계열사 M의 안티에이징 라인이다.
③ 5mL의 엠플 제품이다.
④ 9만 개 이상 제조되었다.

> **TIP** 》 ③ 05013 : 3mL의 엠플 제품이다.

ANSWER 〉 9.④ 10.② 11.③

12 LOT 1211033M0300908790에 대한 설명으로 옳은 것은?

① 베이비 스킨 제품이다.

② 계열사 M의 제품이다.

③ 1만 개 이상 제조되었다.

④ 용량은 500mL이다.

> **TIP》** 2012년 11월 3일에 제조된 계열사 R의 베이비 500mL 로션 제품이며, 8,790개 제조되었다.

13 기계결함으로 LOT번호가 잘못 찍혔다. 올바르게 수정된 것은?

> 2014년 7월 30일에 제조된 계열사 I의 발효 에센스 100mL제품 76,210개
> LOT 1407301I0200576210

① 제조년월일 : 140730 → 140703

② 화장품라인 : 1I → 1B

③ 제품종류 : 02005 → 02004

④ 완성품수량 : 76210 → 07621

> **TIP》** 2014년 7월 30일 제조 : 140730
> 계열사 I의 발효 라인 : 1B
> 에센스 100mL : 02005
> 76,210개 제조 : 76210
> ∴ LOT 1407301B0200576210

14 '트리의 차수(Degree of tree)'는 트리 내의 각 노드들의 차수 중 가장 큰 값을 말한다. 다음 그림에서 '트리의 차수'는?

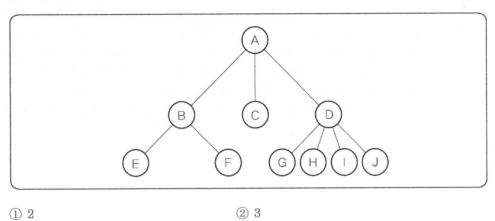

① 2
② 3
③ 4
④ 5

> **TIP 》** '차수'는 한 노드에 대한 서브트리의 개수를 말하는데 이 그림에서는 노드 D의 차수가 4로 가장 크다. 따라서 '트리의 차수'는 4이다.

15 다음 워크시트에서 [A1:B2] 영역을 선택한 후 채우기 핸들을 사용하여 드래그 했을 때 [A6:B6] 영역 값으로 바르게 짝지은 것은?

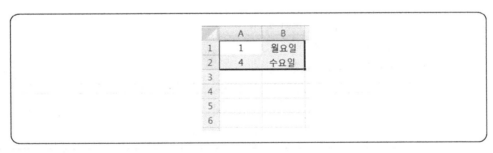

	<u>A6</u>	<u>B6</u>		<u>A6</u>	<u>B6</u>
①	15	목요일	②	16	목요일
③	15	수요일	④	16	수요일

> **TIP 》** 숫자는 1, 4, 7, 10, 13, 16으로 채워지고 요일은 월, 수, 금, 일, 화, 목으로 채워지고 있다. 따라서 A6값은 16이고 B6값은 목요일이다.

16 다음은 버블정렬에 관한 설명과 예시이다. 보기에 있는 수를 버블 정렬을 이용하여 오름차순으로 정렬하려고 한다. 1회전의 결과는?

버블정렬은 인접한 두 숫자의 크기를 비교하여 교환하는 방식으로 정렬한다. 이때 인접한 두 숫자는 수열의 맨 앞부터 뒤로 이동하며 비교된다. 맨 마지막 숫자까지 비교가 이루어져 가장 큰 수가 맨 뒷자리로 이동하게 되면 한 회전이 끝난다. 다음 회전에는 맨 뒷자리로 이동한 수를 제외하고 같은 방식으로 비교 및 교환이 이루어진다. 더 이상 교환할 숫자가 없을 때 정렬이 완료된다. 교환은 두 개의 숫자가 서로 자리를 맞바꾸는 것을 말한다.

〈예시〉

30, 15, 40, 10을 정렬하려고 한다.

• 1회전

(30, 15), 40, 10 : 30〉15 이므로 교환

15, (30, 40), 10 : 40〉30 이므로 교환이 이루어지지 않음

15, 30, (40, 10) : 40〉10 이므로 교환

1회전의 결과 값 : 15, 30, 10, 40

• 2회전 (40은 비교대상에서 제외)

(15, 30), 10, 40 : 30〉15 이므로 교환이 이루어지지 않음

15, (30, 10), 40 : 30〉10 이므로 교환

2회전의 결과 값 : 15, 10, 30, 40

• 3회전 (30, 40은 비교대상에서 제외)

(15, 10), 30, 40 : 15〉10이므로 교환

3회전 결과 값 : 10, 15, 30, 40 →교환 완료

〈보기〉

9, 6, 7, 3, 5

① 6, 3, 5, 7, 9　　　　　② 3, 5, 6, 7, 9

③ 6, 7, 3, 5, 9　　　　　④ 9, 6, 7, 3, 5

TIP 》 ⊙ 1회전

9↔6		7	3	5
6	9↔7		3	5
6	7	9↔3		5
6	7	3	9↔5	
6	7	3	5	9

ⓛ 2회전

6	7↔3		5	9
6	3	7↔5		9
6	3	5	7	9

ⓒ 3회전

6↔3		5	7	9
3	6↔5		7	9
3	5	6	7	9

ANSWER 〉 16.③

┃17~18┃ 다음은 시스템 모니터링 중에 나타난 화면이다. 다음 화면에 나타나는 정보를 이해하고 시스템 상태를 파악하여 적절한 input code를 고르시오.

〈시스템 화면〉

System is checking........

Run.....

Error Found!
Index GTEMSHFCBA of file WODRTSUEAI

input code : _____

항목	세부사항
index '_' of file '_'	• 오류 문자 : Index 뒤에 나타나는 10개의 문자 • 오류 발생 위치 : File 뒤에 나타나는 10개의 문자
Error Value	오류 문자와 오류 발생 위치를 의미하는 문자에 사용된 알파벳을 비교하여 일치하는 알파벳의 개수를 확인(단, 알파벳의 위치와 순서는 고려하지 않으며 동일한 알파벳이 속해 있는지만 확인한다.)
input code	Error Value를 통하여 시스템 상태를 판단

판단 기준	시스템 상태	input code
일치하는 알파벳의 개수가 0개인 경우	안전	safe
일치하는 알파벳의 개수가 1~3개인 경우	경계	alert
일치하는 알파벳의 개수가 4~6개인 경우		vigilant
일치하는 알파벳의 개수가 7~10개인 경우	위험	danger

17

<시스템 화면>

System is checking........

Run.....

Error Found!

Index DRHIZGJUMY of file OPAULMBCEX

input code : _____

① safe   ② alert

③ vigilant   ④ danger

TIP » 알파벳 중 U, M 2개가 일치하기 때문에 시스템 상태는 경계 수준이며, input code는 alert이다.

18

<시스템 화면>

System is checking........

Run.....

Error Found!

Index QWERTYUIOP of file POQWIUERTY

input code : _____

① safe   ② alert

③ vigilant   ④ danger

TIP » 10개의 알파벳이 모두 일치하기 때문에 시스템 상태는 위험 수준이며, input code는 danger 이다.

19 검색엔진에서 문장 형태의 질의어를 형태소 분석을 거쳐 언제(when), 어디서(where), 누가(who), 무엇을(what), 왜(why), 어떻게(how), 얼마나(How much)에 해당하는 5W 2H를 읽어내고 분석하여 각 질문에 답이 들어있는 사이트를 연결해 주는 검색 방식은 무엇인가?

① 자연어 검색 방식

② 키워드 검색 방식

③ 주제별 검색 방식

④ 통합형 검색 방식

> **TIP 》** ② 찾고자 하는 정보와 관련된 핵심적인 언어인 키워드를 직접 입력하여 이를 검색 엔진에 보내어 검색 엔진이 키워드와 관련된 정보를 찾는 방식
> ③ 인터넷상에 존재하는 웹 문서들을 주제별, 계층별로 정리하여 데이터베이스를 구축한 후 이용하는 방식
> ④ 사용자가 입력하는 검색어들이 연계된 다른 검색 엔진에게 보내고, 이를 통하여 얻어진 검색 결과를 사용자에게 보여주는 방식

20 E-mail 사용 시 지켜야 할 네티켓(netiquette)으로 옳지 않은 것은?

① 메시지는 가능한 짧게 요점만 작성한다.

② 메일을 보내기 전 주소가 맞는지 다시 한 번 확인한다.

③ 메시지 끝에 signature를 포함시키지 않는다.

④ 타인에게 피해를 주는 언어는 쓰지 않는다.

> **TIP 》** ③ 가능한 메시지 끝에 signature(성명, 직위, 단체명, 메일주소, 전화번호)를 포함시키되, 너무 길지 않도록 한다.

21 다음에서 설명하고 있는 인터넷 서비스는?

> 정보를 보관하기 위해 별도의 데이터 센터를 구축하지 않고 인터넷을 통해 제공되는 서버를 이용해 정보를 보관하고 있다가 필요할 때 꺼내 쓰는 기술

① 메신저
② 클라우드 컴퓨팅
③ SNS
④ 전자상거래

TIP 》 ① 메신저 : 인터넷에서 실시간으로 메시지와 데이터를 주고받을 수 있는 소프트웨어
③ SNS : 온라인 인맥 구축을 목적으로 개설된 커뮤니티형 웹사이트
④ 전자상거래 : 인터넷을 이용해 상품을 사고팔거나, 재화나 용역을 거래하는 사이버 비즈니스

22 검색엔진을 사용하여 인터넷에서 조선시대의 문장가 허균의 누나가 누구인지 알아보려고 한다. 키워드 검색방법을 사용할 때 가장 적절한 검색식은? (단, 사용하려는 검색엔진은 AND 연산자로 '&', OR 연산자로 '+', NOT 연산자로 '!'을 사용한다.)

① 문장가 & 허균
② 허균 & 누나
③ 허균 + 누나
④ 조선시대 ! 허균

TIP 》 허균의 누나가 누군지 알아보는 것이므로 허균과 누나가 동시에 들어있는 웹문서를 검색해야 한다.

23 다음은 스프레드시트로 작성한 워크시트이다. (가)~(라)에 대한 설명으로 옳지 않은 것은?

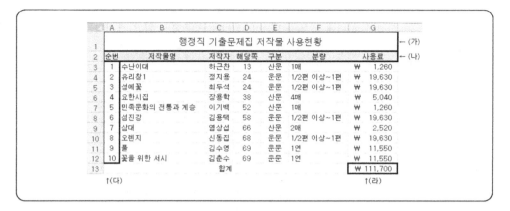

① (가)는 '셀 병합' 기능을 이용하여 작성할 수 있다.

② (나)는 '셀 서식'의 '채우기' 탭에서 색상을 변경할 수 있다.

③ (다)는 A3 값을 입력 후 '자동 채우기' 기능을 사용할 수 있다.

④ (라)의 값은 '=EVEN(G3:G12)'로 구할 수 있다.

　　TIP 》　④ (라)는 G3부터 G12 값의 합이다. 따라서 '=SUM(G3:G12)'로 구할 수 있다.

24 다음에 설명하는 소프트웨어는?

> 전자 계산표 또는 표 계산 프로그램으로 문서를 작성하고 편집하는 기능 이외에 수치나 공식을 입력하여 그 값을 계산하고 결과를 차트로 표시할 수 있는 기능을 가지고 있다.

① 워드프로세서　　　　　　　　② 스프레드시트

③ 프레젠테이션　　　　　　　　④ 데이터베이스

　　TIP 》　① 워드프로세서 : 글이나 그림을 입력하여 편집하고, 작성한 문서를 저장·인쇄할 수 있는 프로그램
　　　　　③ 프레젠테이션 : 프레젠테이션은 컴퓨터나 기타 멀티미디어를 이용하여 각종 정보를 대상 자에게 전달하는 행위이며 프레젠테이션 프로그램은 이를 위해 사용되는 프로그램으로 파워포인트, 프리랜스 그래픽스 등이 있다.
　　　　　④ 데이터베이스 : 대량의 자료를 관리하고 내용을 구조화하여 검색이나 자료관리 작업을 효 과적으로 실행하는 프로그램

25 그 성격이 가장 다른 정보원은?

① 단행본   ② 학술회의자료
③ 백과사전   ④ 특허정보

> **TIP 》** ③ 2차 자료
> ①②④ 1차 자료
> ※ 정보원
> ㉠ **1차 자료** : 원래의 연구 성과가 기록된 자료로 단행본, 학술지, 연구보고서, 학위논문, 신문 · 잡지 등이 해당한다.
> ㉡ **2차 자료** : 1차 자료를 압축 · 정리하여 사용하기 효과적인 형태로 제공하는 자료로 사전, 백과사전, 편람, 연감, 서지데이터베이스 등이 해당한다.

ANSWER 〉 23.④   24.②   25.③

06 조직이해능력

1 조직과 개인

(1) 조직

① 조직과 기업
  ㉠ **조직** : 두 사람 이상이 공동의 목표를 달성하기 위해 의식적으로 구성된 상호작용과 조정을 행하는 행동의 집합체
  ㉡ **기업** : 노동, 자본, 물자, 기술 등을 투입하여 제품이나 서비스를 산출하는 기관

② 조직의 유형

기준	구분	예
공식성	공식조직	조직의 규모, 기능, 규정이 조직화된 조직
	비공식조직	인간관계에 따라 형성된 자발적 조직
영리성	영리조직	사기업
	비영리조직	정부조직, 병원, 대학, 시민단체
조직규모	소규모 조직	가족 소유의 상점
	대규모 조직	대기업

(2) 경영

① **경영의 의미** … 경영은 조직의 목적을 달성하기 위한 전략, 관리, 운영활동이다.

② 경영의 구성요소
  ㉠ **경영목적** : 조직의 목적을 달성하기 위한 방법이나 과정
  ㉡ **인적자원** : 조직의 구성원·인적자원의 배치와 활용
  ㉢ **자금** : 경영활동에 요구되는 돈·경영의 방향과 범위 한정
  ㉣ **경영전략** : 변화하는 환경에 적응하기 위한 경영활동 체계화

③ 경영자의 역할

대인적 역할	정보적 역할	의사결정적 역할
• 조직의 대표자 • 조직의 리더 • 상징자, 지도자	• 외부환경 모니터 • 변화전달 • 정보전달자	• 문제 조정 • 대외적 협상 주도 • 분쟁조정자, 자원배분자, 협상가

(3) 조직체제 구성요소

① **조직목표** ⋯ 전체 조직의 성과, 자원, 시장, 인력개발, 혁신과 변화, 생산성에 대한 목표

② **조직구조** ⋯ 조직 내의 부문 사이에 형성된 관계

③ **조직문화** ⋯ 조직구성원들 간에 공유하는 생활양식이나 가치

④ **규칙 및 규정** ⋯ 조직의 목표나 전략에 따라 수립되어 조직구성원들이 활동범위를 제약하고 일관성을 부여하는 기능

■ 예제 1

주어진 글의 빈칸에 들어갈 말로 가장 적절한 것은?

> 조직이 지속되게 되면 조직구성원들 간 생활양식이나 가치를 공유하게 되는데 이를 조직의 (㉠)라고 한다. 이는 조직구성원들의 사고와 행동에 영향을 미치며 일체감과 정체성을 부여하고 조직이 (㉡)으로 유지되게 한다. 최근 이에 대한 중요성이 부각되면서 긍정적인 방향으로 조성하기 위한 경영층의 노력이 이루어지고 있다.

① ㉠ : 목표, ㉡ : 혁신적
② ㉠ : 구조, ㉡ : 단계적
③ ㉠ : 문화, ㉡ : 안정적
④ ㉠ : 규칙, ㉡ : 체계적

[출제의도]
본 문항은 조직체계의 구성요소들의 개념을 묻는 문제이다.
[해설]
조직문화란 조직구성원들 간에 공유하게 되는 생활양식이나 가치를 말한다. 이는 조직구성원들의 사고와 행동에 영향을 미치며 일체감과 정체성을 부여하고 조직이 안정적으로 유지되게 한다.

답 ③

---

(4) 조직변화의 과정

환경변화 인지 → 조직변화 방향 수립 → 조직변화 실행 → 변화결과 평가

(5) 조직과 개인

개인	지식, 기술, 경험 → ——— ← 연봉, 성과급, 인정, 칭찬, 만족감	조직

2 　조직이해능력을 구성하는 하위능력

(1) 경영이해능력

① 경영 … 경영은 조직의 목적을 달성하기 위한 전략, 관리, 운영활동이다.

　　㉠ 경영의 구성요소 : 경영목적, 인적자원, 자금, 전략

　　㉡ 경영의 과정

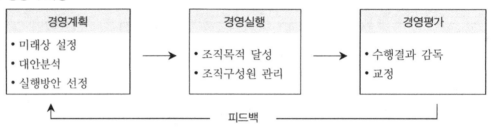

　　㉢ 경영활동 유형

　　　• 외부경영활동 : 조직외부에서 조직의 효과성을 높이기 위해 이루어지는 활동이다.

　　　• 내부경영활동 : 조직내부에서 인적, 물적 자원 및 생산기술을 관리하는 것이다.

② 의사결정과정

　　㉠ 의사결정의 과정

　　　• 확인 단계 : 의사결정이 필요한 문제를 인식한다.

　　　• 개발 단계 : 확인된 문제에 대하여 해결방안을 모색하는 단계이다.

　　　• 선택 단계 : 해결방안을 마련하며 실행가능한 해결안을 선택한다.

　　㉡ 집단의사결정의 특징

　　　• 지식과 정보가 더 많아 효과적인 결정을 할 수 있다.

　　　• 다양한 견해를 가지고 접근할 수 있다.

　　　• 결정된 사항에 대하여 의사결정에 참여한 사람들이 해결책을 수월하게 수용하고, 의사
　　　　소통의 기회도 향상된다.

- 의견이 불일치하는 경우 의사결정을 내리는데 시간이 많이 소요된다.
- 특정 구성원에 의해 의사결정이 독점될 가능성이 있다.

③ 경영전략

㉠ 경영전략 추진과정

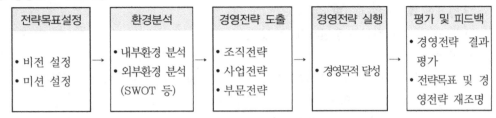

전략목표설정	환경분석	경영전략 도출	경영전략 실행	평가 및 피드백
• 비전 설정 • 미션 설정	• 내부환경 분석 • 외부환경 분석 (SWOT 등)	• 조직전략 • 사업전략 • 부문전략	• 경영목적 달성	• 경영전략 결과 평가 • 전략목표 및 경영전략 재조명

㉡ 마이클 포터의 본원적 경쟁전략

		전략적 우위 요소	
		고객들이 인식하는 제품의 특성	원가우위
전략적 목표	산업전체	차별화	원가우위
	산업의 특정부문	집중화	
		(차별화 + 집중화)	(원가우위 + 집중화)

예제 2

다음은 경영전략을 세우는 방법 중 하나인 SWOT에 따른 어느 기업의 분석결과이다. 다음 중 주어진 기업 분석 결과에 대응하는 전략은?

강점(Strength)	• 차별화된 맛과 메뉴 • 폭넓은 네트워크
약점(Weakness)	• 매출의 계절적 변동폭이 큼 • 딱딱한 기업 이미지
기회(Opportunity)	• 소비자의 수요 트렌드 변화 • 가계의 외식 횟수 증가 • 경기회복 가능성
위협(Threat)	• 새로운 경쟁자의 진입 가능성 • 과도한 가계부채

내부환경 외부환경	강점(Strength)	약점(Weakness)
기회 (Opportunity)	① 계절 메뉴 개발을 통한 분기 매출 확보	② 고객의 소비패턴을 반영한 광고를 통한 이미지 쇄신
위협 (Threat)	③ 소비 트렌드 변화를 반영한 시장 세분화 정책	④ 고급화 전략을 통한 매출 확대

[출제의도]
본 문항은 조직이해능력의 하위능력인 경영관리능력을 측정하는 문제이다. 기업에서 경영전략을 세우는데 많이 사용되는 SWOT분석에 대해 이해하고 주어진 분석표를 통해 가장 적절한 경영전략을 도출할 수 있는지를 확인할 수 있다.
[해설]
② 딱딱한 이미지를 현재 소비자의 수요 트렌드라는 환경 변화에 대응하여 바꿀 수 있다.

답 ②

④ 경영참가제도

　　㉠ 목적

　　　• 경영의 민주성을 제고할 수 있다.

　　　• 공동으로 문제를 해결하고 노사 간의 세력 균형을 이룰 수 있다.

　　　• 경영의 효율성을 제고할 수 있다.

　　　• 노사 간 상호 신뢰를 증진시킬 수 있다.

　　㉡ 유형

　　　• 경영참가 : 경영자의 권한인 의사결정과정에 근로자 또는 노동조합이 참여하는 것

　　　• 이윤참가 : 조직의 경영성과에 대하여 근로자에게 배분하는 것

　　　• 자본참가 : 근로자가 조직 재산의 소유에 참여하는 것

│ 예제 3

다음은 중국의 H사에서 시행하는 경영참가제도에 대한 기사이다. 밑줄 친 이 제도는 무엇인가?

> H사는 '사람' 중심의 수평적 기업문화가 발달했다. H사는 이 제도의 시행을 통해 직원들이 경영에 간접적으로 참여할 수 있게 하였는데 이에 따라 자연스레 기업에 대한 직원들의 책임 의식도 강화됐다. 참여주주는 8만2471명이다. 모두 H사의 임직원이며, 이 중 창립자인 CEO R은 개인주주로 총 주식의 1.18%의 지분과 퇴직연금으로 주식총액의 0.21%만을 보유하고 있다.

① 노사협의회제도　　　　　　　② 이윤분배제도
③ 종업원지주제도　　　　　　　④ 노동주제도

[출제의도]
경영참가제도는 조직원이 자신이 속한 조직에서 주인의식을 갖고 조직의 의사결정과정에 참여할 수 있도록 하는 제도이다. 본 문항은 경영참가제도의 유형을 구분해낼 수 있는가를 묻는 질문이다.

[해설]
종업원지주제도 … 기업이 자사 종업원에게 특별한 조건과 방법으로 자사 주식을 분양·소유하게 하는 제도이다. 이 제도의 목적은 종업원에 대한 근검저축의 장려, 공로에 대한 보수, 자사에의 귀속의식 고취, 자사에의 일체감 조성 등이 있다.

답 ③

---

(2) 체제이해능력

① 조직목표 : 조직이 달성하려는 장래의 상태

　　㉠ 조직목표의 기능

　　　• 조직이 존재하는 정당성과 합법성 제공

　　　• 조직이 나아갈 방향 제시

　　　• 조직구성원 의사결정의 기준

　　　• 조직구성원 행동수행의 동기유발

　　　• 수행평가 기준

　　　• 조직설계의 기준

ⓛ 조직목표의 특징
- 공식적 목표와 실제적 목표가 다를 수 있음
- 다수의 조직목표 추구 가능
- 조직목표 간 위계적 상호관계가 있음
- 가변적 속성
- 조직의 구성요소와 상호관계를 가짐

② 조직구조
ㄱ 조직구조의 결정요인 : 전략, 규모, 기술, 환경
ㄴ 조직구조의 유형과 특징

유형	특징
기계적 조직	• 구성원들의 업무가 분명하게 규정 • 엄격한 상하 간 위계질서 • 다수의 규칙과 규정 존재
유기적 조직	• 비공식적인 상호의사소통 • 급변하는 환경에 적합한 조직

③ 조직문화
ㄱ 조직문화 기능
- 조직구성원들에게 일체감, 정체성 부여
- 조직몰입 향상
- 조직구성원들의 행동지침 : 사회화 및 일탈행동 통제
- 조직의 안정성 유지
ㄴ 조직문화 구성요소(7S) : 공유가치(Shared Value), 리더십 스타일(Style), 구성원(Staff), 제도·절차(System), 구조(Structure), 전략(Strategy), 스킬(Skill)

④ 조직 내 집단
ㄱ 공식적 집단 : 조직에서 의식적으로 만든 집단으로 집단의 목표, 임무가 명확하게 규정되어 있다.
  예 임시위원회, 작업팀 등
ㄴ 비공식적 집단 : 조직구성원들의 요구에 따라 자발적으로 형성된 집단이다.
  예 스터디모임, 봉사활동 동아리, 각종 친목회 등

(3) 업무이해능력

① 업무 … 업무는 상품이나 서비스를 창출하기 위한 생산적인 활동이다.

   ㉠ 업무의 종류

부서	업무(예)
총무부	주주총회 및 이사회개최 관련 업무, 의전 및 비서업무, 집기비품 및 소모품의 구입과 관리, 사무실 임차 및 관리, 차량 및 통신시설의 운영, 국내외 출장 업무 협조, 복리후생 업무, 법률자문과 소송관리, 사내외 홍보 광고업무
인사부	조직기구의 개편 및 조정, 업무분장 및 조정, 인력수급계획 및 관리, 직무 및 정원의 조정 종합, 노사관리, 평가관리, 상벌관리, 인사발령, 교육체계 수립 및 관리, 임금제도, 복리후생제도 및 지원업무, 복무관리, 퇴직관리
기획부	경영계획 및 전략 수립, 전사기획업무 종합 및 조정, 중장기 사업계획의 종합 및 조정, 경영정보 조사 및 기획보고, 경영진단업무, 종합예산수립 및 실적관리, 단기사업계획 종합 및 조정, 사업계획, 손익추정, 실적관리 및 분석
회계부	회계제도의 유지 및 관리, 재무상태 및 경영실적 보고, 결산 관련 업무, 재무제표 분석 및 보고, 법인세, 부가가치세, 국세 지방세 업무자문 및 지원, 보험가입 및 보상업무, 고정자산 관련 업무
영업부	판매 계획, 판매예산의 편성, 시장조사, 광고 선전, 견적 및 계약, 제조지시서의 발행, 외상매출금의 청구 및 회수, 제품의 재고 조절, 거래처로부터의 불만처리, 제품의 애프터서비스, 판매원가 및 판매가격의 조사 검토

■ 예제 4

다음은 I기업의 조직도와 팀장님의 지시사항이다. H씨가 팀장님의 심부름을 수행하기 위해 연락해야 할 부서로 옳은 것은?

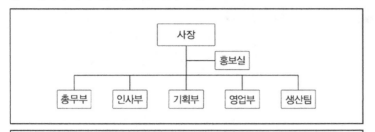

> H씨! 내가 지금 너무 바빠서 그러는데 부탁 좀 들어줄래요? 다음 주 중에 사장님 모시고 클라이언트와 만나야 할 일이 있으니까 사장님 일정을 확인해주시구요. 이번 달에 신입사원 교육·훈련계획이 있었던 것 같은데 정확한 시간이랑 날짜를 확인해주세요.

① 총무부, 인사부 ② 총무부, 홍보실
③ 기획부, 총무부 ④ 영업부, 기획부

답 ①

[출제의도]
조직도와 부서의 명칭을 보고 개략적인 부서의 소관 업무를 분별할 수 있는지를 묻는 문항이다.
[해설]
사장의 일정에 관한 사항은 비서실에서 관리하나 비서실이 없는 회사의 경우 총무부(또는 팀)에서 비서 업무를 담당하기도 한다. 또한 신입사원 관리 및 교육은 인사부에서 관리한다.

ⓛ 업무의 특성
- 공통된 조직의 목적 지향
- 요구되는 지식, 기술, 도구의 다양성
- 다른 업무와의 관계, 독립성
- 업무수행의 자율성, 재량권

② 업무수행 계획

ㄱ **업무지침 확인**: 조직의 업무지침과 나의 업무지침을 확인한다.

ⓛ **활용 자원 확인**: 시간, 예산, 기술, 인간관계

ⓒ **업무수행 시트 작성**
- 간트 차트: 단계별로 업무의 시작과 끝 시간을 바 형식으로 표현
- 워크 플로 시트: 일의 흐름을 동적으로 보여줌
- 체크리스트: 수행수준 달성을 자가점검

Point 》 간트 차트와 플로 차트

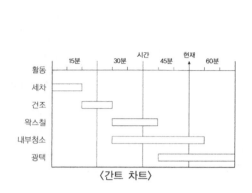

〈간트 차트〉

〈플로 차트〉

예제 5

다음 중 업무수행 시 단계별로 업무를 시작해서 끝나는 데까지 걸리는 시간을 바 형식으로 표시하여 전체 일정 및 단계별로 소요되는 시간과 각 업무활동 사이의 관계를 볼 수 있는 업무수행 시트는?

① 간트 차트
② 워크 플로 차트
③ 체크리스트
④ 퍼트 차트

[출제의도]
업무수행 계획을 수립할 때 간트 차트, 워크 플로 시트, 체크리스트 등의 수단을 이용하면 효과적으로 계획하고 마지막에 급하게 일을 처리하지 않고 주어진 시간 내에 끝마칠 수 있다. 본 문항은 그러한 수단이 되는 차트들의 이해도를 묻는 문항이다.

[해설]
② 일의 절차 처리의 흐름을 표현하기 위해 기호를 써서 도식화한 것
③ 업무를 세부적으로 나누고 각 활동별로 수행수준을 달성했는지를 확인하는 데 효과적
④ 하나의 사업을 수행하는 데 필요한 다수의 세부사업을 단계와 활동으로 세분하여 관련된 계획 공정으로 묶고, 각 활동의 소요시간을 낙관시간, 최가능시간, 비관시간 등 세 가지로 추정하고 이를 평균하여 기대시간을 추정

답 ①

---

③ 업무 방해요소
　㉠ 다른 사람의 방문, 인터넷, 전화, 메신저 등
　㉡ 갈등관리
　㉢ 스트레스

(4) 국제감각

① 세계화와 국제경영

    ㉠ 세계화 : 3Bs(국경 ; Border, 경계 ; Boundary, 장벽 ; Barrier)가 완화되면서 활동범위가 세계로 확대되는 현상이다.

    ㉡ 국제경영 : 다국적 내지 초국적 기업이 등장하여 범지구적 시스템과 네트워크 안에서 기업 활동이 이루어지는 것이다.

② 이문화 커뮤니케이션 … 서로 상이한 문화 간 커뮤니케이션으로 직업인이 자신의 일을 수행하는 가운데 문화배경을 달리하는 사람과 커뮤니케이션을 하는 것이 이에 해당한다. 이문화 커뮤니케이션은 언어적 커뮤니케이션과 비언어적 커뮤니케이션으로 구분된다.

③ 국제 동향 파악 방법

    ㉠ 관련 분야 해외사이트를 방문해 최신 이슈를 확인한다.

    ㉡ 매일 신문의 국제면을 읽는다.

    ㉢ 업무와 관련된 국제잡지를 정기구독 한다.

    ㉣ 고용노동부, 한국산업인력공단, 산업통상자원부, 중소기업청, 상공회의소, 산업별인적자원개발협의체 등의 사이트를 방문해 국제동향을 확인한다.

    ㉤ 국제학술대회에 참석한다.

    ㉥ 업무와 관련된 주요 용어의 외국어를 알아둔다.

    ㉦ 해외서점 사이트를 방문해 최신 서적 목록과 주요 내용을 파악한다.

    ㉧ 외국인 친구를 사귀고 대화를 자주 나눈다.

④ 대표적인 국제매너

    ㉠ 미국인과 인사할 때에는 눈이나 얼굴을 보는 것이 좋으며 오른손으로 상대방의 오른손을 힘주어 잡았다가 놓아야 한다.

    ㉡ 러시아와 라틴아메리카 사람들은 인사할 때에 포옹을 하는 경우가 있는데 이는 친밀함의 표현이므로 자연스럽게 받아주는 것이 좋다.

    ㉢ 명함은 받으면 꾸기거나 계속 만지지 않고 한 번 보고나서 탁자 위에 보이는 채로 대화하거나 명함집에 넣는다.

    ㉣ 미국인들은 시간 엄수를 중요하게 생각하므로 약속시간에 늦지 않도록 주의한다.

    ㉤ 스프를 먹을 때에는 몸쪽에서 바깥쪽으로 숟가락을 사용한다.

    ㉥ 생선요리는 뒤집어 먹지 않는다.

    ㉦ 빵은 스프를 먹고 난 후부터 디저트를 먹을 때까지 먹는다.

출제예상문제

1 다음은 IBK기업은행의 내부 조직문화의 한 단면을 엿볼 수 있는 글이다. 다음 글을 참고할 때, 조직문화가 가진 특징이라고 보기에 적절하지 않은 것은 어느 것인가?

> IBK기업은행 연희동지점에 가면 드러머를 만날 수 있다. 그 주인공은 다름 아닌 신 계장. 2015년 12월에 IBK기업은행과 인연을 맺은 그는 일과 중에는 청원경찰로 은행을 지키고, 퇴근 후에는 드러머로 음악인의 삶을 살고 있다. 그냥 취미로 하는 직장인 밴드가 아니다. 음악인의 정체성을 확고하게 세우고 여러 라이브 무대에서 활동하는 '진짜' 밴드다. 혼자가 아닌 함께 음악을 한다는 점은 밴드에게 남다른 힘을 실어준다. 서로 다른 악기를 다루는 음악가들이 연습을 통해 시너지를 냈을 때의 쾌감. 기타리스트 정XX은 "합주를 통해 좋은 사운드를 냈을 때 보람을 느낀다."라고 이야기한다. 밴드 결성 후 한동안 초현의 솔로 앨범에 수록된 곡을 주로 연주해온 그들은 지난 1월에 비로소 자신들의 이름으로 첫 번째 싱글 앨범을 냈다. 올해 발표한 〈후유증〉은 그들이 추구하는 음악적 색깔에 가장 부합하는 곡이다. 신 계장이 근무하는 IBK기업은행 연희동지점에서도 종종 〈후유증〉을 들을 수 있다.
>
> "보통 은행에서는 라디오 프로그램이나 클래식을 틀어주거든요. 그런데 연희동지점에서는 다양한 음악을 틀고 있어요. 처음에는 우리 음악이 은행이라는 환경과 이질적일 줄 알았는데, 의외로 잘 어울리더라고요. 직접 들으면 느끼시겠지만 영화나 드라마의 OST 같은 느낌이 있거든요."
>
> 연희동지점 동료는 물론 고객도 그들의 공연을 보러 온 적이 있다. 뿐만 아니라 신 계장이 근무하는 연희동지점은 어느덧 대부분의 직원들이 '인디밴드'를 사랑하는 팬이 되었고 음악은 연희동지점만의 자랑스러운 문화로 자리 잡았다. 신 계장은 진심으로 밴드를 응원해주는 주변 사람들에게 그저 감사할 따름이다. 덕분에 동반자금융을 지향하는 IBK기업은행의 철학을 일상에서도 느낄 수 있다면서.
>
> 먼 하늘의 별보다 가까운 자리에 그들의 밴드가 있다. 음악으로 삶을 사랑하는 마음을 표현하는 그들의 다음 행보가 기다려진다.

① 조직 구성원들의 행동지침으로 작용하여 일탈행동을 통제해 주는 역할을 한다.
② 중장기적으로 조직의 안정성을 유지해 줄 수 있다.
③ 조직 구성원들에게 일체감과 정체성을 부여해 준다.
④ 굳건한 조직 문화는 조직원의 의견 통일과 조직의 융통성 있는 변신을 가능케 해 준다.

TIP 》 조직 문화의 기능으로는 조직구성원들에게 일체감, 정체성을 부여하고, 조직몰입을 향상시켜 주며, 조직구성원들의 행동지침으로서 사회화 및 일탈행동을 통제하는 기능을 하고, 조직의 안정성을 유지시켜 준다고 볼 수 있다. 그러나 강한 조직문화는 다양한 조직구성원들의 의견을 받아들일 수 없거나, 조직이 변화해야 할 시기에 장애요인으로 작용하기도 한다.

2 다음 글에서 언급된 노동시장 개선을 위한 제도가 안고 있는 문제점을 올바르게 지적하지 못한 것은 어느 것인가?

> 바람직한 노동시장과 노동사회의 미래 시나리오가 선택되었다면 이를 실현하기 위한 전략과 세부 실행 계획을 수립하여야 한다. 사회적 대회나 공론조사 등의 과정을 거쳐서 바람직한 미래 시나리오가 선택되었다고 하더라도 전략과 세부실행계획을 수립하는 것은 쉽지 않다. 예를 들어 높은 수준의 고용안정성과 소득안정성이 보장되지만 노동력 활용의 유연성을 원천적으로 금지하지는 않는 스웨덴 모델이 선택되었다고 가정해 보자. 하지만 스웨덴 모델의 핵심 요소들 중에는 노사가 합의하기 매우 힘든 제도적 요소가 있다.
>
> 사업장 단위에서의 경영참가제도나 산업별 단위에서의 단체교섭이 그것이다. 이들 제도나 관행은 국가가 이를 법률로 강제하거나 촉진한다고 하더라도 실질적으로 기능하지 않을 것이다. 노사의 상호 신뢰를 기반으로 한 협력이 먼저 있고 이를 국가가 법제도적으로 뒷받침할 수 있을 뿐이다.

① 경영능력이 부족한 근로자가 경영에 참여할 경우, 의사결정이 늦어질 수 있다.

② 대표로 참여하는 근로자가 모든 근로자들의 권익을 지속적으로 보장할 수 있는지의 문제가 있다.

③ 경영자의 고유 권리인 경영권을 약화시킬 우려가 있다.

④ 의사결정에 관한 사항에만 국한되어 이윤분배에 있어서는 유명무실한 장치가 될 수 있다.

TIP 》 제시글의 내용은 '경영참가제도'에 대한 설명이며 보기의 내용은 경영참가제도의 대표적인 문제점이라고 할 수 있다.
경영참가제도의 유형에는 경영참가, 이윤참가, 자본참가 등의 방법이 있으므로 근로자들이 이 제도를 통해 의사결정에만 참여할 수 있는 것은 아니다.

3 다음 중 아래 조직도를 보고 잘못 이해한 사람은?

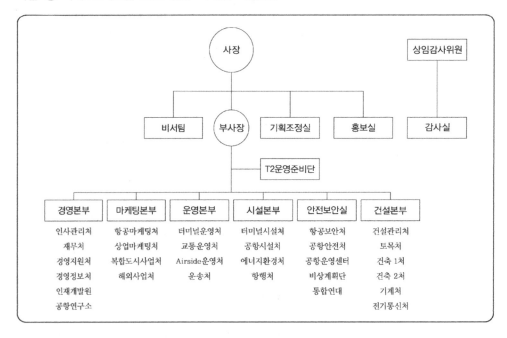

① 정순 : 감사실은 사장 직속이 아니라 상임감사위원 직속으로 되어 있네.

② 진현 : 부사장은 6개의 본부와 1개의 단을 이끌고 있어.

③ 진수 : 인재개발원과 공항연구소는 경영본부에서 관리하는군.

④ 미나 : 마케팅본부와 시설본부에 소속되어 있는 처의 개수는 같네.

    TIP 》 ② 부사장은 5개의 본부와 1개의 실, 1개의 단을 이끌고 있다.

┃4~5┃ 다음은 어느 회사의 사내 복지 제도와 지원내역에 관한 자료이다. 물음에 답하시오.

〈2016년 사내 복지 제도〉

주택 지원
주택구입자금 대출
전보자 및 독신자를 위한 합숙소 운영

자녀학자금 지원
중고생 전액지원, 대학생 무이자융자

경조사 지원
사내근로복지기금을 운영하여 각종 경조금 지원

기타
사내 동호회 활동비 지원
상병 휴가, 휴직, 4대보험 지원
생일 축하금(상품권 지급)

〈2016년 1/4분기 지원 내역〉

이름	부서	직위	내역	금액(만원)
엄영식	총무팀	차장	주택구입자금 대출	–
이수연	전산팀	사원	본인 결혼	10
임효진	인사팀	대리	독신자 합숙소 지원	–
김영태	영업팀	과장	휴직(병가)	–
김원식	편집팀	부장	대학생 학자금 무이자융자	–
심민지	홍보팀	대리	부친상	10
이영호	행정팀	대리	사내 동호회 활동비 지원	10
류민호	자원팀	사원	생일(상품권 지급)	5
백성미	디자인팀	과장	중학생 학자금 전액지원	100
채준민	재무팀	인턴	사내 동호회 활동비 지원	10

4 인사팀에 근무하고 있는 사원 B씨는 2016년 1분기에 지원을 받은 사원들을 정리했다. 다음 중 분류가 잘못된 사원은?

구분	이름
주택 지원	엄영식, 임효진
자녀학자금 지원	김원식, 백성미
경조사 지원	이수연, 심민지, 김영태
기타	이영호, 류민호, 채준민

① 엄영식   ② 김원식

③ 심민지   ④ 김영태

> **TIP 》** ④ 김영태는 병가로 인한 휴직이므로 '기타'에 속해야 한다.

5 사원 B씨는 위의 복지제도와 지원 내역을 바탕으로 2분기에도 사원들을 지원하려고 한다. 지원한 내용으로 옳지 않은 것은?

① 엄영식 차장이 장모상을 당하셔서 경조금 10만원을 지원하였다.

② 심민지 대리가 동호회에 참여하게 되어서 활동비 10만원을 지원하였다.

③ 이수연 사원의 생일이라서 현금 5만원을 지원하였다.

④ 류민호 사원이 결혼을 해서 10만원을 지원하였다.

> **TIP 》** ③ 생일인 경우에는 상품권 5만원을 지원한다.

다음은 어느 회사의 전화 사용 요령이다. 다음을 읽고 물음에 답하시오.

---

1. 일반 전화 걸기
회사 외부에 전화를 걸어야 하는 경우
→ 수화기를 들고 9번을 누른 후 (지역번호)＋전화번호를 누른다.

2. 전화 당겨 받기
다른 직원에게 전화가 왔으나, 사정상 내가 받아야 하는 경우
→ 수화기를 들고 *(별표)를 두 번 누른다.
※ 다른 팀에게 걸려온 전화도 당겨 받을 수 있다.

3. 회사 내 직원과 전화하기
→ 수화기를 들고 내선번호를 누르면 통화가 가능하다.

4. 전화 넘겨주기
외부 전화를 받았는데 내가 담당자가 아니라서 다른 담당자에게 넘겨 줄 경우
→ 통화 중 상대방에게 양해를 구한 뒤 통화 종료 버튼을 짧게 누른 뒤 내선번호를 누른다. 다른 직원
  이 내선 전화를 받으면 어떤 용건인지 간략하게 얘기 한 뒤 수화기를 내려놓으면 자동적으로 전화
  가 넘겨진다.

5. 회사 전화를 내 핸드폰으로 받기
외근 나가 있는 상황에서 중요한 전화가 올 예정인 경우
→ 내 핸드폰으로 착신을 돌리기 위해서는 사무실 수화기를 들고 *(별표)를 누르고 88번을 누른다. 그
  리고 내 핸드폰 번호를 입력한다.
→ 착신을 풀기 위해서는 #(샵)을 누르고 88번을 누른 다음 *(별)을 누르면 된다.
※ 회사 전화를 내 핸드폰으로 받는 기능은 팀장급 이상의 자리에 있는 대표 전화기로만 가능하며, 그 이하의 직급
자리에 있는 일반 전화기로는 이 기능을 사용할 수 없다.

---

6 인사팀에 근무하고 있는 사원S는 신입사원들을 위해 전화기 사용 요령에 대해 교육을 진행
하려고 한다. 다음 중 신입사원들에게 교육하지 않아도 되는 항목은?

① 일반 전화 걸기　　　　　② 전화 당겨 받기
③ 전화 넘겨 주기　　　　　④ 회사 전화를 내 핸드폰으로 받기

　TIP》　회사 전화를 내 핸드폰으로 받는 기능은 팀장급 이상의 자리에 있는 대표 전화기로만 가능
　　　　하기 때문에 신입사원에게 교육하지 않아도 되는 항목이다.

7 사원S는 전화 관련 정보들을 신입사원이 이해하기 쉽도록 표로 정리하였다. 정리한 내용으로 옳지 않은 내용이 포함된 항목은?

상황	항목	눌러야 하는 번호
회사 외부로 전화 걸 때	일반 전화 걸기	9＋(지역번호)＋(전화번호)
다른 직원에게 걸려온 전화를 내가 받아야 할 때	전화 당겨 받기	*(별표) 한번
회사 내 다른 직원과 전화 할 때	회사 내 직원과 전화하기	내선번호
내가 먼저 전화를 받은 경우 다른 직원에게 넘겨 줄 때	전화 넘겨주기	종료버튼(짧게)＋내선번호

① 일반 전화 걸기
② 전화 당겨 받기
③ 전화 넘겨 주기
④ 회사 내 직원과 전화하기

　　　TIP 》 전화를 당겨 받는 경우에는 *(별표)를 두 번 누른다.

▌8~10 ▌ 다음 설명을 읽고 분석 결과에 대응하는 가장 적절한 전략을 고르시오.

　　SWOT분석이란 기업의 환경 분석을 통해 마케팅 전략을 수립하는 기법이다. 조직 내부 환경으로는 조직이 우위를 점할 수 있는 강점(Strength), 조직의 효과적인 성과를 방해하는 자원·기술·능력 면에서의 약점(Weakness), 조직 외부 환경으로는 조직 활동에 이점을 주는 기회(Opportunity), 조직 활동에 불이익을 미치는 위협(Threat)으로 구분된다.
　　※ SWOT분석에 의한 마케팅 전략
　　　㉠ SO전략(강점-기회전략) : 시장의 기회를 활용하기 위해 강점을 사용하는 전략
　　　㉡ ST전략(강점-위협전략) : 시장의 위협을 회피하기 위해 강점을 사용하는 전략
　　　㉢ WO전략(약점-기회전략) : 약점을 극복함으로 시장의 기회를 활용하려는 전략
　　　㉣ WT전략(약점-위협전략) : 시장의 위협을 회피하고 약점을 최소화하는 전략

8 다음은 A화장품 기업의 SWOT분석이다. 가장 적절한 전략은?

강점(Strength)	• 화장품과 관련된 높은 기술력 보유 • 기초화장품 전문 브랜드라는 소비자인식과 높은 신뢰도
약점(Weakness)	• 남성전용 화장품 라인의 후발주자 • 용량 대비 높은 가격
기회(Opportunity)	• 남성들의 화장품에 대한 인식변화와 화장품 시장의 지속적인 성장 • 화장품 분야에 대한 정부의 지원
위협(Threat)	• 경쟁업체들의 남성화장품 시장 공략 • 내수경기 침체로 인한 소비심리 위축

① SO전략 : 기초화장품 기술력을 통한 경쟁적 남성 기초화장품 개발
② ST전략 : 유통비조정을 통한 제품의 가격 조정
③ WO전략 : 남성화장품 이외의 라인에 주력하여 경쟁력 강화
④ WT전략 : 정부의 지원을 통한 제품의 가격 조정

> **TIP》** ② 가격을 낮추어 기타 업체들과 경쟁하는 전략으로 WO전략에 해당한다.
> ③ 위협을 회피하고 약점을 최소화하는 WT전략에 해당한다.
> ④ 정부의 지원이라는 기회를 활용하여 약점을 극복하는 WO전략에 해당한다.

ANSWER 》 7.② 8.①

9 다음은 여성의류 인터넷쇼핑몰의 SWOT분석이다. 가장 적절한 전략은?

강점(Strength)	• 쉽고 빠른 제품선택, 시 · 공간의 제약 없음 • 오프라인 매장이 없어 비용 절감 • 고객데이터 활용의 편리성
약점(Weakness)	• 높은 마케팅비용 • 보안 및 결제시스템의 취약점 • 낮은 진입 장벽으로 경쟁업체 난립
기회(Opportunity)	• 업체 간 업무 제휴로 상생 경영 • IT기술과 전자상거래 기술 발달
위협(Threat)	• 경기 침체의 가변성 • 잦은 개인정보유출사건으로 인한 소비자의 신뢰도 하락 • 일부 업체로의 집중화에 의한 독과점 발생

① SO전략 : 악세사리 쇼핑몰과의 제휴로 마케팅비용을 줄인다.

② ST전략 : 높은 IT기술을 이용하여 보안부문을 강화한다.

③ WO전략 : 남성의류 쇼핑몰과 제휴를 맺어 연인컨셉으로 경쟁력을 높인다.

④ WT전략 : 고객데이터를 이용하여 이벤트를 주기적으로 열어 경쟁력을 높인다.

> **TIP 》** ①③ 업체 간의 업무 제휴라는 기회를 통해 약점을 극복한 WO전략에 해당한다.
> ② IT기술과 전자상거래 기술 발달이라는 기회를 통해 약점을 극복한 WO전략에 해당한다.
> ④ 강점을 이용하여 위협을 회피하는 ST전력에 해당한다.

10 다음은 K모바일메신저의 SWOT분석이다. 가장 적절한 전략은?

강점(Strength)	• 국내 브랜드 이미지 1위 • 무료 문자&통화 가능 • 다양한 기능(쇼핑, 뱅킹서비스 등)
약점(Weakness)	• 특정 지역에서의 접속 불량 • 서버 부족으로 인한 잦은 결함
기회(Opportunity)	• 스마트폰의 사용 증대 • App Store 시장의 확대
위협(Threat)	• 경쟁업체의 고급화 • 안정적인 해외 업체 메신저의 유입

① SO전략 : 다양한 기능과 서비스를 강조하여 기타 업체들과 경쟁한다.

② ST전략 : 접속 불량이 일어나는 지역의 원인을 파악하여 제거한다.

③ WO전략 : 서버를 추가적으로 구축하여 이용자를 유치한다.

④ WT전략 : 국내 브랜드 이미지를 이용하여 마케팅전략을 세운다.

TIP 》 ③ 서버 부족이라는 약점을 극복하여 사용이 증대되고 있는 스마트폰 시장에서 이용자를 유치하는 WO전략에 해당한다.

〈결재규정〉

- 결재를 받으려는 업무에 대해서는 대표이사를 포함한 이하 직책자의 결재를 받아야 한다.
- '전결'은 회사의 경영·관리 활동에 있어서 대표이사의 결재를 생략하고, 자신의 책임 하에 최종적으로 결정하는 행위를 말한다.
- 전결사항에 대해서도 위임 받은 자를 포함한 이하 직책자의 결재를 받아야 한다.
- 표시내용 : 결재를 올리는 자는 대표이사로부터 전결 사항을 위임 받은 자가 있는 경우 결재란에 전결이라고 표시하고 최종결재란에 위임받은 자를 표시한다. 다만, 결재가 불필요한 직책자의 결재란은 상향대각선으로 표시한다.
- 대표이사의 결재사항 및 대표이사로부터 위임된 전결사항은 아래의 표에 따른다.

구분	내용	금액기준	결재서류	팀장	부장	대표이사
접대비	거래처 식대, 경조사비 등	20만 원 이하	접대비지출품의서 지출결의서	● ■		
		30만 원 이하			● ■	
		30만 원 초과				● ■
교통비	국내 출장비	30만 원 이하	출장계획서 출장비신청서	● ■		
		50만 원 이하		●	■	
		50만 원 초과		●		■
	해외 출장비			●		■
소모품비	사무용품		지출결의서	■		
	문서, 전산소모품					■
	잡비	10만 원 이하		■		
		30만 원 이하			■	
		30만 원 초과				■
교육비	사내·외 교육		기안서 지출결의서	●		■
법인카드	법인카드 사용	50만 원 이하	법인카드 신청서	■		
		100만 원 이하			■	
		100만 원 초과				■

※ ● : 기안서, 출장계획서, 접대비지출품의서
※ ■ : 지출결의서, 각종신청서

11 영업부 사원 甲씨는 부산출장으로 450,000원을 지출했다. 甲씨가 작성한 결재 양식으로 옳은 것은?

①
결재	출장계획서			
	담당	팀장	부장	최종결재
	甲			팀장

②
결재	출장계획서			
	담당	팀장	부장	최종결재
	甲		전결	부장

③
결재	출장비신청서			
	담당	팀장	부장	최종결재
	甲			팀장

④
결재	출장비신청서			
	담당	팀장	부장	최종결재
	甲		전결	부장

TIP 》 국내 출장비 50만 원 이하인 경우 출장계획서는 팀장 전결, 출장비신청서는 부장 전결이므로 사원 甲씨가 작성해야 하는 결재 양식은 다음과 같다.

결재	출장계획서			
	담당	팀장	부장	최종결재
	甲	전결		팀장

결재	출장비신청서			
	담당	팀장	부장	최종결재
	甲		전결	부장

12 기획팀 사원 乙씨는 같은 팀 사원 丙씨의 부친상 부의금 500,000원을 회사 명의로 지급하기로 했다. 乙씨가 작성한 결재 양식으로 옳은 것은?

①
결재	접대비지출품의서			
	담당	팀장	부장	최종결재
	乙		전결	부장

②
결재	접대비지출품의서			
	담당	팀장	부장	최종결재
	乙			대표이사

③
결재	지출결의서			
	담당	팀장	부장	최종결재
	乙	전결		팀장

④
결재	지출결의서			
	담당	팀장	부장	최종결재
	乙		전결	부장

TIP 》 부의금은 접대비에 해당하는 경조사비이다. 30만 원이 초과되는 접대비는 접대비지출품의서, 지출결의서 모두 대표이사 결재사항이다. 따라서 사원 乙씨가 작성해야 하는 결재 양식은 다음과 같다.

결재	접대비지출품의서			
	담당	팀장	부장	최종결재
	乙			대표이사

결재	지출결의서			
	담당	팀장	부장	최종결재
	乙			대표이사

ANSWER 》 11.④ 12.②

13 민원실 사원 丁씨는 외부 교육업체로부터 1회에 5만 원씩 총 10회에 걸쳐 진행되는 「전화상담 역량교육」을 담당하게 되었다. 丁씨가 작성한 결재 양식으로 옳은 것은?

①
기안서				
결재	담당	팀장	부장	최종결재
	丁	전결	/	팀장

②
기안서				
결재	담당	팀장	부장	최종결재
	丁			대표이사

③
지출결의서				
결재	담당	팀장	부장	최종결재
	丁	전결	/	팀장

④
지출결의서				
결재	담당	팀장	부장	최종결재
	丁		전결	대표이사

TIP 》 교육비의 결재서류는 금액에 상관없이 기안서는 팀장 전결, 지출결의서는 대표이사 결재사항이므로 丁씨가 작성해야 하는 결재 양식은 다음과 같다.

기안서				
결재	담당	팀장	부장	최종결재
	丁	전결	/	팀장

지출결의서				
결재	담당	팀장	부장	최종결재
	丁			대표이사

14 경영의 구성요소가 아닌 것은?

① 경영목적 ② 인적자원

③ 자금 ④ 최고책임자

TIP 》 경영의 4요소 ⋯ 경영목적, 인적자원, 자금, 경영전략

15 외부환경을 모니터링하고 변화를 전달하는 경영자의 역할은?

① 대인적 역할　　　　　　　　② 정보적 역할

③ 의사결정적 역할　　　　　　④ 상징적 역할

　　TIP 》　경영자의 역할(민츠버그)
　　　　　㉠ **대인적 역할** : 조직의 대표자 및 리더
　　　　　㉡ **정보적 역할** : 외부환경을 모니터링하고 변화전달, 정보전달자
　　　　　㉢ **의사결정적 역할** : 분쟁조정자, 자원배분자

16 조직변화에 대한 설명이다. 옳지 않은 것은?

① 조직의 변화는 환경의 변화를 인지하는 데에서 시작된다.

② 기존의 조직구조나 경영방식 하에서 환경변화에 따라 제품이나 기술을 변화시키는 것이다.

③ 조직의 목적과 일치시키기 위해 문화를 변화시키기도 한다.

④ 조직변화는 제품과 서비스, 전략, 구조, 기술 문화 등에서 이루어질 수 있다.

　　TIP 》　② 조직변화 중 전략이나 구조의 변화는 조직의 조직구조나 경영방식을 개선하기도 한다.

17 다음 중 기계적 조직의 특징으로 바르지 않은 것은?

① 급변하는 환경에 적합　　　　② 구성원들의 업무가 분명히 규정

③ 다수의 규칙과 규정이 존재　　④ 엄격한 상하 간 위계질서

　　TIP 》　유기적 조직 … 기계적 조직과 대비되는 조직의 구조로 개인과 개성이 존중되고 이들의 기능이 횡적인 유대로써 기업 전체의 목적에 부합되도록 유도되는 구조이다. 기업의 시장 환경이나 기술 환경이 불확실한 상황에서는 매우 유효한 조직이다.

ANSWER 〉 13.① 14.④ 15.② 16.② 17.①

18 다음의 국제 매너와 관련된 내용 중 바르지 않은 것은?

① 미국에서는 악수할 때 손끝만 잡는 것은 예의에 어긋나는 행동이다.

② 명함은 아랫사람이나 손님이 먼저 꺼내 오른손으로 상대방에게 준다.

③ 이름이나 호칭은 어떻게 부를지 먼저 물어보는 것이 예의이다.

④ 받은 명함을 탁자위에 놓고 대화하는 것은 예의에 어긋나는 행동이다.

    TIP 》 ④ 받은 명함은 한번 보고나서 탁자위에 보이게 놓은 채로 대화하거나 명함지갑에 넣는다.
           명함을 계속 구기거나 만지는 것은 예의에 어긋나는 일이다.

19 다음 중 경영전략의 추진과정을 순서대로 나열한 것은?

① 경영전략 도출→전략목표 설정→환경분석→경영전략 실행→평가 및 피드백

② 전략목표 설정→경영전략 도출→경영전략 실행→평가 및 피드백→환경분석

③ 전략목표 설정→환경분석→경영전략 도출→경영전략 실행→평가 및 피드백

④ 환경분석→전략목표 설정→경영전략 도출→경영전략 실행→평가 및 피드백

    TIP 》 경영전략의 추진과정
           ㉠ **전략목표 설정** : 비전 및 미션 설정
           ㉡ **환경분석** : 내부 · 외부 환경 분석(SWOT)
           ㉢ **경영전략 도출** : 조직 · 사업 · 부문 전략
           ㉣ **경영전략 실행** : 경영 목적 달성
           ㉤ **평가 및 피드백** : 경영전략 결과평가, 전략목표 및 경영전략 재조정

20 다음은 경영의 과정을 나타낸 것이다. B에 들어갈 내용으로 적절한 것은?

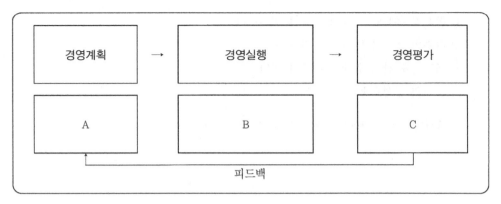

① 미래상 설정　　　　　　　　② 대안분석
③ 조직목적 달성　　　　　　　④ 수행결과 감독

　　　TIP 》　①② 경영계획 단계
　　　　　　　④ 경영평가 단계

21 마이클 포터의 본원적 경쟁전략 중 70년대 우리나라의 섬유업체나 신발업체 등이 미국시장에 진출할 때 취한 전략은?

① 차별화 전략　　　　　　　　② 원가우위 전략
③ 집중화 전략　　　　　　　　④ 분산화 전략

　　　TIP 》　본원적 경쟁전략(마이클 포터)
　　　　　　　㉠ 원가우위 전략 : 대량생산, 새로운 생산기술 개발
　　　　　　　㉡ 차별화 전략 : 생산품이나 서비스 차별화
　　　　　　　㉢ 집중화 전략 : 산업의 특정부문 대상

22 다음 중 조직목표의 특징으로 볼 수 없는 것은?

① 공식적 목표와 실제적 목표가 일치한다.

② 다수의 조직목표 추구가 가능하다.

③ 조직목표 간에 위계적 관계가 있다.

④ 조직의 구성요소와 상호관계를 가진다.

> **TIP 》** ① 조직목표는 공식적 목표와 실제적 목표가 다를 수 있다.

23 조직문화의 기능에 대한 설명으로 옳지 않은 것은?

① 조직구성원에게 일체감과 정체성을 부여한다.

② 조직문화는 조직몰입을 높여준다.

③ 조직구성원들의 일탈행동이 늘어난다.

④ 조직의 안정성을 유지한다.

> **TIP 》** ③ 조직문화는 조직구성원들의 행동지침으로 일탈행동을 통제하는 기능이 있다.

24 다음은 업무수행의 방해요인들을 관리하는 방법이다. 옳지 않은 것은?

① 메신저는 시간을 정해 놓고 정해진 시간에만 접속한다.

② 갈등이 생겼을 경우 갈등상황을 받아들이고 객관적으로 평가한다.

③ 스트레스 관리를 위해 시간 관리를 통해 업무과중을 극복한다.

④ 받은 메일에는 즉각적으로 대답한다.

> **TIP 》** ④ 반드시 모든 메일에 즉각적으로 대답할 필요는 없다. 하루 일과 중 메일을 확인하는 시간을 계획하여 처리하는 것이 바람직하다.

25 이문화 커뮤니케이션에 대한 설명으로 옳지 않은 것은?

① 서로 상이한 문화 간 커뮤니케이션을 말한다.

② 국제 커뮤니케이션과 동일한 의미이다.

③ 언어적 커뮤니케이션과 비언어적 커뮤니케이션으로 구분된다.

④ 언어적 커뮤니케이션은 외국어 사용능력과 직결된다.

　　TIP 》 ② 국제 커뮤니케이션은 국가 간 커뮤니케이션으로 직업인이 자신의 일을 수행하는 가운데
　　　　　　문화배경을 달리하는 사람과 커뮤니케이션을 하는 것이 이문화 커뮤니케이션이다.

직무수행능력

경제·금융, 디지털 기초지식, 일반사회 관련 출제예상문제를
엄선하여 수록하였습니다.

직무수행능력

01 경제·금융

1 웨어러블 기기 등 비교적 크기가 작고 사물인터넷을 구성하는 사물 간 교환하는 데이터의 양이 많지 않은 기기를 무엇이라 하는가?

① 소물   ② 폭스

③ 라인   ④ 로더

> **TIP 》** 웨어러블 기기 등 비교적 크기가 작고 사물인터넷을 구성하는 사물 간 교환하는 데이터의 양이 많지 않은 기기를 소물(Small Thing)이라고 한다.
> ※ 소물인터넷 … 소물에 적용되는 사물 인터넷 기술

2 불황 하에서 인플레이션이 수습이 안 되는 상황을 나타내는 것은?

① 슬럼플레이션   ② 스태그플레이션

③ 붐플레이션   ④ 디플레이션

> **TIP 》** 슬럼플레이션(slumpflation) : 불황을 의미하는 슬럼프(slump)와 인플레이션(inflation)의 합성어로 불황 하에서도 인플레이션 수습이 안 되는 것을 의미한다. 스태그플레이션에 비해서 경기의 침체가 더욱 심한 상태를 말한다.

3 다음 중 경제관련 체계 중 성격이 다른 하나는?

① FTA   ② EU

③ WTO   ④ NAFTA

> **TIP 》** WTO는 다 국가를 상대로 공통적인 문제를 논하는 다자주의, 개방적인 성격의 조직인 반면 나머지는 관세철폐 등의 조약체결을 각 대상국씩 진행하며 지역주의적이고 폐쇄적이라고 볼 수 있다.

4 급격한 경기침체나 실업증가를 야기하지 않으면서 경제성장률을 낮추는 것을 의미하는 경제용어는?

① 양적완화   ② 리커노믹스

③ 아베노믹스   ④ 연착륙

> **TIP》** 연착륙은 경제에서는 급격한 경기침체나 실업증가를 야기하지 않으면서 경제성장률을 낮추는 것을 의미한다. 즉 경기가 팽창(활황)에서 수축(불황)국면으로 접어들 때 기업은 매출이 줄고 투자심리가 위축돼 결국 감원으로 연결되고, 가계는 실질소득이 감소해 소비를 줄이고 저축을 꺼리게 되는데 연착륙은 이 같은 부작용을 최소화하자는 것이다.

5 디지털 플랫폼을 기반으로 상품 및 서비스의 공급자와 수요자가 거래하는 경제 활동을 무엇이라 하는가?

① 디지털 경제   ② 플랫폼 경제

③ 커머스 경제   ④ 쉐어링 경제

> **TIP》** **플랫폼 경제** … 인터넷 기술의 발전으로 네트워크상에서 기업과 소비자를 연결하는 디지털 플랫폼이 출현하였다. 이러한 디지털 플랫폼을 기반으로 상품 및 서비스의 공급자와 수요자가 거래하는 경제 활동을 플랫폼 경제라고 한다.
> 2017년에는 정보통신기술의 융합을 기반으로 이루어지는 4차 산업혁명을 통해 경제 및 사회 전반적으로 더욱 다양한 변화가 가시화될 전망이다. 이에 따라 플랫폼 경제의 성장을 견인하는 디지털 플랫폼 기업들 역시 급속한 성장이 예상된다.

6 피구효과에 대한 설명으로 알맞은 것은?

① 소득이 높았을 때 굳어진 소비 성향이 소득이 낮아져도 변하지 않는 현상을 말한다
② 임금의 하락이 고용의 증대를 가져온다는 이론을 말한다.
③ 자신이 경제적, 사회적으로 우월하다는 것을 과시하려는 본능적 욕구에서 나오는 소비로 재화의 품질이나 용도보다는 상표에 집착하는 소비행위를 말한다.
④ 경기불황일 때 저가상품이 잘 팔리는 현상으로 저가 제품 선호추세라고도 한다.

> **TIP》** ① 톱니 효과, ③ 베블렌 효과, ④ 립스틱 효과

ANSWER 〉 1.① 2.① 3.③ 4.④ 5.② 6.②

7 근로자와 자영업자, 농어민의 재산 형성을 지원하기 위해 2016년에 도입된 제도로 개인종합자산관리계좌라고도 하며 하나의 통장으로 예금이나 적금은 물론 주식 · 펀드 · ELS등 파생상품 투자가 가능한 통합계좌를 무엇이라 하는가?

① ELD   ② ETF

③ ISA   ④ ELW

> **TIP »** ① 주가지수연동예금이라고도 하며 수익이 주가지수의 변동에 연계해서 결정되는 은행판매예금이다. 고객의 투자자금은 정기예금에 넣고 창출되는 이자만 파생상품에 투자하여 추가 수익을 낸다.
> ② 상장지수펀드로 특정지수를 모방한 포트폴리오를 구성하여 산출된 가격을 상장시킴으로써 주식처럼 자유롭게 거래되도록 설계된 지수상품이다.
> ④ 주식워런트증권이라고도 하며 특정 대상물(기초자산)을 사전에 정한 미래의 시기(만기일 또는 행사기간)에 미리 정한 가격(행사가격)으로 살 수 있거나 팔 수 있는 권리를 갖는 유가증권을 말한다.

8 어떤 재화에 대해 사람들의 수요가 많아지면 다른 사람들도 그 경향에 따라서 그 재화의 수요를 더 증가시키는 효과를 무엇이라 하는가?

① 베블런효과   ② 밴드왜건효과

③ 백로효과   ④ 언더독효과

> **TIP »** ① 가격이 오르는데도 일부 계층의 과시욕이나 허영심 등으로 인해 수요가 줄어들지 않는 현상
> ③ 특정 상품에 대한 소비가 증가해 희소성이 떨어지면 그에 대한 수요가 줄어드는 소비현상으로 남들이 구입하기 어려운 값비싼 상품을 보면 오히려 사고 싶어 하는 속물근성에서 유래했다. 소비자가 제품을 구매할 때 자신은 남과 다르다는 생각을 갖는 것을 우아한 백로에 빗댄 것으로, 속물을 뜻하는 영어인 snob을 사용해 스놉효과라고도 한다.
> ④ 개싸움에서 밑에 깔린 개가 이겨주기를 바라는 것처럼 경쟁에서 뒤지는 사람에게 동정표가 몰리는 현상

9 다음 중 전시효과와 같은 의미로 쓰일 수 없는 것은?

① 과시효과   ② 시위효과

③ 데모효과   ④ 마태효과

TIP 》 ④ 갈수록 심화되고 있는 빈익빈 부익부 현상을 가리키는 용어

※ **전시효과**… 사람들이 더 높은 소득층의 소비수준에 이끌려 경제적 여유가 생기면 소비를 늘리는 경향. 과시효과, 시위효과, 데모효과라고도 하며 고도 성장기의 내구소비재 붐 등은 이 효과에 의존하는 면이 크다. 또한 매스컴이나 대기업의 PR에도 많은 영향을 받고 있다.

10 합병과 인수가 합성된 용어로 경영지배권에 영향을 미치는 일체의 경영행위를 무엇이라 하는가?

① M&A
② VaR
③ SCM
④ ECM

TIP 》 ① M&A : 좁은 의미로는 기업 간의 인수합병을 뜻하며 넓은 의미로는 회사분할과 기술제휴, 공동마케팅 등 전략적 제휴까지 확대된 개념이다.
② VaR : 정상적인 시장 여건에서 일정 신뢰수준 하에서 목표 보유기간 동안 발생 가능한 최대손실금액을 말한다.
③ SCM : 공급망 관리라고도 하며 제품생산을 위한 프로세스(부품조달, 생산계획, 납품, 재고관리)를 효율적으로 처리할 수 있는 관리 솔루션으로 물자, 정보, 재정 등이 공급자로부터 생산자, 도매업자, 소매상인, 그리고 소비자에게 이동함에 따라 그 진행과정을 감독하는 것을 말한다.
④ ECM : 기업 콘텐츠 관리라고도 하며 조직 내의 처리 업무에 관한 콘텐츠나 문서를 보관 · 전달 · 관리에 이용하는 기술을 말한다.

11 구매이력, 상품정보, 인구통계학 데이터 등을 분석하여 개인에게 맞는 상품을 모바일, TV 상에서 편리하게 쇼핑하도록 유도하는 것은 무엇인가?

① 소셜 커머스
② 모바일 커머스
③ 스마트 커머스
④ 데이터 커머스

TIP 》 **데이터 커머스** … 구매이력, 상품정보, 인구통계학 데이터, 방송 시청 데이터 등 수백가지의 분할된 데이터를 정밀분석하여 개인에게 맞는 상품을 모바일, TV 상에서 편리하게 쇼핑하도록 유도하는 것이다. 최근에는 개인 라이프스타일에 맞는 단말, 시간대, 콘텐츠별로 상품을 추천하고, 기업과 연결시켜주는 중개 플랫폼으로 진화하고 있다.

ANSWER 〉 7.③ 8.② 9.④ 10.① 11.④

12 2014년 뉴욕 증권거래소에 상장된 중국 기업으로 세계 최대 규모의 온라인 쇼핑몰을 운영하고 있는 이 기업은 무엇인가?

① 알리바바   ② 텅쉰
③ 바이두   ④ 하이얼

> **TIP** 》 알리바바 … 세계 최대 규모의 온라인 쇼핑몰 알리바바 닷컴을 운영하는 기업으로 회장은 마윈이다. 2014년 미국 뉴욕 증권거래소에 상장되었으며 현재 알리바바를 통한 거래는 중국 GDP의 2%에 이르고 중국 내 온라인 거래의 80%가 알리바바 계열사를 통해 이뤄지며 중국 내 소포의 70%가 알리바바 관련 회사들을 통해 거래된다. 알리바바 닷컴은 B2B 온라인 쇼핑몰로 중국의 중소기업이 만든 제품을 전 세계 기업들이 구매할 수 있도록 중계해주고 현재는 일반인을 대상으로 한 쇼핑몰 '타오바오'와 부유층을 타켓으로 한 온라인 백화점 '티몰 등의 계열사가 추가되었다.

13 2014년 11월 17일 시행된 것으로 상하이 증권거래소와 홍콩 증권거래소 간의 교차 매매를 허용하는 정책은 무엇인가?

① QFII   ② 후강퉁
③ EIS   ④ DSS

> **TIP** 》 후강퉁 … 2014년 11월 17일 시행되었으며 상하이 증권거래소와 홍콩 증권거래소 간의 교차 매매를 허용하는 정책으로 이것이 시작되면 본토 50만 위안 잔고를 보유한 개인투자자와 일반 기관투자가 등도 홍콩을 거쳐 상하이 A주 주식을 살 수 있게 되며 일반 개인 외국인 투자자들도 홍콩을 통해 개별 본토 A주 투자가 가능해진다. 또한 중국 투자자 역시 홍콩 주식을 자유롭게 살 수 있다.

14 다음 설명과 관련이 없는 것은?

> • 재화나 서비스의 품질을 구배자가 알 수 없기 때문에 불량품만 나돌게 되는 시장
> • 식사 후 자연스럽게 먹는 이것을 아낄 경우 기대 이상의 재산을 축적할 수 있다.
> • 기업의 허점을 노려 실속을 챙기는 얄미운 소비자
> • 2004년 우크라이나 대통령 선거 당시 여당의 부정 선거를 규탄하여 결국 재선거를 치르게 했던 시민 혁명

① 수박   ② 레몬
③ 카페라떼   ④ 체리

> **TIP** 》 주어진 설명은 순서대로 레몬마켓, 카페라떼효과, 체리피커, 오렌지혁명이다.

15 다음 중 사소한 무질서를 방치하면 큰 문제로 이어질 가능성이 높다는 의미를 담고 있는 이론은 무엇인가?

① 넛지효과

② 깨진 유리창 이론

③ 래칫효과

④ 밴드웨건효과

> **TIP 》** 깨진 유리창 이론 … 미국 범죄학자인 제임스 윌슨과 조지 켈링이 1982년 3월에 공동 발표한 「깨진 유리창(Fixing Broken Windows : Restoring Order and reducing Crime in Our Communities)」라는 글에서 처음 소개된 용어로 사회 무질서에 관한 이론이다. 깨진 유리창 하나를 방치해 두면 그 지점을 중심으로 범죄가 확산되기 시작한다는 이론을 말한다.

16 한 나라에 있어서 일정 기간(1년) 동안 국민들이 생산한 재화와 용역의 최종생산물의 합계를 화폐액으로 표시한 것은?

① 국민총생산(GNP)

② 국내총생산(GDP)

③ 국민소득(NI)

④ 국민순생산(NNP)

> **TIP 》** ① GNP는 1934년 경제학자인 쿠즈네츠에 의하여 처음 제시된 이후 전 세계에서 국민 소득 수준을 나타내는 대표적인 경제 지표로 사용되고 있다.

17 차별화를 추구하거나 특정 계층에 속한다는 느낌을 얻기 위한 소비 형태를 나타내는 말을 무엇이라 하는가?

① 후광효과

② 파노플리효과

③ 분수효과

④ 샤워효과

> **TIP 》** ① **후광효과** : 어떤 대상이나 사람에 대한 일반적인 견해가 그 대상이나 사람의 구체적인 특성을 평가하는 데 영향을 미치는 현상
> ③ **분수효과** : 판매를 촉진하기 위한 전략 중 하나로 백화점 등에서 아래층에서 위층으로 올라오도록 유도하는 것
> ④ **샤워효과** : 판매를 촉진하기 위한 전략 중 하나로 백화점 등에서 위층의 이벤트가 아래층의 고객 유치로 나타나는 효과

ANSWER 》 12.① 13.② 14.① 15.② 16.① 17.②

18 다음 중 세계 주식시장의 주가지수 명칭과 해당 국가를 잘못 연결한 것은?

① 일본 – TOPIX

② 홍콩 – 항생지수

③ 중국 – STI

④ 미국 – 다우존스지수

> **TIP 》** ③ 중국은 상하이 지수이며, STI지수는 싱가포르 주식시장의 주가지수이다.

19 다음 중 용어와 그 설명이 바르지 않은 것은?

① 블랙컨슈머 (Black Consumer) – 고의적으로 악성 민원을 제기하는 소비자

② 그린컨슈머(Green Consumer) – 친환경적 요소를 기준으로 소비활동을 하는 소비자

③ 애드슈머(Adsumer) – 광고의 제작과정에 직접 참여하고 의견을 제안하는 소비자

④ 트라이슈머(Try sumer) – 다른 사람의 사용 후기를 참조해 상품을 구입하는 소비자

> **TIP 》** 트라이슈머란 관습에 얽매이지 않고 항상 새로운 무언가를 시도하는 체험적 소비자를 지칭한다.

20 다음에 해당하는 용어로 옳은 것은?

> (　　　　)은 성장단계에 있는 중소, 벤처기업들이 원활히 자금을 조달할 수 있도록 비상장 벤처 기업들의 자금난을 해소하는 창구가 되고 있다.

① 글로벌소싱

② 비즈니스프로세스아웃소싱

③ 크라우드소싱

④ 아웃소싱

> **TIP 》** 크라우드소싱(Crowdsourcing)은 군중(crowd)과 아웃소싱(outsourcing)을 합쳐 만든 용어로 기업이 고객을 비롯한 불특정 다수에게서 아이디어를 얻어 이를 제품 생산과 서비스, 마케팅 등에 활용하는 것을 뜻한다.

21 다음 중 바젤II 협약(신 BIS협약)에 대한 설명으로 옳지 않은 것은?

① 신용도가 좋은 기업이든 나쁜 기업이든 위험부담을 100%로 둔다.

② 복잡한 금융상품에 관한 리스크 평가에 적합하다.

③ 위험에 대한 많은 충당금을 쌓아야 한다.

④ 은행들의 BIS 비율이 하락할 가능성이 있다.

> **TIP** 》 바젤II(BASEL II)는 기업대출시 신용에 대해 차별을 둬 신용위험을 차별적으로 적용하고 금리
> 또한 신용상태에 따라 차등을 둔다.

22 기술혁신이나 새로운 자원의 개발에 의해 나타나는 장기적 성격의 순환은?

① 쥬글러순환   ② 콘드라티에프순환
③ 키친순환   ④ 엘리엇순환

> **TIP** 》 경기순환의 구분
> ㉠ 단기순환 : 3~4년의 짧은 순환주기를 가지며 수요와 공급의 균형을 이루기 위해서 기업
>   의 재고를 조정하는 과정에서 생긴다. 키친순환 또는 재고순환이라고도 한다.
> ㉡ 주순환 : 7~12년의 순환주기를 가지며 설비투자를 늘이거나 줄이는 과정에서 생기는 기
>   업의 움직임이 원인이다. 쥬글러순환 또는 설비투자순환이라고 한다.
> ㉢ 중기순환 : 14~20년의 순환주기를 가지며 쿠즈네츠순환 또는 건축순환이라고 한다.
> ㉣ 장기순환 : 순환주기가 40~70년이며 기술혁신이 주된 원인이다. 발견자의 이름을 따서
>   콘드라티에프순환이라고도 한다.

23 다음 ( ) 안에 들어갈 용어로 옳은 것은?

> ( )은(는) 카드 대금을 매달 고객이 정한 비율(5~100%)만큼 결제하는 제도로 자금
> 부담을 줄이는 장점이 있지만 나중에 결제해야 하는 대금에 대한 높은 수수료가 문제되
> 고 있다.

① 모빙   ② 리볼빙
③ 그린 · 옐로우카드제   ④ 몬덱스카드

> **TIP** 》 리볼빙(Revolving)이란 일시불 및 현금서비스 이용액에 대해 매월 대금결제시 카드사와 회
> 원이 미리 약정한 청구율이나 청구액 만큼만 결제하고, 결제된 금액만큼만 사용이 가능하
> 도록 하는 제도이다.

ANSWER 〉 18.③ 19.④ 20.③ 21.① 22.② 23.②

24 다음 중 리디노미네이션에 대한 설명으로 옳지 않은 것은?

① 화폐 액면 단위의 변경을 의미한다.

② 단위의 변경에 따라 화폐의 가치도 함께 변경된다.

③ 통화의 대외적 위상이 높아지는 효과가 있다.

④ 인플레이션의 기대심리를 억제시킨다.

> **TIP 》** ② 리디노미네이션(redenomination)은 화폐 액면 단위의 변경일뿐 화폐가치는 변하지 않기 때문에 물가·임금·예금·채권·채무 등의 경제적 양적 관계가 전과 동일하다.

25 짧은 시간 동안에 시세변동을 이용하여 이익을 실현하고자 하는 초단기(초단위) 거래자를 지칭하는 용어는?

① 데이트레이더　　　　　　　　② 스캘퍼

③ 노이즈트레이더　　　　　　　④ 포지션 트레이더

> **TIP 》** ② 스캘퍼(Scalper)는 초단위로 매매하는 사람으로 하루에 많게는 50회 정도 한다. 이러한 행위를 스캘핑(Scalping)이라고 한다.

26 FRB가 정기적으로 발표하는 미국경제동향 종합보고서의 명칭은?

① 그린북　　　　　　　　　　　② 블랙북

③ 베이지북　　　　　　　　　　④ 패트북

> **TIP 》** ③ 베이지북(Beige Book)이란 미연방제도이사회(FRB) 산하 연방준비은행이 경제 전문가의 견해와 각종 경기지표들을 조사분석한 것을 하나로 묶은 보고서로 매년 8차례 발표한다.

27 증권시장에서 지수선물·지수옵션·개별옵션 등 3가지 주식상품의 만기가 동시에 겹치는 날을 뜻하는 것은?

① 넷데이　　　　　　　　　　　② 레드먼데이

③ 더블위칭데이　　　　　　　　④ 트리플위칭데이

> **TIP 》** 트리플위칭데이(Triple Witching Day)란 3·6·9·12월 둘째 목요일이면 지수선물·지수옵션·개별옵션 등 3가지 주식상품의 만기가 동시에 겹치는 것을 뜻한다.

28 다음과 같은 특징을 가진 간접투자상품은?

> • 고객의 금융자산을 포괄하여 관리하는 금융상품이다.
> • 고객 개인별로 맞춤식 투자 포트폴리오를 구성할 수 있다.

① MMF   ② 뮤추얼펀드

③ 은행신탁   ④ 랩어카운트

> **TIP 》** ④ 랩어카운트(wrap account)란 증권회사가 투자자의 투자성향과 투자목적 등을 정밀하게 분석한 후 고객에게 맞도록 가장 적합한 포트폴리오를 추천하고 일정한 보수를 받는 종합 자산관리계좌이다.

29 채권투자와 신용등급에 대한 설명으로 옳지 않은 것은?

① S&P사의 신용등급 분류기준 중 BB+ 등급은 투자적격 등급이다.

② 정크본드는 투자부적격 채권 중에서도 등급이 아주 낮은 채권이다.

③ 신용평가회사가 기업 신용등급을 부여하기 위해서는 해당 기업의 재무제표에 대한 분석이 선행되어야 한다.

④ 신용등급은 일반적으로 투자적격 등급과 투자부적격 등급으로 구분된다.

> **TIP 》** ① BB등급 이하의 채권은 투기등급에 해당한다.

30 북경, 서울, 도쿄를 연결하는 동북아 중심 도시 연결축을 이르는 용어는?

① NAFTA   ② BESETO

③ EU   ④ INTIDE

> **TIP 》** 베세토라인(BESETO line) … 한, 중, 일 3국의 수도를 하나의 경제단위로 묶는 초국경 경제권역을 뜻한다.

31 소득수준이 낮을수록 전체 가계비에서 차지하는 주거비의 비율이 높아진다는 법칙은?

① 슈바베의 법칙　　　　　　　　　　② 그레샴의 법칙

③ 엥겔의 법칙　　　　　　　　　　　④ 세이의 법칙

> **TIP》** 슈바베의 법칙은 독일 통계학자 슈바베가 발견한 근로자 소득과 주거비 지출의 관계 법칙이다.

32 다음 중 (A), (B)에 들어갈 알맞은 말은 무엇인가?

> (A)란 개인들의 소비가 사회적으로 의존관계에 있는 타인의 소비행태와 타인의 소득수준에 의하여 영향을 받는 것을 말하고, (B)란 후진국의 소비가 선진국 소비수준의 영향을 받는 것을 말한다.

① (A) 전시효과　　　　　　　　　　(B) 국제적 전시효과

② (A) 톱니효과　　　　　　　　　　(B) 국제적 톱니효과

③ (A) 전시효과　　　　　　　　　　(B) 전방연관효과

④ (A) 톱니효과　　　　　　　　　　(B) 후방연관효과

> **TIP》** 전시효과란 개인들의 소비가 사회적으로 의존관계에 있는 타인의 소비행태와 타인의 소득수준에 의하여 영향을 받는 것을 말하고, 국제적 전시효과란 후진국의 소비가 선진국 소비수준의 영향을 받는 것을 말한다.

33 2003년 브릭스(BRICs)란 용어를 처음 사용했던 짐 오닐 골드만삭스 자산운용회장이 향후 경제성장 가능성이 큰 나라로 꼽은 국가들을 바르게 연결한 것은?

① ICK : 인도, 중국, 한국

② BRICs : 브라질, 인도, 인도네시아, 중국

③ MIKT : 멕시코, 인도네시아, 한국, 터키

④ MAVINS : 멕시코, 호주, 베트남, 인도네시아, 나이지리아, 남아공

> **TIP》** ① ICK : 인도, 중국, 한국을 통칭하는 말로, 월스트리트 저널 인터넷 판이 2008년 사용하였다.
> ② BRICs : 브라질, 러시아, 인도, 중국을 통칭하는 말로 골드만삭스가 처음으로 쓰기 시작했다.
> ④ MAVINS : 멕시코, 호주, 베트남, 인도네시아, 나이지리아, 남아프리카공화국 등 6개 신흥시장은 미국 경제매체인 〈비즈니스 인사이더〉가 향후 10년간 주목해야 할 시장으로 꼽은 나라들이다.

34 지난 수년 동안 인수 · 합병(M&A)을 통해 몸집을 불린 기업들이 금융위기를 맞아 잇달아 경영난에 봉착하면서 일부 기업은 워크아웃 등 기업회생절차에 들어가기도 했다. 이런 상황을 설명하는 용어는 다음 중 무엇인가?

① 신용파산 스왑(CDS) ② 신디케이트
③ 승자의 저주 ④ 프리워크아웃

> **TIP 》** 승자의 저주(The Winner'ns Curse) … 미국의 행동경제학자 리처드 세일러가 사용하며 널리 쓰인 용어로 과도한 경쟁을 벌인 나머지 경쟁에서는 승리하였지만 결과적으로 더 많은 것을 잃게 되는 현상을 일컫는다. 특히 기업 M&A에서 자주 일어나는데 미국에서는 M&A를 한 기업의 70%가 실패한다는 통계가 있을 정도로 흔하다. 인수할 기업의 가치를 제한적인 정보만으로 판단하는 과정에서 생기는 '비합리성'이 근본적인 원인으로 지적되고 있다.
>
> ※ 승자의 저주 사례
>
> | 회사 | 피인수 회사 | 사례 |
> |------|------------|------|
> | 동부 | 아남반도체 | 자회사 매각 추진 |
> | 두산 | 밥캣 | 계열사 자산 매각 |
> | 금호아시아나 | 대우건설 · 대한통운 | • 대우건설 재매각
• 대한통운 매각추진 |
> | 한화 | 대우조선해양 | 인수포기 |

35 Finance(금융)와 Technology(기술)의 합성어로, 모바일, SNS, 빅데이터 등 새로운 IT 기술을 활용한 금융 서비스를 총칭하는 용어는?

① 인슈테크 ② 프롭테크
③ 핀테크 ④ 캄테크

> **TIP 》** 핀테크 … 핀테크(Fintech)는 Finance(금융)와 Technology(기술)의 합성어로, 모바일, SNS, 빅데이터 등 새로운 IT 기술을 활용한 금융 서비스를 총칭한다. 핀테크 1.0 서비스가 송금, 결제, 펀드, 자산관리 등 기존 금융 서비스를 ICT와 결합해 기존 서비스를 해체 및 재해석하는데 주안점을 두었다면, 핀테크 2.0 서비스는 핀테크 기업과 금융기관이 협업을 통해 보다 혁신적이고 새로운 금융서비스를 탄생시키는 방향으로 발전했다.

ANSWER 》 31.① 32.① 33.③ 34.③ 35.③

36 바하마나 버뮤다와 같이 소득세나 법인세를 과세하지 않거나 아주 낮은 세율을 부과하는 나라를 뜻하는 용어는?

① 택스헤븐   ② 택스프리

③ 택스리조트   ④ 택스셸터

    TIP 》 택스헤븐(tax heaven)이란 조세피난처를 말하는 것으로 바하마나 버뮤다 등이 있다.

37 다음 (가), (나)에 나타난 수요의 가격 탄력성을 바르게 짝지은 것은?

> (가) A커피숍은 수입 증대를 위하여 커피 값을 20% 인하하였다. 그 결과 매출은 30% 증가하였다.
> (나) ○○극장은 여름 휴가철에 입장료를 종전에 비하여 15% 인하하였더니 입장료 수입이 15% 감소하였다.

	(가)	(나)
①	탄력적	완전 비탄력적
②	탄력적	단위 탄력적
③	비탄력적	완전 비탄력적
④	비탄력적	단위 탄력적

    TIP 》 (가)에서 커피 값을 인하하였으나 매출이 상승하였으므로 수요의 가격 탄력성은 탄력적이며 (나)에서 입장료의 하락률과 입장료 수입의 하락률이 같다는 것은 수요량의 변화가 없다는 것이므로 수요의 가격 탄력성은 완전 비탄력적이다.

38 경기 부양책 중 하나로 기준금리를 조절하는 것이 아니라 중앙은행이 직접 시장에 돈을 공급하는 정책은 무엇인가?

① 출구전략   ② 인플레이션헤지

③ 관세장벽   ④ 양적완화

    TIP 》 양적완화 … 초저금리 상황에서 중앙은행이 정부의 국채나 다른 다양한 금융자산의 매입을 통해 시장에 유동성을 공급하는 정책

39 재정절벽이란 무엇인가?

① 정부의 재정 지출 축소로 인해 유동성이 위축되면서 경제에 충격을 주는 현상이다.

② 농산물의 가격이 상승하면서 소비자 물가와 생산자물가가 상승하는 현상이다.

③ 상품거래량에 비해 통화량이 과잉증가하여 물가가 오르고 화폐가치는 떨어지는 현상이다.

④ 주식시장이 장 마감을 앞두고 선물시장의 약세로 프로그램 매물이 대량으로 쏟아져 주가가 폭락하는 현상이다.

> **TIP** 》 ② 애그플레이션(agflation)
> ③ 인플레이션(inflation)
> ④ 왝더독(wag the dog)

40 다음 (　　) 안에 공통적으로 들어갈 말로 알맞은 말은?

> (　　)는 소득분배의 불평등도를 나타내는 수치이다. 일반적으로 분포의 불균형도를 의미하지만 특히 소득이 어느 정도 균등하게 분배되어 있는가를 평가하는데 주로 이용되며 이는 횡축에 인원의 저소득층부터 누적 백분율을 취하고 종축에 소득의 저액층부터 누적백분율을 취하면 로렌츠 곡선이 그려진다. 이 경우 대각(45도)선은 균등분배가 행해진 것을 나타내는 선(균등선)이 된다. 불평등도는 균등도와 로렌츠 곡선으로 둘러싸인 면적(λ)으로 나타난다. 그리고 균등선과 횡축, 종축으로 둘러싸여진 삼각형의 면적을 S라 할 때, λ/S를 (　　)라고 부른다.

① 지니계수　　　　　　　　　② 메뉴비용

③ 코코본드　　　　　　　　　④ 어닝쇼크

> **TIP** 》 제시된 글은 지니계수에 대한 설명이다.
> ② **메뉴비용** : 가격표나 메뉴판 등과 같이 제품의 가격조정을 위하여 들어가는 비용
> ③ **코코본드** : 유사시 투자 원금이 조식으로 강제 전환되거나 상각된다는 조건이 붙은 회사채
> ④ **어닝쇼크** : 기업의 영업실적이 예상치보다 저조하여 주가에 영향을 미치는 것

41 다음 중 직접세에 관한 설명으로 옳지 않은 것은?

① 조세저항이 적다.   ② 징수하기가 까다롭다.

③ 소득재분배 기능을 수행한다.   ④ 조세의 전가가 없다.

> **TIP 》** ① 직접세는 조세저항이 크다.

42 다음 (개)와 (내)가 각각 바탕으로 하고 있는 경제 개념은?

> (개): 나 여자친구와 헤어졌어.
> (내): 왜?
> (개): 내가 직장이 없어서……일부러 그만둔건데…….
> (내): 이미 헤어졌으니 잊어버려.

(개)	(내)
① 자발적 실업	매몰비용
② 비자발적 실업	경제비용
③ 계절적 실업	매몰비용
④ 마찰적 실업	경제비용

> **TIP 》** 시간과 노력 등은 이미 헤어졌으니 다시 되돌릴 수 없는 매몰비용으로 생각하고 있다.

43 경제주체들이 돈을 움켜쥐고 시장에 내놓지 않는 상황을 가리키는 용어는 무엇인가?

① 디플레이션   ② 피구효과

③ 톱니효과   ④ 유동성 함정

> **TIP 》** 유동성 함정 … 시장에 현금이 흘러 넘쳐 구하기 쉬운데도 기업의 생산, 투자와 가계의 소비가 늘지 않아 경기가 나아지지 않고 마치 경제가 함정(trap)에 빠진 것처럼 보이는 상태를 말한다. 1930년대 미국 대공황을 직접 목도한 저명한 경제학자 존 메이나드 케인즈(John Maynard Keynes)가 아무리 금리를 낮추고 돈을 풀어도 경제주체들이 돈을 움켜쥐고 내놓지 않아 경기가 살아나지 않는 현상을 돈이 함정에 빠진 것과 같다고 해 유동성 함정이라 명명했다.

44 다음 ⊙과 ⓒ에 들어갈 알맞은 것은?

> • 관찰 대상의 수를 늘릴수록 집단에 내재된 본질적인 경향성이 나타나는 (⊙)은 보험표
> 계산원리 중 하나로 이용된다.
> • 생명보험계약의 순보험표는 (ⓒ)에 의해 계산된다.

	⊙	ⓒ
①	이득금지의 원칙	수직적 분석
②	한계생산의 법칙	수직적 마케팅 시스템
③	미란다 원칙	행정절차제도
④	대수의 법칙	수지상등의 법칙

> **TIP 》** ⊙ **대수의 법칙**: 관찰 대상의 수를 늘려갈수록 개개의 단위가 가지고 있는 고유의 요인은
> 중화되고 그 집단에 내재된 본질적인 경향성이 나타나게 되는 현상을 가리킨다. 인간의
> 수명이나 각 연령별 사망률을 장기간에 걸쳐 많은 모집단에서 구하고 이것을 기초로 보
> 험 금액과 보험료율 등을 산정한다.
> ⓒ **수지상등의 법칙**: 보험계약에서 장래 수입되어질 순보험료의 현가의 총익이 장래 지출해
> 야 할 보험금 현가의 총액과 같게 되는 것을 말하며, 여기에서 수지가 같아진다는 것은
> 다수의 동일연령의 피보험자가 같은 보험종류를 동시에 계약했을 때 보험기간 만료시에
> 수입과 지출이 균형이 잡혀지도록 순보험료를 계산하는 것을 의미한다.

45 위안화 절상의 영향에 대해 잘못 설명한 것은?

① 중국에 점포를 많이 갖고 있는 대형 마트업계는 지분법 평가 이익이 늘어날 것이다.

② 중국에 완제품이 아닌 소재나 부품, 재료 등을 공급하는 업종들은 효과가 반감될 것
이다.

③ 철강 조선업계는 최근 철광석을 비롯한 원료가격의 상승에도 중국 철강재는 오히려
하락하면서 국제 철강시장을 교란시켰는데, 위안화가 절상되면 달러화 환산가격이
감소하여 국제 철강가격이 올라갈 것이다.

④ 중국이 수출할 때 가격경쟁력이 떨어지면서 중간재에 대한 수입이 줄게 되면 악재로
작용할 수도 있다.

> **TIP 》** ③ 위안화가 절상되면 달러화 환산가격이 상승함에 따라 국제 철강가격의 오름세가 강화될 것
> 이다.

ANSWER 》 41.① 42.① 43.④ 44.④ 45.③

46 주식시장에서 주가와 등락폭이 갑자기 커질 경우 시장에 미치는 영향을 완화하기 위해 주식매매를 일시 정지하는 제도는?

① 서킷브레이크   ② 섀도 보팅

③ 공개매수(TOB)   ④ 워크아웃

> **TIP》** ② 뮤추얼펀드가 특정 기업의 경영권을 지배할 정도로 지분을 보유할 경우 그 의결권을 중립적으로 행사할 수 있도록 제한하는 제도로 다른 주주들이 투표한 비율대로 의결권을 분산시키는 것이다.
> ③ 주식 등 유가증권을 증권시장 외에서 10인 이상 불특정 다수인으로부터 청약을 받아 공개적으로 매수하는 것을 말한다.
> ④ 흔히 '기업개선작업'으로 번역되며 구조조정을 하면 회생할 가능성이 있는 기업에 대하여 채권금융기관들과 채무기업 간 협상과 조정을 거쳐 채무상환 유예와 감면 등 재무개선조치와 자구노력 및 채무상환계획 등에 관하여 합의하는 것을 말한다.

47 다음 중 통화스왑에 관한 설명으로 옳은 것은?

① 물가수준이 지속적으로 상승하여 소비자물가지수가 상승한다.

② 일정한 실물 또는 금융자산을 약정된 기일이나 가격에 팔 수 있는 권리를 말한다.

③ 주식시장에서 자금이 채권이나 실물시장으로 빠져나가면서 유동성이 부족해지는 방향으로 국면이 변동하는 것을 말한다.

④ 두 개 또는 그 이상의 거래기관이 사전에 정해진 만기와 환율에 의해 다른 통화로 차입한 자금의 원리금 상환을 상호 교환하는 것을 말한다.

> **TIP》** ① 인플레이션
> ② 풋백옵션
> ③ 역금융장세

48 다음 중 '차입매수'에 대한 설명은 무엇인가?

① 신용거래에서 자금을 충분히 가지고 있지 않거나 인수 의사 없이 행사하는 매수주문

② 기업매수자금을 인수할 기업의 자산이나 향후 현금흐름을 담보로 금융기관에서 차입해 기업을 인수하는 M&A 기법

③ 대량의 주식을 매수할 때 신용을 담보로 금융기관에서 자금을 차입해 행사하는 매수주문

④ 기업매수자금을 주주들에게 공모해 자금 확보 후 기업을 인수하는 M&A 기법

49 포털사이트에서 보험상품을 판매하는 영업 형태는?

① 포타슈랑스   ② 방카슈랑스
③ 인슈런스   ④ 보이스포털

TIP 》 포타슈랑스(portasurance) … 인터넷 포털사이트와 보험회사가 연계해 일반인에게 보험상품
을 판매하는 영업 형태를 말한다. 온라인을 이용해 다양한 판매망을 갖출 수 있으며 경쟁
을 통해 수수료를 낮출 수 있어 새로운 형태의 보험판매 방식으로 부상하고 있다.

50 다음 (   ) 안에 들어갈 알맞은 말은?

> (   )은/는 원래 프랑스에서 비롯된 제도인데 독일은 제1차 세계대전 이후 엄청난 전쟁배
> 상금 지급을 감당할 수 없어 (   )을/를 선언했고 미국도 대공황 기간 중인 1931년 후버 대
> 통령이 전쟁채무의 배상에 대하여 1년의 지불유예를 한 적이 있는데 이를 후버 (   )라/이라
> 불렀다고 한다. 이외에도 페루, 브라질, 멕시코, 아르헨티나, 러시아 등도 (   )을/를 선언한
> 바가 있다.

① 모블로그   ② 모라토리움 신드롬
③ 서브프라임 모기지론   ④ 모라토리움

TIP 》 모라토리움 … '지체하다'란 뜻의 'morari'에서 파생된 말로 대외 채무에 대한 지불유예(支拂
猶豫)를 말한다. 신용의 붕괴로 인하여 채무의 추심이 강행되면 기업의 도산(倒産)이 격증
하여 수습할 수 없게 될 우려가 있으므로, 일시적으로 안정을 도모하기 위한 응급조치로서
발동된다.
① 모블로그 : 무선통신을 뜻하는 '모바일(Mobile)'과 '블로그(Blog)'를 합쳐 만든 신조어. 때
와 장소 가리지 않고 블로그를 관리할 수 있어 인기를 끌고 있다.
② 모라토리움 신드롬 : 모라토리움 신드롬은 독일 심리학자 에릭슨이 처음 사용한 용어로써
1960년대에 들어 지적, 육체적, 성적인 면에서 한 사람의 몫을 할 수 있으면서도 사회
인으로서의 책임과 의무를 짊어지지 않는다는 것을 뜻한다.
③ 서브프라임 모기지론 : 서브프라임(Subprime)은 '최고급 다음가는, 최우대 대출 금리보다 낮
은'을 의미하며 모기지(Mortgage)는 '주택담보대출'이라는 뜻이다. 즉, 한마디로 신용등급이
낮은 저소득층을 대상으로 주택자금을 빌려주는 미국의 주택담보대출 상품을 말한다.

02 디지털 기초지식

1 다음 설명에 해당하는 것은?

> 인터넷에 연결된 모든 기기에서 생산되는 대량의 디지털 데이터로, 문자, 사진, 동영상, 음성 등 다양한 유형으로 존재한다. 매일 전 세계 사용자를 통해 엄청난 양의 데이터가 생산되어 인터넷으로 유통되므로 사용자(소비자)의 이용 패턴과 성향/취향, 관심사 등을 파악할 수 있어 기업 입장에서 중요한 정보가 된다.

① FinTech   ② Big Data

③ AI   ④ IoT

> **TIP 》** ① FinTech : Finance(금융)와 Technology(기술)의 합성어로, 금융과 IT의 융합을 통한 금융서비스 및 산업의 변화를 통칭한다.
> ③ AI(Artificial Intelligence) : 인간의 두뇌와 같이 컴퓨터 스스로 추론·학습·판단하면서 전문적인 작업을 하거나 인간 고유의 지식 활동을 하는 시스템이다.
> ④ IoT(Internet of Things) : 사물에 센서를 부착해 실시간으로 데이터를 인터넷으로 주고받는 기술이나 환경을 일컫는다.

2 4차 산업혁명의 핵심 기술인 블록체인에 대한 설명으로 옳지 않은 것은?

① P2P 방식으로 거래되는 공공 거래 장부로 거래 내역을 블록이라고 한다.

② 중앙 관리 시스템이 있어 거래 안정성이 확보된다.

③ 의료, 콘텐츠, 금융 분야 등 다양한 분야에서 활용이 가능하다.

④ 블록체인 기술을 활용하기 위해 필요한 대가가 가상화폐라고 할 수 있다.

> **TIP 》** ② 블록체인 기술은 중앙시스템을 거치지 않고도 거래가 안전하게 되도록 만드는 기술이다. 당사자끼리 직접 거래를 하고, 그 거래를 모두가 감시하기 때문에 거래의 정당성이나 안정성을 높일 수 있다.

3 영화, 음악 등 하나의 멀티미디어 콘텐츠를 여러 대의 기기에서 연속적으로 즐길 수 있는 기술 또는 서비스를 칭하는 것은?

① Blue Screen   ② datagram

③ N-screen   ④ Smart TV

> **TIP 》** ① Blue Screen : 윈도우 기반 PC에서 하드웨어나 소프트웨어에 오류가 발생했을 때 나타나는 알림 페이지로, 파란색 바탕에 하얀 글씨 화면이 떠 블루 스크린이라고 한다.
> ② datagram : 패킷 교환망에서 취급되는 패킷의 일종으로 다른 패킷과는 독립으로 취급되며, 발신 단말에서 수신 단말에 이르는 경로를 결정하기 위한 정보를 내부에 포함하는 패킷이다.
> ④ Smart TV : TV에 인터넷 접속 기능을 결합하여 각종 앱을 설치해 웹 서핑 및 VOD 시청, SNS, 게임 등의 다양한 기능을 활용할 수 있는 다기능 TV이다.

4 다음은 A가 코딩을 하여 만들려는 홀짝 게임 프로그램의 알고리즘 순서도이다. 그런데 오류가 있었는지 잘못된 값을 도출하였다. 잘못된 부분을 고르면?

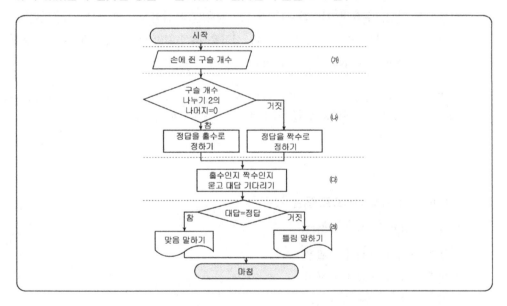

① (가)   ② (나)

③ (다)   ④ (라)

> **TIP 》** (나) 부분의 선택 – 처리 과정이 잘못되었다.
> '구슬 개수 나누기 2의 나머지 = 0' → (참) → 정답을 '짝수'로 정하기
> '구슬 개수 나누기 2의 나머지 = 0' → (거짓) → 정답을 '홀수'로 정하기

ANSWER 〉 1.② 2.② 3.③ 4.②

5 AI(인공지능) 기술을 적용하기 가장 어려운 분야는?

① 사람과 바둑 대결
② 수학적인 정리 증명
③ 떼쓰는 아이 달래기
④ 의사의 진단을 돕기 위한 진단 시스템

> **TIP 》** AI 기술은 코드화할 수 없는 일에 적용하기 힘들다. 즉, 예측불허의 돌발 상황이 많아 단
> 계별로 나누어 매뉴얼화하기에 어려운 일에는 적용하기 어렵다. 알고리즘으로 특정해 자동
> 화시킬 수 없기 때문이다.

6 데이터 마이닝(data mining)에 대한 설명으로 옳지 않은 것은?

① 대량의 데이터에서 유용한 정보를 추출하는 것을 말한다.
② 통계적 기법, 수학적 기법과 인공지능을 활용한 패턴인식 기술 등을 이용한다.
③ 데이터 마이닝은 고객의 소비패턴이나 성향을 분석하여 상품을 추천하는 데 사용된다.
④ 데이터 마이닝 → 데이터 선별과 변환 → 데이터 크리닝의 과정을 거친다.

> **TIP 》** 데이터 소스에서 데이터를 크리닝하고 통합하는 과정을 거쳐 데이터를 선별하고 변환한
> 후, 데이터 마이닝 과정을 거쳐 패턴을 찾아내고 표현한다.

7 사물인터넷의 처리 과정으로 옳은 것은?

① 생성 → 전달 → 처리 → 활용
② 생성 → 처리 → 전달 → 활용
③ 전달 → 처리 → 활용 → 생성
④ 전달 → 활용 → 생성 → 처리

> **TIP 》** 사물인터넷의 처리 과정은 사물에서 정보를 생성(smart device) → 전달(advance network)
> → 정보 처리(cloud computing) → 활용(convergence)을 거친다.

8 FinTech에 대한 설명으로 옳지 않은 것은?

① Financial과 Technique의 합성어로 모바일 결제, 송금, 개인자산관리, 크라우드 펀딩 등 금융서비스와 관련된 기술을 의미한다.
② 금융창구에서 취급하던 업무를 ATM과 인터넷뱅킹, 모바일뱅킹 등 전자금융 서비스 채널이 대체한다.
③ 기존에 비해 비용이 증가되고 서비스가 저하되는 단점이 있다.
④ 오프라인 지점 하나 없이 온라인으로만 대출 심사를 진행하는 OnDeck는 FinTech 사업의 예라고 할 수 있다.

> **TIP 》** 정보통신 기술의 발전과 함께 기존 금융권 업무를 대체해 비용을 감소시키고 높은 서비스도 제공하는 FinTech가 관심을 받고 있다.

9 인터넷에서 음성, 영상, 애니메이션 등을 실시간으로 재생하는 기술은?

① 스트리밍   ② 버퍼링
③ 멀티태스킹   ④ 다운로딩

> **TIP 》** 스트리밍(streaming) … 비디오 · 오디오 자료를 사용자의 PC에 파일 형태로 내려 받지 않고도 실시간으로 볼 수 있는 송출기술을 말한다.

10 인터넷상의 서버를 통해 IT 관련 서비스를 한 번에 사용할 수 있는 컴퓨터 환경은?

① DNS   ② CDMA
③ 와이브로   ④ 클라우드 컴퓨팅

> **TIP 》** 클라우드 컴퓨팅(cloud computing) … 인터넷상의 서버에 정보를 영구적으로 저장하고, 이 정보를 데스크톱 · 노트북 · 스마트폰 등을 이용하여 언제 어디서나 정보를 사용할 수 있는 컴퓨터 환경을 말한다.

ANSWER 》 5.③ 6.④ 7.① 8.③ 9.① 10.④

11 스마트폰 신제품의 주기가 4~6개월에 불과하다는 것으로 제품의 사이클이 점점 빨라지는 현상을 나타내는 용어는?

① 스마트 법칙   ② 구글 법칙

③ 안드로이드 법칙   ④ 애플 법칙

> **TIP 》** 안드로이드 법칙은 마이크로칩의 성능이 매 2년마다 두 배로 증가한다는 '무어의 법칙'에서 따온 말로 스마트폰 시장에서 제품수명주기가 빠르게 짧아지는 것을 이르는 말이다.

12 '2.3GHz 휴대인터넷'으로 불리었으며, 무선 광대역 인터넷 서비스로 풀이되는 용어로 언제 어디서나 이동하면서 인터넷을 이용할 수 있는 서비스는?

① Wibro   ② Wi-Fi

③ WCDMA   ④ WiMax

> **TIP 》** ② Wi-Fi : 무선 접속 장치가 설치된 곳에서 전파나 적외선 전송 방식을 이용하여 일정 거리 안에서 무선 인터넷을 할 수 있는 근거리 통신망을 칭하는 기술
> ③ WCDMA : CDMA의 방식을 3G로 업그레이드한 기술방식
> ④ WiMax : 휴대 인터넷의 기술 표준을 목표로 인텔사가 주축이 되어 개발한 기술 방식

13 컴퓨터 관련 용어에 대한 설명으로 옳은 것은?

① 프로토콜 : 사용자에게 내용의 비순차적인 검색이 가능하도록 제공되는 텍스트로 문서 내에 있는 특정 단어가 다른 단어나 데이터베이스와 링크 돼 있어 사용자가 관련 문서를 넘나들며 원하는 정보를 얻을 수 있도록 한다.

② 캐싱 : 명령어와 데이터를 캐시 기억 장치 또는 디스크 캐시에 일시적으로 저장하는 것으로 중앙 처리 장치(CPU)가 주기억 장치 또는 디스크로부터 명령어와 데이터를 읽어 오거나 기록하는 것보다 몇 배 빠른 속도로 단축시킴으로써 컴퓨터의 성능을 향상시킨다.

③ 하이퍼텍스트 : 통신회선을 이용하는 컴퓨터와 컴퓨터 또는 컴퓨터와 단말기계가 데이터를 주고받을 때의 상호약속이다.

④ TCP/IP : 인터넷상 주민번호를 대체하는 개인 식별 번호로 2005년 정보통신부가 개인의 주민등록번호 유출과 오남용 방지를 목적으로 마련한 사이버 신원 확인번호이다.

> **TIP 》** ① 하이퍼텍스트에 대한 설명이다.
> ③ 프로토콜에 대한 설명이다.
> ④ 아이핀에 대한 설명이다. TCP/IP는 서로 기종이 다른 컴퓨터들 간의 통신을 위한 전송규약이다.

14 CPU의 대기 상태를 보완할 수 있는 방법으로 적절하지 않은 것은?

① CPU 캐시   ② 명령어 파이프라인

③ 동시 멀티스레드   ④ 배터리 교환

> **TIP 》** CPU의 대기 상태는 응답이 느린 외부 메모리나 다른 장치에 접근할 때 컴퓨터 프로세서가 겪는 지연 현상을 말한다. CPU 캐시, 명령어 파이프라인, 명령어 프리패치, 분기 예측, 동시 멀티스레드 등 여러 기술이 동시적으로 사용하여 문제를 상당 부분 해결할 수 있다.

15 다음 중 서로 연관성 있는 것끼리 짝지어진 것은?

① DDoS – P2P   ② DDoS – 좀비PC

③ 파밍 – P2P   ④ 파밍 – 좀비PC

> **TIP 》**
> • DDoS : 수십 대에서 많게는 수백만 대의 PC를 원격 조종해 특정 웹사이트에 동시에 접속시킴으로써 단시간 내에 과부하를 일으키는 행위
> • P2P : 인터넷으로 다른 사용자의 컴퓨터에 접속하여 각종 정보나 파일을 교환·공유할 수 있게 해 주는 서비스
> • 좀비PC : 해커의 원격 조종에 의해 스팸을 발송하거나 DoS나 DDoS 공격을 수행하도록 설정된 컴퓨터나 서버
> • 파밍 : 사용자들로 하여금 진짜 사이트로 오인하여 접속하도록 유도한 뒤에 개인정보를 훔치는 새로운 컴퓨터 범죄

16 그래픽 관련 소프트웨어를 모두 고르면?

> • 보이스텍 바이보이스   • 컴퓨픽
> • 메타세콰이어   • Readiris
> • 라이트웨이브   • 3D STUDIO MAX
> • 알씨   • Dragon Naturally Speaking

① 3개   ② 4개

③ 5개   ④ 6개

> **TIP 》** 컴퓨픽, 메타세콰이어, 라이트웨이브, 3D STUDIO MAX, 알씨

ANSWER 〉 11.③ 12.① 13.② 14.④ 15.② 16.③

17 다음 IP 주소가 올바르지 않은 것은?

① 192.245.0.253　　　　　　　② 192.245.0.254

③ 192.245.1.255　　　　　　　④ 192.245.1.256

　　TIP 》 ④ 각 마디(옥텟)의 숫자는 255(0~255)를 넘을 수 없다.

18 다음 중 성격이 유사한 어플리케이션끼리 짝지어지지 않은 것은?

① Uber – 카카오택시 – T맵택시

② 블루리본 – 카카오헤어 – 트립어드바이저

③ CamCard – 리멤버 – BIZ reader

④ Google calendar – Outlook – T cloud

　　TIP 》 ④ Google calendar(캘린더 서비스) – Outlook(전자메일 서비스) – T cloud(클라우드 서비스)

19 광디스크는 컴퓨터 정보의 저장매체로, 사용하는 레이저의 파장과 홈의 간격에 따라 정보의 용량이 달라진다. 홈을 촘촘히 많이 팔수록 정보를 많이 저장할 수 있는데, 홈이 작아지면 홈에 쏘아 주는 레이저의 파장이 짧아져야 한다. 이러한 광디스크의 종류가 아닌 것은?

① 블루레이 디스크　　　　　② DVD

③ CD　　　　　　　　　　　④ 플래시 메모리

　　TIP 》 ④ 플래시 메모리는 전원이 끊긴 뒤에도 정보가 계속 남아 있는 반도체로 광디스크에 해당하지 않는다.

20 아래의 컴퓨터 바이러스 진단 및 방지를 위한 조치 중 가장 적절하지 않은 것은?

① 여러 종류의 백신을 동시에 설치하여 검사하였다.

② USB드라이브의 자동실행기능을 해제하였다.

③ 웹브라우저를 최신버전으로 업데이트 하였다.

④ 비밀번호를 웹사이트마다 다르게 하고, 복잡하게 설정하였다.

　　TIP 》 ① 여러 종류의 백신을 동시에 설치하여 검사하는 것은 바람직하지 않다.

21 다음의 설명이 의미하는 것은?

> 가전제품, 전자기기뿐만 아니라 헬스케어, 원격검침, 스마트홈, 스마트카 등 다양한 분야에서 사물을 네트워크로 연결해 정보를 공유할 수 있다. 미국 벤처기업 코벤티스가 개발한 심장박동 모니터링 기계, 구글의 구글 글라스, 나이키의 퓨얼 밴드 등도 이 기술을 기반으로 만들어졌다. 특히 심장박동 모니터링 기계는 대표적인 예료, 부정맥을 앓고 있는 환자가 기계를 부착하고 작동시키면 심전도 검사 결과가 자동으로 기록돼 중앙관제센터로 보내진다. 중앙관제센터는 검사 결과를 전문가에게 전송해 임상보고서를 작성하고 이 보고서를 통해 환자와 적합한 의료진과 연결된다.

① IoT(Internet of things)
② 유비쿼터스(Ubiquitous)
③ AR(Augmented reality)
④ 클라우드 컴퓨팅(Cloud computing)

TIP》 제시된 내용은 IoT(Internet of things), 사물인터넷에 대한 설명이다.

22 자신의 데이터베이스를 가지고 있지 않고 다른 검색엔진을 이용하여 정보를 찾는 검색엔진은?

① 메타 검색엔진
② 주제별 검색엔진
③ 하이브리드 검색엔진
④ 인덱스 검색엔진

TIP》 메타 검색엔진 … 자신의 데이터베이스를 가지고 있지 않고 다른 검색엔진을 이용하여 정보를 찾는 검색엔진

23 다음 용어에 대한 설명이 올바르게 짝지어지지 않은 것은?

① 블루투스 : 휴대기기를 서로 연결해 정보를 교환하는 근거리 무선 통신 기술 표준
② IoT : Internet of Things의 약자로서 각종 사물에 센서와 통신기능을 내장하여 인터넷에 연결하는 기술
③ RFID : Radio Frequency Identification의 약자로서 IC칩과 무선을 통해서 다양한 개체의 정보를 관리할 수 있는 인식 기술
④ QR코드 : QR은 Quick Recognition의 약자로서 바코드보다 훨씬 많은 양을 담을 수 있는 격자무늬의 2차원 코드

TIP》 ④ QR코드는 Quick Response Code로, 바코드보다 훨씬 많은 정보를 담을 수 있는 격자무늬의 2차원 코드이다.

ANSWER 〉 17.④ 18.④ 19.④ 20.① 21.① 22.① 23.④

24 다음에서 설명하는 데이터 모델에 해당하는 것은?

> 현재 가장 안정적이고 효율적인 데이터베이스로 알려져 있으며, MS-Access 외 여러 상용 DBMS의 기반이 되고 있다. 개체를 테이블로 사용하고 개체들 간의 공통속성을 이용해 서로 연결하는 독립된 형태의 데이터 모델이다.

① 하나의 조직이 여러 구성원으로 이루어지는 형태의 계층형 데이터베이스
② 도로망이나 통신망 같은 네트워크형 데이터베이스
③ 은행의 입출금처럼 데이터 양이 많지만 구조가 간단한 업무에 적합한 관계형 데이터베이스
④ 데이터와 프로그램을 독립적인 객체의 형태로 구성한 객체 지향형 데이터베이스

> **TIP 》** 관계형 데이터베이스…일련의 정형화된 테이블로 구성된 데이터 항목의 집합체로, 데이터베이스 테이블을 재구성하지 않더라도 다양한 방법으로 데이터를 접근하거나 조합할 수 있다. 관계형 데이터베이스는 이용하기가 비교적 쉽고 확장이 용이하다는 장점을 가지고 있다.

25 다음에 설명된 개념을 의미하는 용어가 순서대로 연결된 것은?

> ㉠ 다양한 형태의 문서와 자료를 그 작성부터 폐기에 이르기까지의 모든 과정을 일관성 있게 전자적으로 통합 관리하기 위한 시스템이다.
> ㉡ 기업과 직원간의 전자상거래를 뜻한다.
> ㉢ 기업 내 생산, 물류, 재무, 회계, 영업과 구매, 재고 등 경영 활동 프로세스들을 통합적으로 연계해 관리해 주며, 기업에서 발생하는 정보들을 서로 공유하고 새로운 정보의 생성과 빠른 의사결정을 도와주는 전사적 자원관리시스템을 뜻한다.
> ㉣ 온라인 인맥 구축을 목적으로 개설된 커뮤니티형 웹사이트이다.

① ERP – C2B – EDI – INTRANET
② EDI – B2C – ERP – INTRANET
③ EDMS – B2C – EDI – SNS
④ EDMS – B2E – ERP – SNS

> **TIP 》** ㉠ EDMS(Electronic Document Management System) : 다양한 형태의 문서와 자료를 그 작성부터 폐기에 이르기까지의 모든 과정을 일관성 있게 전자적으로 통합 관리하기 위한 시스템이다.
> ㉡ B2E(Business to Employee) : 기업과 직원간의 전자상거래를 뜻한다.
> ㉢ ERP(Enterprise Resource Planning) : 기업 내 생산, 물류, 재무, 회계, 영업과 구매, 재고 등 경영 활동 프로세스들을 통합적으로 연계해 관리해 주며, 기업에서 발생하는 정보들을 서로 공유하고 새로운 정보의 생성과 빠른 의사결정을 도와주는 전사적 자원관리시스템을 뜻한다.
> ㉣ SNS(Social Network Services/Sites) : 온라인 인맥 구축을 목적으로 개설된 커뮤니티형 웹사이트이다.

26 정보에 대한 위협은 나날이 늘어가고 있으며 허락되지 않은 접근, 수정, 노출, 훼손, 파괴 등 여러 가지 위협으로부터 정보를 지켜나가야 한다. 정보보안의 특성으로 가장 적절하지 않은 것은?

① 허락되지 않은 사용자가 정보의 내용을 알 수 없도록 하는 기밀성 유지

② 허락되지 않은 사용자가 정보를 함부로 수정할 수 없도록 하는 무결성 유지

③ 허락된 사용자가 정보에 접근하려 하고자 할 때 이것이 방해받지 않도록 하는 가용성 유지

④ 허락된 사용자가 정보시스템의 성능을 최대화하기 위해 정보보안을 100% 달성해야 하는 완벽성 유지

> **TIP》** 정보 보안의 주요 목표
> ㉠ **기밀성**(Confidentiality) : 허락되지 않은 사용자 또는 객체가 정보의 내용을 알 수 없도록 하는 것
> ㉡ **무결성**(Integrity) : 허락되지 않은 사용자 또는 객체가 정보를 함부로 수정할 수 없도록 하는 것
> ㉢ **가용성**(Availability) : 허락된 사용자 또는 객체가 정보에 접근하려 할 때 이것을 방해받지 않도록 하는 것

27 SD카드(Secure Digital Card)에 대한 설명으로 가장 적절하지 않은 것은?

① 스마트폰, MP3에 주로 사용되는 손톱만한 크기의 SD카드와 디지털카메라에 주로 쓰이는 크기가 더 큰 마이크로 SD카드가 있다.

② 디지털기기의 저장공간이 부족할 때 메모리슬롯에 SD카드를 장착하면 저장공간을 확장할 수 있다.

③ 마이크로 SD카드를 SD카드 어댑터에 꽂으면 일반 SD카드를 쓰는 기기에 사용할 수 있다.

④ 마이크로 SD카드와 SD카드에서 클래스는 속도를 의미하며 클래스 숫자가 커질수록 속도가 빨라진다.

> **TIP》** ① 마이크로 SD 카드는 SD 카드의 4분의 1 정도의 크기이다.

28 다음은 컴퓨터 범죄에 관한 기사이다. 다음의 기사의 (A), (B), (C)에 들어갈 용어가 순서 대로 표시된 것은?

> E시큐리티에 따르면 최근 특정 가상화폐 거래소 이용자를 대상으로 (A) 메일이 다량 배포됐다. 공격자는 국내 유명 비트코인 거래소 중 한 곳을 사칭해 '출금완료 알림' 내용으로 조작한 (A) 메일을 유포했다. 메일 본문에 '새로운 기기에서의 로그인 알림' 내용을 띄웠다. 다른 IP주소에서 수신자 로그인이 발생한 것처럼 보안 안내를 한다. 최근 가상화폐 거래소 해킹이 심해 보안에 신경을 쓰고 있는 대상자 심리를 역으로 이용한 방법이다. 회원이 로그인한 것이 아니라고 의심되면 보안을 위해 계정을 동결하라고 하며 클릭을 강요한다. 해당 URL을 클릭하면 실제와 거의 유사한 가상화폐거래소 화면으로 이동한다. 해당 사이트는 co.kr로 끝나는 정상사이트와 달리 or.kr 도메인을 쓴다. (A)사이트에 연결하면 이메일과 비밀번호 등 계정 정보 입력을 유도한다. 가상화폐 거래소에 접속하는 ID와 비밀번호를 털린다.
>
> (B)도 발생했다. Z거래소 로그인 알림을 위장했다. 문자로 다른 IP에서 로그인됐다며 가짜 거래소 링크를 보내고 ID와 비밀번호 유출을 시도한다.
>
> 가상화폐 거래소 직원을 표적한 (C)도 감지된다. 직원을 해킹하면 기업 내부를 장악할 수 있다. 공격자는 금융감독원, 금융 보안원, 국세청, 공정거래위원회 등으로 위장해 금융관련 규제와 위법 내용을 가상화폐 거래소나 블록체인, 핀테크 기업 직원에게 이메일을 보낸다. 해당 문서를 열면 악성코드가 감염되는 형태다. 개인 PC를 감염시킨 뒤 기업 네트워크로 침입해 고객 정보를 유출한다. 이를 이용해 다시 가상화폐 계좌를 해킹하는 것으로 알려졌다.

① 파밍 – 스미싱 – 피싱
② 파밍 – 스피어피싱 – 스미싱
③ 피싱 – 스피어피싱 – 스미싱
④ 피싱 – 스미싱 – 스피어피싱

TIP 》 A. **피싱**(Phishing) : 개인정보(Private data)와 낚시(Fishing)의 합성어로 개인정보를 낚는다는 의미. 금융기관 또는 공공기관을 가장해 전화나 이메일로 인터넷 사이트에서 보안카드 일련번호와 코드번호 일부 또는 전체를 입력하도록 요구해 금융 정보를 몰래 빼가는 수법

    B. **스미싱**(Smishing) : 문자메시지(SMS)와 피싱(Phishing)의 합성어로 '무료쿠폰 제공', '돌잔치 초대장' 등을 내용으로 하는 문자메시지내 인터넷주소 클릭하면 악성코드가 설치되어 피해자가 모르는 사이에 소액결제 피해 발생 또는 개인·금융정보 탈취하는 수법

    C. **스피어피싱**(Spear-Phishing) : 불특정 다수의 개인정보를 빼내는 피싱(phishing)과 달리 특정인의 정보를 캐내기 위한 피싱을 말한다. 열대지방 어민이 하는 작살낚시(spearfishing)에 빗댄 표현이다.

29 서로 다른 기업 또는 조직 간에 표준화된 상거래 서식 또는 공공 서식을 서로 합의한 통신 표준에 따라 컴퓨터 간에 교환하는 전달방식을 의미하는 용어는?

① EDI
② EDMS
③ ECM
④ EDPS

> **TIP》** EDI(Electronic Data Interchange) … 서로 다른 기업 또는 조직 간에 표준화된 상거래 서식 또는 공공 서식을 서로 합의한 통신 표준에 따라 컴퓨터 간에 교환하는 전달방식

30 다음 중 도메인 네임에 대한 설명이 잘못된 것을 모두 고르면?

> 가. com : 상업 회사, 기관
> 나. org : 비영리기관
> 다. net : 연구기관
> 라. mil : 군사기관
> 마. or : 정부기관

① 나, 다, 라
② 다, 마
③ 다, 라, 마
④ 나, 라, 마

> **TIP》** 다. net : 네트워크 관련기관(국제 도메인)
> 마. or : 비영리 법인(국내 도메인)

31 다음 중 클라우드 서비스에 대한 설명으로 가장 적절한 것은?

① 해외 출장 시에는 클라우드 서비스의 이용이 불가능하다.
② 모바일 기기를 통해서는 파일을 다운로드만 할 수 있다.
③ 클라우드 서비스를 이용하여 문서를 업로드하면 읽기전용 파일로 변환되어 저장된다.
④ 인터넷과 연결된 중앙컴퓨터에 저장해서 인터넷에 접속하기만 하면 언제 어디서든 데이터를 이용할 수 있다.

> **TIP》** 클라우드 서비스 … 인터넷으로 연결된 초대형 고성능 컴퓨터(데이터센터)에 소프트웨어와 콘텐츠를 저장해 두고 필요할 때마다 꺼내 쓸 수 있는 서비스

ANSWER 》 28.④ 29.① 30.② 31.④

32 인터넷의 WWW는 다음 중 무엇을 줄인 말인가?

① World Webster Word

② World Western Web

③ World Wide Web

④ World Wide Windows

TIP 》 World Wide Web … 인터넷 중 문자·그림·소리 등을 주고받을 수 있는 멀티미디어 서비스로 W3 혹은 간단히 웹(Web)이라고도 한다.

33 다음 중 데이터베이스관리시스템(DBMS)에 대한 설명으로 가장 옳지 않은 것은?

① 데이터의 논리적·물리적 독립성이 보장된다.

② 여러 곳에서 자료 입력이 가능하므로 데이터가 중복된다.

③ 데이터의 실시간 처리로 최신 데이터 유지가 가능하다.

④ 저장된 데이터를 공동으로 이용할 수 있다.

TIP 》 ② 데이터베이스관리시스템(DBMS)은 중복성과 종속성 문제를 해결하기 위해 만들어졌다.

34 다음 중 전자상거래 모델에 대한 설명으로 가장 올바르지 않은 것은?

① G2B는 정부와 기업 간의 거래에 해당하는 것으로서 대표적인 것이 나라장터이다.

② B2B는 기업과 기업 사이의 거래를 기반으로 한 전자상거래 비즈니스 모델이다.

③ B2C는 기업이 소비자를 상대로 상품을 판매하는 형태를 의미한다.

④ C2B는 소비자가 주체가 되어 기업과 상거래를 하는 것으로 공동 구매를 의미한다.

TIP 》 ④ 소비자 대 기업 간 인터넷 비즈니스로 인터넷이 등장하면서 생겨난 새로운 거래관계로 소비자가 개인 또는 단체를 구성하여 상품의 공급자나 상품의 생산자에게 가격이나 수량 또는 서비스 등에 관한 조건을 제시하고 구매하는 것을 말한다.

35 인터넷 IP 주소는 한정되어 있으므로 한 기관에서 배정받은 하나의 네트워크 주소를 다시 여러 개의 작은 네트워크로 나누어 사용하는 방법을 무엇이라 하는가?

① Subnetting   ② IP Address
③ DNS   ④ TCP/IP

> **TIP** 》 ② 인터넷에 접속한 컴퓨터 식별 번호를 말한다.
> ③ 인터넷망 통신규약인 TCP/IP 네트워크상에서 사람이 기억하기 쉽게 문자로 만들어진 도메인을 컴퓨터가 처리할 수 있는 숫자로 된 인터넷주소(IP)로 바꾸는 시스템인 Domain Name System을 일컫기도 하고, 이런 역할을 하는 서버컴퓨터 즉 Domain Name Server를 일컫기도 한다.
> ④ 인터넷 네트워크의 핵심 프로토콜이다.

36 인터넷 기술을 기업 내 정보 시스템에 적용한 것으로 전자우편 시스템, 전자결재 시스템 등을 인터넷 환경으로 통합하여 사용하는 것을 무엇이라고 하는가?

① 인트라넷   ② 엑스트라넷
③ 원격접속   ④ 블루투스

> **TIP** 》 ② 인터넷 기술을 사용하여 공급자 · 고객 · 협력업체 사이의 인트라넷을 연결하는 협력적 네트워크이다.
> ③ 자신이 사용권한을 가지고 있는 전제하에 다른 곳에 위치한 컴퓨터를 온라인으로 연결(TCP/IP체계)하여 사용하는 서비스이다.
> ④ 휴대폰, 노트북, 이어폰 · 헤드폰 등의 휴대기기를 서로 연결해 정보를 교환하는 근거리 무선 기술 표준을 뜻한다.

37 전자상거래 결제 시 신용카드를 대체하는 전자화폐가 등장하고 있다. 전자화폐의 특징으로 가장 적절하지 않은 것은?

① 누가 어떤 상점에서 무엇을 샀는지를 제3자가 알 수 없어야 한다.
② 다른 사람에게 이전이 가능해야 한다.
③ 불법 변조 및 위조가 안 되어야 한다.
④ 한국은행에서 발행하며 현금처럼 사용할 수 있어야 한다.

> **TIP** 》 ④ 전자화폐는 한국은행에서 발행하지 않는다. 전자화폐의 예로 금융결제원에서 발행한 K 캐시(K-cash)가 있다.

ANSWER 〉 32.③ 33.② 34.④ 35.① 36.① 37.④

38 다음 중 인터넷을 이용한 전자상거래의 효과로 가장 거리가 먼 것은?

① 다양한 정보 습득과 선택의 자유

② 기밀성과 익명성 보장

③ 구매자의 비용절감

④ 물리적 제약 극복

> **TIP** 》 인터넷을 통한 전자상거래는 익명성의 문제를 내포하고 있다.

39 노트북 저장 공간 부족 문제 해결을 하기 위해 사용하는 방법으로 적절한 것끼리 묶어진 것은?

가. 마이크로 SD	나. DSLR
다. 외장형 하드디스크	라. SSD
마. SNS	바. 클라우드 서비스
사. CD-R	아. IoT

① 다, 라, 마, 사, 아   ② 가, 나, 마, 바, 사

③ 가, 나, 다, 마, 아   ④ 가, 다, 라, 바, 사

> **TIP** 》 노트북 저장 공간 부족은 이동식 디스크를 사용하거나 인터넷으로 연결된 외부서버를 이용하여 정보를 저장하는 클라우드 서비스 등을 활용해 해결할 수 있다.

40 컴퓨터에서 LAN카드를 활용하여 인터넷에 연결하기 위해서는 사용자의 네트워크 환경에 적합하도록 TCP/IP 프로토콜을 설정해야 한다. 일반적인 운영체제에서 TCP/IP를 설정할 때 입력해야 하는 기본 정보로 가장 거리가 먼 것은?

① IP 주소   ② 서브넷 마스크

③ 기본 게이트웨이   ④ MAC 주소

> **TIP** 》 MAC 주소는 특정 구역 내 정보통신망인 LAN에 사용되는 네트워크 모델인 이더넷의 물리적인 주소를 말한다.

41 무선공유기에서 제공하는 보안기술에 해당하지 않는 것은?

① WEP   ② WPA

③ WPW   ④ WPA2

TIP 》 무선보안 기술은 WEP→WPA→WPA2 순서로 발전을 했다.

42 인터넷 브라우저에 해당되지 않는 것은?

① 익스플로러   ② 크롬

③ 사파리   ④ 파이널 컷

TIP 》 파이널 컷 … 애플사가 개발한 전문 비선형 편집 시스템이다. 독립 영화 제작자들 사이에 널리 쓰이며, 전통적으로 아비드 소프트웨어를 사용하는 헐리우드 영화 편집자들이 먼저 사용하기 시작하였다.

43 SNS에서 특정 단어와 연관된 게시물을 모아 볼 수 있는 기능으로, '#○○○○' 형식으로 표시하는 이것을 무엇이라 하는가?

① 맨션   ② 해시태그

③ QR코드   ④ DM

TIP 》 해시태그 … #와 특정 단어를 붙여 쓴 것으로, 해시태그는 트위터, 페이스북 등 소셜 미디어에서 특정 핵심어를 편리하게 검색할 수 있도록 하는 메타데이터의 한 형태이다.

44 차량 내 AI를 이용해 차량 주변 사람 및 사물을 파악하고 어떻게 대처할 지를 결정하며 이를 보행자에게 알리는 시스템은?

① 보행자 토크   ② 보행자 알림

③ 보행자 인지   ④ 보행자 신호

TIP 》 보행자 알림 시스템은 무인자동차가 주변 행인에게 음성이나 전광판으로 위험을 알리는 기술로 구글에서 개발했다.

ANSWER 〉 38.② 39.④ 40.④ 41.③ 42.④ 43.② 44.②

45 다음 중 북한의 도메인에 해당하는 것은?

① kp

② kr

③ ko

④ nk

TIP 》 북한의 공식적인 도메인은 북한을 나타내는 최상위 도메인 명인 kp이다.

46 스마트폰, 개인 정보 단말기, 기타 이동 전화 등을 이용한 은행 업무, 지불 업무, 티켓 업무와 같은 서비스를 하는 비즈니스 모델은?

① M 커머스

② C 커머스

③ P 커머스

④ A 커머스

TIP 》 M 커머스 … 전자상거래의 일종으로 가정이나 사무실에서 유선으로 인터넷에 연결, 물건을 사고파는 것과 달리 이동 중에 이동전화기나 무선인터넷정보단말기 등을 이용해 거래하는 것을 말한다.

47 인터넷 사이트를 방문하는 사람들의 컴퓨터로부터 사용자 정보를 얻어내기 위해 사용되는 것으로, ID와 비밀번호 등 네티즌 정보를 담은 임시파일을 말한다. 암호화되어 있긴 하나 이를 통해 개인 신상정보가 노출될 위험을 가지고 있는 것은?

① Proxy

② Cookie

③ Cache

④ KSS

TIP 》 ① Proxy : 인터넷상에서 한 번 요청한 데이터를 대용량 디스크에 저장해 두고, 반복하여 요청하는 경우 디스크에 저장된 데이터를 제공해 주는 서버
③ Cache : 컴퓨터의 성능을 향상시키기 위해 사용되는 소형 고속 기억장치
④ KSS : 실시간으로 업데이트된 정보를 제공하는 기술이자 규약

48 네트워크에서 도메인이나 호스트 이름을 숫자로 된 IP주소로 해석해 주는 TCP/IP 네트워크 서비스의 명칭으로 알맞은 것은?

① 라우터　　　　　　　　　　　　② 모블로그

③ CGI　　　　　　　　　　　　　④ DNS

> **TIP** 》 ① 라우터 : LAN과 LAN을 연결하거나 LAN과 WAN을 연결하기 위한 인터넷 네트워킹 장비
> ② 모블로그 : 모바일(mobile)과 블로그(blog)를 합성한 용어로서 이동 통신 서비스의 유비쿼터스 특성이 결부되어 특화된 기능의 블로그
> ③ CGI : Common Gateway Interface의 약어로, WWW 서버와 서버 상에서 등장하는 다른 프로그램이나 스크립트와의 인터페이스

49 시스템 소프트웨어에 대한 설명으로 틀린 것은?

① 응용 소프트웨어의 실행이나 개발을 지원한다.

② 응용 소프트웨어에 의존적이다.

③ 컴퓨터의 운영체계, 컴파일러, 유틸리티 등이 있다.

④ 응용 소프트웨어와 대칭된다.

> **TIP** 》 ② 시스템 소프트웨어는 응용 소프트웨어에 의존적이지 않은 소프트웨어이다.

1 지식인이나 종교계 인사 등이 나라의 시대 상황에 대해서 자신들의 우려를 표명하며 해결하기를 촉구하는 것을 일컫는 용어를 무엇이라 하는가?

① 분당선언　　　　　　　　　　　　② 시국선언
③ 양심선언　　　　　　　　　　　　④ 공동선언

> **TIP 》** 시국선언이란 정치 또는 사회적으로 큰 혼란이 있거나 심각한 문제가 있다고 판단될 때 지식인이나 종교계 인사 등이 한날한시에 정해진 장소에 모여 현안에 대한 우려를 표명하고 사태 해결을 촉구하는 것을 말한다.

2 선거의 4대 원칙이 아닌 것은?

① 보통선거　　　　　　　　　　　　② 비밀선거
③ 평등선거　　　　　　　　　　　　④ 자유선거

> **TIP 》** 선거의 4대 원칙 … 보통 · 평등 · 직접 · 비밀의 4대 원칙에 자유선거의 원칙을 덧붙여 선거의 5원칙이라 하기도 한다.

3 다음의 사건을 연대순으로 바르게 나열한 것은?

> ㉠ 7 · 7선언(민족자존과 통일번영에 관한 특별선언)
> ㉡ 7 · 4남북공동성명 발표
> ㉢ 6 · 15남북공동선언
> ㉣ 10 · 4선언(남북관계 발전과 평화번영을 위한 선언)

① ㉢ - ㉠ - ㉣ - ㉡　　　　　　② ㉣ - ㉡ - ㉠ - ㉢
③ ㉡ - ㉢ - ㉠ - ㉣　　　　　　④ ㉡ - ㉠ - ㉢ - ㉣

> **TIP 》** ㉠ 1988. 7. 7 ㉡ 1972. 7. 4 ㉢ 2000. 6. 15 ㉣ 2007. 10. 4

4 공식적으로 인정되지 않았지만, 실질적인 권세를 갖고 있는 사람을 뜻하는 용어는 무엇인가?

① 공인실세   ② 비선실세

③ 핵심실세   ④ 권력실세

> **TIP 》** 비선실세란 비선과 실세의 합성어이다. '비선'이란 몰래 어떤 인물이나 단체와 관계를 맺고 있는 것을 말하며, '실세'란 실제 세력 또는 그것을 지닌 사람을 말한다.

5 다음 중 레임덕(lame duck)현상에 관한 설명으로 옳은 것은?

① 집권자의 임기 말기에 나타나는 정치력 약화현상이다.

② 외채 상황이 어렵게 된 후진국의 경제혼란현상이다.

③ 군소정당의 난립으로 인한 정치적 혼란현상이다.

④ 선진국과 후진국 사이에 나타나는 경제적 갈등현상이다.

> **TIP 》** 레임덕 … 공직자의 임기 말 권력누수 현상을 일컫는 말이다. '레임(lame)'의 사전적 의미는 '다리를 저는, 절름발이의'로 레임덕(lame duck)이란 임기만료를 앞둔 공직자의 통치력 저하를 '절름발이 오리'에 비유한 것이다.

6 다음 중 중임이 불가능한 사람은?

① 국회의장   ② 대법원장

③ 감사원장   ④ 헌법재판소재판관

> **TIP 》** 감사원장은 1회에 걸쳐 중임이 가능하고, 헌법재판소재판관은 법률이 정하는 바에 따라 연임이 가능하다. 대법원장의 경우 헌법 제105조 제1항에서 중임할 수 없다고 규정하고 있다.

7 우리나라의 선거제도로 알맞지 않은 것은?

① 대통령 피선거권 45세 이상   ② 국회의원 피선거권 25세 이상

③ 지방자치단체장 피선거권 25세 이상   ④ 선거권 19세 이상

> **TIP 》** ① 선거일 현재 5년 이상 국내에 거주하고 있는 40세 이상의 국민은 대통령의 피선거권이 있다〈공직선거법 제16조 제1항〉.

ANSWER 〉 1.② 2.④ 3.④ 4.② 5.① 6.② 7.①

8 대통령이 내란·외환의 죄 이외의 범죄에 대하여 임기기간 중 형사상 소추(訴追)를 받지 않는 권한은?

① 불소추특권
② 사면특권
③ 임명특권
④ 군통수권

TIP 》 불소추특권은 외국에 대하여 국가를 대표하는 지위에 있는 대통령의 신분과 권위를 유지하고 국가원수 직책의 원활한 수행을 보장하기 위함이다.

9 다음 중 일반 국민들을 배심원으로 선정하여 유죄 및 무죄의 평결을 내리게 하는 한국형 배심원 재판제도를 일컫는 말은?

① 배심원제도
② 추심원제도
③ 국민참여재판제도
④ 전관예우제도

TIP 》 국민참여재판제도 … 2008년 1월부터 시행된 배심원 재판제도로 만 20세 이상의 국민 가운데 무작위로 선정된 배심원들이 형사재판에 참여하여 유죄·무죄 평결을 내리지만 법적인 구속력은 없다.

10 다음은 무엇에 대한 설명인가?

㉠ 대통령제에서 대통령과 행정부는 의회에 대하여 책임을 지지 않으며, 의회의 정부불신임권과 정부의 국회해산권이 없다.
㉡ 지방자치는 일정한 지역을 기초로 하여 국가로부터 어느 정도 독립된 지방공공단체가 설치되어(단체자치), 그 사무를 지역주민의 참가와 의사에 따라 처리하는(주민자치) 것을 말한다.

---

① 권력분립
② 직접참여
③ 대표의 원리
④ 국민주권

TIP 》 권력분립 … 국가권력을 복수의 기관에 분산시켜 견제와 균형의 관계를 유지하여 권력의 남용을 막고 국민의 자유와 권리를 보장하려는 원리이다.

11 다음 중 헌법재판소의 심판대상에 해당하지 않는 것은?

① 검사가 내린 불기소처분

② 법률이 헌법에 위반되는지의 여부

③ 대통령에 대한 탄핵 여부

④ 대법원 판결이 헌법에 위반되는지의 여부

> **TIP** 》 헌법재판소 … 법률의 위헌 여부와 탄핵 및 정당해산에 관한 심판을 담당하는 국가기관으로,
> 현행헌법상 위헌법률심판권, 탄핵심판권, 위헌정당해산심판권, 권한쟁의심판권, 헌법소원심
> 판권의 권한이 있다.

12 비정부간 조직(Non Governmental Organization)에 대한 설명으로 옳지 않은 것은?

① 유엔헌장에 따라 UN의 사업에 참가하는 단체이다.

② 자원단체는 물론 다국적 기업도 포함된다.

③ 평화·환경 분야에서 국가의 기능을 보완 또는 협력한다.

④ 국경을 초월한 시민활동단체로서 인권·반핵분야에서 활동하지만 군축분야는 활동영
역에서 제외된다.

> **TIP** 》 UN에 등록되어 있는 단체는 UNICEF, UNESCO, UNCTAD 등 천여 개가 넘으며, 국경을
> 초월하여 군축·평화·환경·원조·경제협력 등의 분야에서 활동하고 있다.

13 현대정치에서 압력집단의 수가 많아지고 그 기능이 강화되는 이유는?

① 정부의 기능이 축소되고 있기 때문이다.

② 집권을 원하는 집단이 많아졌기 때문이다.

③ 개인과 집단의 이익이 다원화되고 있기 때문이다.

④ 정당 내부에 민주화가 진행되고 있기 때문이다.

> **TIP** 》 현대사회의 세분화·전문화 경향에 따라 계층 간의 이익이 다원화되고 있기 때문이다.

ANSWER 〉 8.① 9.③ 10.① 11.① 12.④ 13.③

14 다음 중 직접민주정치제도만 모은 것은?

> ㉠ 국민소환　　　　　　　　　㉡ 국민대표
> ㉢ 국민발안　　　　　　　　　㉣ 국민투표
> ㉤ 대통령제

① ㉠㉡㉢　　　　　　　　　　② ㉠㉢㉣
③ ㉠㉢㉤　　　　　　　　　　④ ㉡㉢㉣

> **TIP》** 직접민주정치방법에는 국민투표·국민발안·국민소환이 있다.

15 선거를 도와주고 그 대가를 받거나 이권을 얻는 행위를 일컫는 용어는?

① 매니페스토(manifesto)　　　　② 로그롤링(logrolling)
③ 게리맨더링(gerrymandering)　　④ 플레비사이트(plebiscite)

> **TIP》** ① 선거 시에 목표와 이행가능성, 예산확보의 근거를 구체적으로 제시한 유권자에 대한 공약을 말한다.
> ③ 선거구를 특정 정당이나 후보자에게 유리하게 인위적으로 획정하는 것을 말한다.
> ④ 직접민주주의의 한 형태로 국민이 국가의 의사결정에 국민투표로 참여하는 제도이다.

16 다음 중 입법권으로부터 기본적 인권이 침해되었을 때 가장 유효한 구제수단은?

① 형사보상청구권　　　　　　② 위헌법률심사제도
③ 행정소송제도　　　　　　　④ 손해배상청구권

> **TIP》** 법률이 헌법에 규정된 기본적 인권을 침해한다는 것은 곧 위헌법률의 판단문제를 의미한다.

17 기존 호봉제와 달리 입사 순서가 아닌 능력에 따라 급여를 결정하는 방식, 즉 임금을 근속 연수와 직급이 기준이 아닌 한 해 개인별 성과에 따라 차등을 두는 제도는?

① 성과연봉제　　　　　　　　② 호봉제
③ 임금피크제　　　　　　　　④ 포괄연봉제

> **TIP》** 성과연봉제는 직원들의 업무능력 및 성과를 등급별로 평가해 임금에 차등을 두는 제도를 말한다.

18 다음 괄호 안에 들어갈 알맞은 말은?

> 니콜라스 탈레브는 그의 책에서 (   )을/를 '과거의 경험으로 확인할 수 없는 기대 영역 바깥쪽의 관측 값으로, 극단적으로 예외적이고 알려지지 않아 발생가능성에 대한 예측이 거의 불가능 하지만 일단 발생하면 엄청난 충격과 파장을 가져오고, 발생 후에야 적절한 설명을 시도하여 설명과 예견이 가능해지는 사건'이라고 정의했다. 이것의 예로 20세기 초에 미국에서 일어난 경제 대공황이나 9 · 11 테러, 구글(Google)의 성공 같은 사건을 들 수 있다.

① 블랙스완
② 화이트스완
③ 어닝쇼크
④ 더블딥

　　TIP》 ① 극단적으로 예외적이어서 발생가능성이 없어 보이지만 일단 발생하면 엄청난 충격과 파급효과를 가져오는 사건을 가리키는 말이다.
② 반복되어 오는 위기임에도 불구하고 뚜렷한 해결책을 제시하지 못하는 상황을 이르는 말이다.
③ 기업이 실적을 발표할 때 시장에서 예상했던 것보다 저조한 실적을 발표하는 것을 말한다.
④ 경기침체 후 잠시 회복기를 보이다가 다시 침체에 빠지는 이중침체 현상을 말한다.

19 모든 사원이 회사 채무에 대하여 직접 · 연대 · 무한의 책임을 지는 회사 형태는 무엇인가?

① 합명회사
② 합자회사
③ 유한회사
④ 주식회사

　　TIP》 ② 사업의 경영은 무한책임사원이 하고, 유한책임사원은 자본을 제공하여 사업에서 생기는 이익의 분배에 참여하는 형태
③ 사원이 회사에 출자금액을 한도로 하여 책임을 질뿐, 회사채권자에 대해서는 책임을 지지 않는 사원으로 구성된 회사
④ 주식의 발행으로 설립된 회사

ANSWER 〉 14.② 15.② 16.② 17.① 18.① 19.①

20 다음 중 경영에서 목표관리(MBO)의 효용과 한계에 관한 설명으로 옳지 않은 것은?

① 목표의 명확한 설정 및 성과의 계량적 측정이 어렵다.

② 수평적 의사소통체계보다 수직적 의사소통체계를 개선하는 데 더욱 유리하다.

③ 단기적 목표보다 장기적 목표에 대한 조직구성원들의 관심을 유도하는 데 도움을 준다.

④ 상·하 계급에 관계없이 모든 조직구성원들의 공동참여에 의한 목표설정을 통하여 목표에 대한 인식을 공유할 수 있다.

  TIP 》 ③ 목표관리는 목표달성결과를 측정하므로 단기적인 목표에 주안점을 두고 장기적 목표를 경시할 가능성이 있다.

  ※ **목표관리**(MBO : Management By Object) … MBO 이론은 목표설정의 가장 대표적인 예로서 "목표에 의한 관리"라고도 부르며 1965년 피터 드러커(Peter Drucker)가 「경영의 실제」에서 주장한 이론이다. 종업원들로 하여금 직접 자신의 업무 목표를 설정하는 과정에 참여하도록 함으로써 경영자와 종업원 모두가 만족할 수 있는 경영목표를 설정할 수 있다. 특히 종업원들은 자신에 대한 평가방법을 미리 알고 업무에 임하고, 평가 시에도 합의에 의해 설정된 목표달성 정도에 따라 업적을 평가하며 결과는 피드백(feedback)을 거쳐 경영계획 수립에 반영된다.

21 SWOT 분석에서 SWOT에 해당하지 않는 것은?

① S − Strength   ② W − Weakness
③ O − Originality   ④ T − Threat

  TIP 》 SWOT 분석이란 강점을 토대로 주어진 기회를 기업에 유리하게 이용하고 위협에는 적절히 대처하게 하거나 기업의 약점을 적절히 보완할 수 있는 전략을 수립하는 것으로 O는 기회(opportunity)를 의미한다.

22 현재 한류는 중국 자본이 지배하고 있는데, 위안화의 국제화라는 주제를 중심으로 중국에서 들어오는 자본을 통칭하는 말을 무엇이라 하는가?

① 블랙 머니   ② 화이트 머니
③ 레드 머니   ④ 옐로우 머니

  TIP 》 레드 머니는 중국에서 들어오는 자본을 말하는 것으로, 한류와 밀접한 관계가 있다.

23 부동산 경기침체 장기화로 집값 하락이 지속되고 있는 가운데, 집을 팔더라도 대출금이나 세입자 전세금을 다 갚지 못하는 주택을 무엇이라 하는가?

① 셰어(share) 주택　　　　　　② 깡통 주택

③ 푸어(poor) 주택　　　　　　④ 하우스 푸어(house poor)

> **TIP 》** 깡통 주택 … 부동산 경기침체 장기화로 집값 하락이 지속되고 있는 가운데, 집을 팔더라도 대출금이나 세입자 전세금을 다 갚지 못하는 주택

24 다음 중 생산의 3요소에 해당하지 않는 것은?

① 노동　　　　　　　　　　② 경영

③ 토지　　　　　　　　　　④ 자본

> **TIP 》** 생산의 3요소 … 토지, 노동, 자본

25 우리나라의 현행 조세체계는 크게 중앙정부의 국세와 지방정부의 지방세로 나누어진다. 다음 중 그 성격이 다른 조세는?

① 종합토지세　　　　　　　② 재산세

③ 소득세　　　　　　　　　④ 취득세

> **TIP 》** 우리나라의 조세체계
> ㉠ 국세 : 소득세, 법인세, 부가가치세, 상속세, 증여세, 특별소비세 등
> ㉡ 지방세 : 종합토지세, 재산세, 취득세, 등록세 등

26 영기준예산(Zero Base Budgeting)의 장점이라고 할 수 없는 것은?

① 재정운용의 탄력성　　　　② 자원의 합리적 배분

③ 적절한 정보의 제시　　　　④ 시간, 노력의 절약

> **TIP 》** 영기준예산의 장점
> ㉠ 사업의 전면적인 재평가와 자원배분의 합리화
> ㉡ 국가재정과 예산운영의 신축성, 강력성 제고
> ㉢ 하의상달과 관리자의 참여 촉진
> ㉣ 국민의 조세부담 완화와 감축관리를 통한 자원난 극복

ANSWER 〉 20.③　21.③　22.③　23.②　24.②　25.③　26.④

27 마찰적 실업을 줄이기 위한 방법 중 가장 효율적인 것은?

① 임시직을 정규직으로 전환한다.

② 임금상승을 생산성 증대 수준 이하로 억제한다.

③ 노동시장의 수급상황에 대한 정보활동을 강화한다.

④ 근로자의 직업교육을 확대한다.

> **TIP 》** ③ 마찰적 실업은 노동시장에 대한 정보부족 내지 노동의 이동성 부족이 원인이므로 취업에 대한 정보를 적절한 시기에, 효율적으로 제공하는 것이 중요하다.

28 경제문제가 발생하는 가장 근본적인 원인은?

① 이윤극대화의 원칙   ② 한계효용의 법칙

③ 희소성의 원칙   ④ 분배의 원칙

> **TIP 》** 더 많이 생산하고 더 많이 소비하려는 사람들의 욕망은 자원의 희소성으로 인하여 제한되므로, 경제활동은 항상 선택의 문제에 직면하게 된다.

29 무역형태 중 녹다운(knockdown)방식이란?

① 해외 진출 시 부분품을 수출하여 현지에서 조립하여 판매하는 것

② 해외에서 덤핑하는 행위

③ 경쟁기업을 넘어뜨리기 위하여 품질개선 등의 비가격경쟁으로 대항하는 것

④ 경쟁기업을 넘어뜨리기 위하여 가격인하정책을 쓰는 것

> **TIP 》** 녹다운방식(knockdown system) … 상품의 부품 또는 반제품의 형태로 해외에 수출하여 현지에서 조립 · 판매하는 것으로 주로 자동차수출에 적용되고 있다.

30 다음 중 4차 산업에 속하지 않는 것은?

① 정보산업   ② 교육산업

③ 보험업   ④ 의료업

> **TIP 》** ㉠ 3차 산업 : 상업, 금융, 보험, 수송 등
> ㉡ 4차 산업 : 정보, 의료, 교육, 서비스산업 등
> ㉢ 5차 산업 : 패션, 오락, 레저산업 등

31 다음에서 설명하는 제도의 실시 목적은?

> 정부가 농산물가격을 결정함에 있어서 생산비로부터 산출하지 않고 일정한 때의 물가에 맞추어 결정한 농산물가격이다.

① 근로자 보호　　　　　　　　② 생산자 보호
③ 소비자 보호　　　　　　　　④ 독점의 제한

　　TIP》 제시된 내용은 패리티가격(Parity Price)에 관한 설명으로 농민, 즉 생산자를 보호하려는데 그 목적이 있다.

32 취업 여성수가 늘어남에 따라 이들의 소득수준이 높아지면서 여성 대상의 상품이나 서비스 시장이 확대되는 것을 뜻하는 용어는 무엇인가?

① 우머노믹스　　　　　　　　② 우먼스팩토리
③ 우먼스밴드　　　　　　　　④ 우머니스트

　　TIP》 우머노믹스란 '우먼(Woman)'과 '이코노믹스(Economics)'의 합성어로 여성이 경제를 주도해 나가는 경제현상을 말한다. 최근에는 여성들이 기업 CEO는 물론 금융계에도 다수 진출하면서 여성 리더들이 경제를 이끌어가는 현상을 뜻하는 용어로 사용된다.

33 경제활동에 있어서는 합리적인 선택과 결정이 항상 필요하다. 다음의 내용과 관련된 중요한 판단기준 두 가지는 무엇인가?

> • 인간의 욕망은 무한한데 자원은 희소하므로 항상 선택의 문제에 직면한다.
> • 누구를 위하여 생산할 것인가의 문제에는 공공복리와 사회정의의 실현을 함께 고려해야 한다.

① 효율성과 형평성　　　　　　② 타당성과 실효성
③ 안정성과 능률성　　　　　　④ 희소성과 사회성

　　TIP》 제시된 내용은 자원의 희소성과 분배의 문제에 대해 언급하고 있다. 자원의 희소성 때문에 선택의 문제가 발생하므로 최소의 비용으로 최대의 만족을 추구하는 효율성이 판단기준이 되고, 분배의 경우 가장 바람직한 상태인 형평성이 판단기준이 된다.

ANSWER》 27.③　28.③　29.①　30.③　31.②　32.①　33.①

34 다음 중 인간은 원래 선한 존재라는 긍정적인 측면에서, 관리자가 조직구성원을 관리할 때 민주적인 방법을 사용하는 것만이 효과를 극대화할 수 있다는 이론은?

① X이론　　　　　　　　　　② Y이론

③ W이론　　　　　　　　　　④ Z이론

> **TIP 》** Y이론
> ㉠ 가정 : 인간이 자기표현과 자제의 기회를 참여를 통하여 발견하고, 자기행동의 방향을 스스로 정하고 자제할 능력이 있으며 책임 있는 행동을 한다고 본다. 또한 사회·심리적 욕구를 추구하는 사회적 존재로서, 이타적이고 창조적이며 진취적이라고 본다.
> ㉡ 관리전략 : 관리자는 조직목표와 개인목표가 조화될 수 있도록 해야 하며, 직무를 통하여 욕구가 충족되고 개인이 발전할 수 있는 조직의 운영방침을 채택해야 한다. 목표관리 및 자체평가제도의 활성화, 분권화와 권한의 위임, 민주적 리더십, 평면적 조직구조의 발달 등이 필요하다.
> ㉢ 비판
> • 상대적·복합적인 인간의 욕구체계를 너무 단순화시키고 있다.
> • 상황에 따라서는 관리자의 명령·지시가 오히려 더 효과적일 수 있다는 점을 간과한다.
> • 직무수행을 통한 자기실현욕구의 충족을 강조하고 있으나, 실제로는 직장 밖에서 이러한 욕구를 추구하는 사람이 많다는 비판이 있다.

35 현대인의 고질병인 '손목터널증후군'과 일맥상통하는 질병으로 미국에서는 CEO들에게 많이 나타나 정식 직업병으로 인정되고 있는 이것은 무엇인가?

① 블랙베리증후군　　　　　　② 핑거페인증후군

③ 아이폰증후군　　　　　　　④ 디지털증후군

> **TIP 》** 블랙베리증후군(BlackBerry Thumb) … 과도하게 문자를 보내고 답하느라 팔이 저리고 엄지나 약지, 중지 등이 무기력해지는 일종의 디지털 질병

36 2017년부터 「고용상 연령차별금지 및 고령자고용촉진에 관한 법률」의 일부 개정안에 따라서 모든 사업장에서 정년이 의무적으로 연장되었다. 정년은 몇 세인가?

① 58세 이상　　　　　　　　② 60세 이상

③ 62세 이상　　　　　　　　④ 65세 이상

> **TIP 》** 정년〈고용상 연령차별금지 및 고령자고용촉진에 관한 법률 제19조〉
> ㉠ 사업주는 근로자의 정년을 60세 이상으로 정하여야 한다.
> ㉡ 사업주가 근로자의 정년을 60세 미만으로 정한 경우에는 정년을 60세로 정한 것으로 본다.

37 사회보장제도에 대한 설명으로 옳은 것은?

① 우리나라 사회보장제도는 사회보험, 공공부조, 사회복지서비스로 구분된다.

② 공공부조의 대상자는 보험료 부담 능력이 있는 사람이다.

③ 사회보험은 강제성을 띠지 않는다.

④ 사회보험은 비용을 국가에서 부담하는 반면, 공공부조는 피보험자가 부담한다.

> **TIP》** ① 국제노동기구(ILO)에서는 사회보장의 내용을 사회보험과 공공부조로 보고 있는 것에 비
> 해, 우리나라와 일본에서는 사회보험, 공공부조, 사회복지서비스로 구분하여 보고 있다.
> ② 공공부조는 보험료의 부담능력이 없는 생활 무능력자를 대상으로 한다.
> ③ 사회보험은 강제가입, 능력별 부담, 근로의욕 고취 등의 특징을 보인다.
> ④ 사회보험은 피보험자나 기업주 또는 국가에서 비용을 부담하고, 공공부조는 전액 국가
> 에서 부담한다.

38 미국과 프랑스가 주창하는 노동운동으로 근로 조건을 국제적으로 표준화하려는 목적으로
추진되는 다자간 무역 협상은 무엇인가?

① 블루라운드 ② 우루과이 라운드

③ 그린라운드 ④ 레드라운드

> **TIP》** ② 우루과이 라운드 : 관세 및 무역에 관한 일반협정(General Agreement on Tariffs and
> Trade/GATT) 하에 논의되었던 제8차 다자간 무역협상이다.
> ③ 그린라운드 : 지구의 환경을 보존하고 오염된 환경을 개선하기 위하여 세계 여러 국가가
> 국제 무역 거래와 연계하여 벌이는 다자간 협상이다.

39 다음 중 자기중심적 사고를 갖는 현세대를 일컫는 말은?

① 딩크(DINK)족 ② 여피(YUPPIE)족

③ 좀비(zombie)족 ④ 미 제너레이션(me generation)

> **TIP》** 미 제너레이션(me generation) … 자기주장이 강하고 자기중심으로 생각하고 행동하는 현대
> 의 젊은 층을 일컫는 말로, 1970년대 중반 톰 울프가 지칭했다.

ANSWER 〉 34.② 35.① 36.② 37.① 38.① 39.④

40 대도시에 취직한 시골출신자가 고향으로 돌아가지 않고 지방 도시로 직장을 옮기는 형태의 노동력 이동은?

① J턴 현상   ② U턴 현상

③ 도넛(doughnut) 현상   ④ 스프롤(sprawl) 현상

> **TIP »** ① U턴 현상에 비해 출신지에서의 고용기회가 적을 경우 나타나는 현상이다.
> ② 대도시에 취직한 시골출신자가 고향으로 되돌아가는 노동력 이동현상을 말한다.
> ③ 대도시의 거주지역과 업무의 일부가 외곽지역으로 집중되고 도심에는 상업기관·공공기관만 남게 되어 도심이 도넛모양으로 텅 비어버리는 현상을 말한다.
> ④ 도시의 급격한 팽창에 따라 대도시의 교외가 무질서·무계획적으로 주택화되는 현상이다.

41 근로자의 쟁의행위가 아닌 것은?

① 태업   ② 사보타주

③ 직장폐쇄   ④ 파업

> **TIP »** ① 표면적으로는 작업을 하면서 집단적으로 작업능률을 저하시켜 사용자에게 손해를 주는 쟁의행위이다.
> ② 단순한 태업에 그치지 않고 의식적이고 고의적으로 사유재산 파괴하고 생산설비 손상을 통한 노동자의 쟁의행위이다.
> ③ 노사쟁의가 일어났을 때 사용자가 자기의 주장을 관철시키기 위하여 공장·작업장을 폐쇄하는 일을 말한다.
> ④ 노동자들이 자신들의 요구를 실현시키기 위해 집단적으로 생산 활동이나 업무를 중단함으로써 자본가에 맞서는 투쟁방식이다.

42 벨기에에서 실시돼 큰 효과를 거뒀던 혁신적 청년 실업 대책으로, 종업원 50명 이상인 기업에서는 고용인원의 3%에 해당하는 청년노동자를 의무적으로 채용하도록 하는 청년실업 대책 제도이다. 무엇인가?

① 마셜 플랜   ② 로제타 플랜

③ 그랜드 바긴   ④ 테네시 플랜

> **TIP »** 로제타 플랜 … 벨기에에서 실시되어 큰 성공을 거뒀던 혁신적 청년 실업대책을 말한다. 1998년 벨기에 정부는 신규졸업자의 50%에 이르는 심각한 청년실업사태가 발생하자, 종업원 25명 이상을 거느린 기업을 대상으로 1년 동안 1명 이상의 청년실업자를 의무적으로 고용하도록 한 제도를 실시했다.

43 실업을 줄일 수 있는 대책으로 옳지 못한 것은?

① 농촌의 가내공업 육성

② 직업정보의 효율적 제공

③ 직업기술교육 및 인력 개발

④ 사회보장제도의 확충으로 최저생계 유지

>   **TIP 》** ④ 근로의욕이 저하되고 오히려 실업률이 높아질 수 있다.

44 사회집단에 대한 다음 설명 중 옳지 않은 것은?

① 준거집단은 행위나 판단의 기준을 제공해 주는 집단이다.

② 집단과의 동일시 여부에 따라 내집단과 외집단으로 나눌 수 있다.

③ 외집단에서는 유대감, 협동심 등의 소속의식이 강조된다.

④ 원초집단은 개인과 사회를 연결해 주며, 사회통제의 기능을 담당한다.

>   **TIP 》** ③ 외집단에서는 이질감을 가지거나 적대감 또는 적대적 행동까지 가지게 되는 경우로, 타인집단과 같은 의미이다. 내집단과 외집단은 미국의 사회학자 섬너(W. G. Sumner)에 의한 분류이다.

45 다음 중 잠재적 실업에 관한 설명으로 옳은 것은?

① 형식적 · 표면적으로는 취업하고 있으나 실질적으로는 실업상태에 있는 실업형태

② 노동에 대한 수요와 공급이 일시적으로 일치하지 못하는 데서 생기는 실업형태

③ 자본주의 경제구조와 내재적 모순에서 오는 만성적 · 고정적 실업형태

④ 산업의 생산과정이 계절적 조건에 의해 제약되어 노동의 투입이 계절적으로 변동하는 경우에 생기는 실업형태

>   **TIP 》** ② 마찰적 실업 ③ 구조적 실업 ④ 계절적 실업

46 다음 중 집단의 성격이 같은 것끼리 연결된 것은?

① 내집단 - gesellschaft - 지역사회

② 외집단 - 우리집단 - 계약사회

③ 내집단 - 1차집단 - gemeinschaft

④ 외집단 - 타인집단 - 신분사회

　　　TIP 》 ㉠ **내집단**: 한 개인이 그 집단에 소속한다는 느낌을 가지며 구성원 간에 공동체의식이 강한
　　　　　　　집단이다.
　　　　　　㉡ **1차집단**: 구성원 간의 대면접촉과 친밀감을 바탕으로 결합되어 전인격적 관계를 이루는
　　　　　　　집단이다.
　　　　　　㉢ **공동사회**(gemeinschaft): 구성원의 상호 이해와 공동의 신념 및 관습이 집단구성의 바
　　　　　　　탕을 이룬다.

47 최저임금법상 최저임금의 결정기준이 아닌 것은?

① 근로자의 생계비　　　　　　　② 유사 근로자의 임금

③ 노동생산성　　　　　　　　　　④ 기업의 지급능력

　　　TIP 》 최저임금은 근로자의 생계비, 유사 근로자의 임금, 노동생산성 및 소득분배율 등을 고려하
　　　　　　여 정한다〈최저임금법 제4조 제1항〉.

48 사회복지 개념의 변화에 대한 설명으로 틀린 것은?

① 19세기 중반을 전후로 자선적 관점에서 시민권적 관점으로 변화했다.

② 빈민에 대한 특별 서비스적 성격에서 점차 많은 사람들이 보편적으로 가지고 있는
　욕구를 충족시키는 프로그램화 되었다.

③ 최저생계비에서 적정생계비로 확대되었다.

④ 제도적 개념에서 잔여적 개념으로 변화하고 있다.

　　　TIP 》 ④ 사회복지는 응급적이고 일시적인 잔여적 개념에서 정당한 지위를 가진 정상적인 사회
　　　　　　제도적 개념으로 변화하고 있다.

49 다음 지문과 관련된 조사방법은?

> ㉠ 언어소통이 어려운 종족에 대한 자료를 수집할 때 쓰인다.
> ㉡ 관찰자의 편견이 개입될 가능성이 크며, 예상하지 못했던 변수를 통제하기 어렵다.

① 질문지법 ② 면접법
③ 참여관찰법 ④ 문헌연구법

TIP 》 참여관찰법 … 연구자가 직접 참여하여 사회현상을 보고 듣고 느끼면서 자료를 수집하는 방법으로, 질문지법이나 면접법을 실시하기 어려운 어린이나 언어소통이 어려운 종족에 대한 자료를 수집하기 위해 많이 쓰인다. 단점으로는 관찰자의 편견이 개입될 가능성이 크고, 자료를 수집하고자 하는 현상이 나타날 때까지 기다려야 하며, 예상치 못했던 변수통제의 어려움 등이 있다.

50 지방자치제가 실시되면서 대두된 그 지방의 댐, 쓰레기, 핵처리 장소 등을 거부하는 지역이기주의를 무엇이라 하는가?

① 스프롤 현상 ② 님비 현상
③ 아노미 현상 ④ 소외 현상

TIP 》 님비 현상(NIMBY syndrome) … Not In My Back Yard의 약어로, 혐오시설이 자기지역 내에 설치되는 것을 반대하는 현상이다.

ANSWER 》 46.③ 47.④ 48.④ 49.③ 50.②

인성검사

인성검사의 개요 및 실전 인성검사를 수록하여 취업에 마무리까지
대비할 수 있습니다.

IV

인성검사

01 인성검사의 개요

1 인성(성격)검사의 개념과 목적

인성(성격)이란 개인을 특징짓는 평범하고 일상적인 사회적 이미지, 즉 지속적이고 일관된 공적 성격(Public – personality)이며, 환경에 대응함으로써 선천적 · 후천적 요소의 상호작용으로 결정화된 심리적 · 사회적 특성 및 경향을 의미한다.

인성검사는 직무적성검사를 실시하는 대부분의 기업체에서 병행하여 실시하고 있으며, 인성검사만 독자적으로 실시하는 기업도 있다.

기업체에서는 인성검사를 통하여 각 개인이 어떠한 성격 특성이 발달되어 있고, 어떤 특성이 얼마나 부족한지, 그것이 해당 직무의 특성 및 조직문화와 얼마나 맞는지를 알아보고 이에 적합한 인재를 선발하고자 한다. 또한 개인에게 적합한 직무 배분과 부족한 부분을 교육을 통해 보완하도록 할 수 있다.

인성검사의 측정요소는 검사방법에 따라 차이가 있다. 또한 각 기업체들이 사용하고 있는 인성검사는 기존에 개발된 인성검사방법에 각 기업체의 인재상을 적용하여 자신들에게 적합하게 재개발하여 사용하는 경우가 많다. 그러므로 기업체에서 요구하는 인재상을 파악하여 그에 따른 대비책을 준비하는 것이 바람직하다. 본서에서 제시된 인성검사는 크게 '특성'과 '유형'의 측면에서 측정하게 된다.

2 성격의 특성

(1) 정서적 측면

정서적 측면은 평소 마음의 당연시하는 자세나 정신상태가 얼마나 안정되어 있는지 또는 불안정한지를 측정한다.

정서의 상태는 직무수행이나 대인관계와 관련하여 태도나 행동으로 드러난다. 그러므로 정서적 측면을 측정하는 것에 의해, 장래 조직 내의 인간관계에 어느 정도 잘 적응할 수 있을까 (또는 적응하지 못할까)를 예측하는 것이 가능하다.

그렇기 때문에, 정서적 측면의 결과는 채용 시에 상당히 중시된다. 아무리 능력이 좋아도 장기적으로 조직 내의 인간관계에 잘 적응할 수 없다고 판단되는 인재는 기본적으로는 채용되지 않는다.

일반적으로 인성(성격)검사는 채용과는 관계없다고 생각하나 정서적으로 조직에 적응하지 못하는 인재는 채용단계에서 가려내지는 것을 유의하여야 한다.

① **민감성(신경도)** … 꼼꼼함, 섬세함, 성실함 등의 요소를 통해 일반적으로 신경질적인지 또는 자신의 존재를 위협받는다는 불안을 갖기 쉬운지를 측정한다.

질문	전혀 그렇지 않다	그렇지 않다	그렇다	매우 그렇다
• 배려적이라고 생각한다. • 어지러진 방에 있으면 불안하다. • 실패 후에는 불안하다. • 세세한 것까지 신경쓴다. • 이유 없이 불안할 때가 있다.				

▶측정결과

㉠ '그렇다'가 많은 경우(상처받기 쉬운 유형) : 사소한 일에 신경 쓰고 다른 사람의 사소한 한마디 말에 상처를 받기 쉽다.
• **면접관의 심리** : '동료들과 잘 지낼 수 있을까?', '실패할 때마다 위축되지 않을까?'
• **면접대책** : 다소 신경질적이라도 능력을 발휘할 수 있다는 평가를 얻도록 한다. 주변과 충분한 의사소통이 가능하고, 결정한 것을 실행할 수 있다는 것을 보여주어야 한다.

㉡ '그렇지 않다'가 많은 경우(정신적으로 안정적인 유형) : 사소한 일에 신경 쓰지 않고 금방 해결하며, 주위 사람의 말에 과민하게 반응하지 않는다.
• **면접관의 심리** : '계약할 때 필요한 유형이고, 사고 발생에도 유연하게 대처할 수 있다.'
• **면접대책** : 일반적으로 '민감성'의 측정치가 낮으면 플러스 평가를 받으므로 더욱 자신감 있는 모습을 보여준다.

② **자책성(과민도)** … 자신을 비난하거나 책망하는 정도를 측정한다.

질문	전혀 그렇지 않다	그렇지 않다	그렇다	매우 그렇다
• 후회하는 일이 많다. • 자신이 하찮은 존재라 생각된다. • 문제가 발생하면 자기의 탓이라고 생각한다. • 무슨 일이든지 끙끙대며 진행하는 경향이 있다. • 온순한 편이다.				

▶측정결과

㉠ '그렇다'가 많은 경우(자책하는 유형) : 비관적이고 후회하는 유형이다.

• **면접관의 심리** : '끙끙대며 괴로워하고, 일을 진행하지 못할 것 같다.'

• **면접대책** : 기분이 저조해도 항상 의욕을 가지고 생활하는 것과 책임감이 강하다는 것을 보여준다.

㉡ '그렇지 않다'가 많은 경우(낙천적인 유형) : 기분이 항상 밝은 편이다.

• **면접관의 심리** : '안정된 대인관계를 맺을 수 있고, 외부의 압력에도 흔들리지 않는다.'

• **면접대책** : 일반적으로 '자책성'의 측정치가 낮아야 좋은 평가를 받는다.

③ **기분성(불안도)** … 기분의 굴곡이나 감정적인 면의 미숙함이 어느 정도인지를 측정하는 것이다.

질문	전혀 그렇지 않다	그렇지 않다	그렇다	매우 그렇다
• 다른 사람의 의견에 자신의 결정이 흔들리는 경우가 많다. • 기분이 쉽게 변한다. • 종종 후회한다. • 다른 사람보다 의지가 약한 편이라고 생각한다. • 금방 싫증을 내는 성격이라는 말을 자주 듣는다.				

▶측정결과

㉠ '그렇다'가 많은 경우(감정의 기복이 많은 유형) : 의지력보다 기분에 따라 행동하기 쉽다.

• **면접관의 심리** : '감정적인 것에 약하며, 상황에 따라 생산성이 떨어지지 않을까?'

• **면접대책** : 주변 사람들과 항상 협조한다는 것을 강조하고 한결같은 상태로 일할 수 있다는 평가를 받도록 한다.

㉡ '그렇지 않다'가 많은 경우(감정의 기복이 적은 유형) : 감정의 기복이 없고, 안정적이다.

• **면접관의 심리** : '안정적으로 업무에 임할 수 있다.'

• **면접대책** : 기분성의 측정치가 낮으면 플러스 평가를 받으므로 자신감을 가지고 면접에 임한다.

④ 독자성(개인도) … 주변에 대한 견해나 관심, 자신의 견해나 생각에 어느 정도의 속박감을 가지고 있는지를 측정한다.

질문	전혀 그렇지 않다	그렇지 않다	그렇다	매우 그렇다
• 창의적 사고방식을 가지고 있다. • 융통성이 있는 편이다. • 혼자 있는 편이 많은 사람과 있는 것보다 편하다. • 개성적이라는 말을 듣는다. • 교제는 번거로운 것이라고 생각하는 경우가 많다.				

▶측정결과

㉠ '그렇다'가 많은 경우 : 자기의 관점을 중요하게 생각하는 유형으로, 주위의 상황보다 자신의 느낌과 생각을 중시한다.
 • 면접관의 심리 : '제멋대로 행동하지 않을까?'
 • 면접대책 : 주위 사람과 협조하여 일을 진행할 수 있다는 것과 상식에 얽매이지 않는다는 인상을 심어준다.

㉡ '그렇지 않다'가 많은 경우 : 상식적으로 행동하고 주변 사람의 시선에 신경을 쓴다.
 • 면접관의 심리 : '다른 직원들과 협조하여 업무를 진행할 수 있겠다.'
 • 면접대책 : 협조성이 요구되는 기업체에서는 플러스 평가를 받을 수 있다.

⑤ **자신감(자존심도)** … 자기 자신에 대해 얼마나 긍정적으로 평가하는지를 측정한다.

질문	전혀 그렇지 않다	그렇지 않다	그렇다	매우 그렇다
• 다른 사람보다 능력이 뛰어나다고 생각한다. • 다소 반대의견이 있어도 나만의 생각으로 행동할 수 있다. • 나는 다른 사람보다 기가 센 편이다. • 동료가 나를 모욕해도 무시할 수 있다. • 대개의 일을 목적한 대로 헤쳐나갈 수 있다고 생각한다.				

▶**측정결과**

㉠ **'그렇다'가 많은 경우** : 자기 능력이나 외모 등에 자신감이 있고, 비판당하는 것을 좋아하지 않는다.
- **면접관의 심리** : '자만하여 지시에 잘 따를 수 있을까?'
- **면접대책** : 다른 사람의 조언을 잘 받아들이고, 겸허하게 반성하는 면이 있다는 것을 보여주고, 동료들과 잘 지내며 리더의 자질이 있다는 것을 강조한다.

㉡ **'그렇지 않다'가 많은 경우** : 자신감이 없고 다른 사람의 비판에 약하다.
- **면접관의 심리** : '패기가 부족하지 않을까?', '쉽게 좌절하지 않을까?'
- **면접대책** : 극도의 자신감 부족으로 평가되지는 않는다. 그러나 마음이 약한 면은 있지만 의욕적으로 일을 하겠다는 마음가짐을 보여준다.

⑥ **고양성(분위기에 들뜨는 정도)** … 자유분방함, 명랑함과 같이 감정(기분)의 높고 낮음의 정도를 측정한다.

질문	전혀 그렇지 않다	그렇지 않다	그렇다	매우 그렇다
• 침착하지 못한 편이다. • 다른 사람보다 쉽게 우쭐해진다. • 모든 사람이 아는 유명인사가 되고 싶다. • 모임이나 집단에서 분위기를 이끄는 편이다. • 취미 등이 오랫동안 지속되지 않는 편이다.				

▶측정결과

㉠ '그렇다'가 많은 경우 : 자극이나 변화가 있는 일상을 원하고 기분을 들뜨게 하는 사람과 친밀하게 지내는 경향이 강하다.

- 면접관의 심리 : '일을 진행하는 데 변덕스럽지 않을까?'
- 면접대책 : 밝은 태도는 플러스 평가를 받을 수 있지만, 착실한 업무능력이 요구되는 직종에서는 마이너스 평가가 될 수 있다. 따라서 자기조절이 가능하다는 것을 보여준다.

㉡ '그렇지 않다'가 많은 경우 : 감정이 항상 일정하고, 속을 드러내 보이지 않는다.

- 면접관의 심리 : '안정적인 업무 태도를 기대할 수 있겠다.'
- 면접대책 : '고양성'의 낮음은 대체로 플러스 평가를 받을 수 있다. 그러나 '무엇을 생각하고 있는지 모르겠다' 등의 평을 듣지 않도록 주의한다.

⑦ 허위성(진위성) … 필요 이상으로 자기를 좋게 보이려 하거나 기업체가 원하는 '이상형'에 맞춘 대답을 하고 있는지, 없는지를 측정한다.

질문	전혀 그렇지 않다	그렇지 않다	그렇다	매우 그렇다
• 약속을 깨뜨린 적이 한 번도 없다. • 다른 사람을 부럽다고 생각해 본 적이 없다. • 꾸지람을 들은 적이 없다. • 사람을 미워한 적이 없다. • 화를 낸 적이 한 번도 없다.				

▶측정결과

㉠ '그렇다'가 많은 경우 : 실제의 자기와는 다른, 말하자면 원칙으로 해답할 가능성이 있다.

- 면접관의 심리 : '거짓을 말하고 있다.'
- 면접대책 : 조금이라도 좋게 보이려고 하는 '거짓말쟁이'로 평가될 수 있다. '거짓을 말하고 있다.'는 마음 따위가 전혀 없다 해도 결과적으로는 정직하게 답하지 않는다는 것이 되어 버린다. '허위성'의 측정 질문은 구분되지 않고 다른 질문 중에 섞여 있다. 그러므로 모든 질문에 솔직하게 답하여야 한다. 또한 자기 자신과 너무 동떨어진 이미지로 답하면 좋은 결과를 얻지 못한다. 그리고 면접에서 '허위성'을 기본으로 한 질문을 받게 되므로 당황하거나 또다른 모순된 답변을 하게 된다. 겉치레를 하거나 무리한 욕심을 부리지 말고 '이런 사회인이 되고 싶다.'는 현재의 자신보다, 조금 성장한 자신을 표현하는 정도가 적당하다.

㉡ '그렇지 않다'가 많은 경우 : 냉정하고 정직하며, 외부의 압력과 스트레스에 강한 유형이다. '대쪽 같음'의 이미지가 굳어지지 않도록 주의한다.

(2) 행동적인 측면

행동적 측면은 인격 중에 특히 행동으로 드러나기 쉬운 측면을 측정한다. 사람의 행동 특징 자체에는 선도 악도 없으나, 일반적으로는 일의 내용에 의해 원하는 행동이 있다. 때문에 행동적 측면은 주로 직종과 깊은 관계가 있는데 자신의 행동 특성을 살려 적합한 직종을 선택한다면 플러스가 될 수 있다.

행동 특성에서 보여 지는 특징은 면접장면에서도 드러나기 쉬운데 본서의 모의 TEST의 결과를 참고하여 자신의 태도, 행동이 면접관의 시선에 어떻게 비치는지를 점검하도록 한다.

① **사회적 내향성** … 대인관계에서 나타나는 행동경향으로 '낯가림'을 측정한다.

질문	선택
A : 파티에서는 사람을 소개받은 편이다. B : 파티에서는 사람을 소개하는 편이다.	
A : 처음 보는 사람과는 어색하게 시간을 보내는 편이다. B : 처음 보는 사람과는 즐거운 시간을 보내는 편이다.	
A : 친구가 적은 편이다. B : 친구가 많은 편이다.	
A : 자신의 의견을 말하는 경우가 적다. B : 자신의 의견을 말하는 경우가 많다.	
A : 사교적인 모임에 참석하는 것을 좋아하지 않는다. B : 사교적인 모임에 항상 참석한다.	

▶측정결과

㉠ 'A'가 많은 경우 : 내성적이고 사람들과 접하는 것에 소극적이다. 자신의 의견을 말하지 않고 조심스러운 편이다.
- 면접관의 심리 : '소극적인데 동료와 잘 지낼 수 있을까?'
- 면접대책 : 대인관계를 맺는 것을 싫어하지 않고 의욕적으로 일을 할 수 있다는 것을 보여준다.

㉡ 'B'가 많은 경우 : 사교적이고 자기의 생각을 명확하게 전달할 수 있다.
- 면접관의 심리 : '사교적이고 활동적인 것은 좋지만, 자기주장이 너무 강하지 않을까?'
- 면접대책 : 협조성을 보여주고, 자기주장이 너무 강하다는 인상을 주지 않도록 주의한다.

② 내성성(침착도) … 자신의 행동과 일에 대해 침착하게 생각하는 정도를 측정한다.

질문	선택
A : 시간이 걸려도 침착하게 생각하는 경우가 많다. B : 짧은 시간에 결정을 하는 경우가 많다.	
A : 실패의 원인을 찾고 반성하는 편이다. B : 실패를 해도 그다지(별로) 개의치 않는다.	
A : 결론이 도출되어도 몇 번 정도 생각을 바꾼다. B : 결론이 도출되면 신속하게 행동으로 옮긴다.	
A : 여러 가지 생각하는 것이 능숙하다. B : 여러 가지 일을 재빨리 능숙하게 처리하는 데 익숙하다.	
A : 여러 가지 측면에서 사물을 검토한다. B : 행동한 후 생각을 한다.	

▶측정결과

㉠ 'A'가 많은 경우 : 행동하기 보다는 생각하는 것을 좋아하고 신중하게 계획을 세워 실행한다.
  • 면접관의 심리 : '행동으로 실천하지 못하고, 대응이 늦은 경향이 있지 않을까?'
  • 면접대책 : 발로 뛰는 것을 좋아하고, 일을 더디게 한다는 인상을 주지 않도록 한다.

㉡ 'B'가 많은 경우 : 차분하게 생각하는 것보다 우선 행동하는 유형이다.
  • 면접관의 심리 : '생각하는 것을 싫어하고 경솔한 행동을 하지 않을까?'
  • 면접대책 : 계획을 세우고 행동할 수 있는 것을 보여주고 '사려깊다'라는 인상을 남기도록 한다.

③ **신체활동성** … 몸을 움직이는 것을 좋아하는가를 측정한다.

질문	선택
A : 민첩하게 활동하는 편이다. B : 준비행동이 없는 편이다.	
A : 일을 척척 해치우는 편이다. B : 일을 더디게 처리하는 편이다.	
A : 활발하다는 말을 듣는다. B : 얌전하다는 말을 듣는다.	
A : 몸을 움직이는 것을 좋아한다. B : 가만히 있는 것을 좋아한다.	
A : 스포츠를 하는 것을 즐긴다. B : 스포츠를 보는 것을 좋아한다.	

▶**측정결과**

㉠ **'A'가 많은 경우** : 활동적이고, 몸을 움직이게 하는 것이 컨디션이 좋다.
- **면접관의 심리** : '활동적으로 활동력이 좋아 보인다.'
- **면접대책** : 활동하고 얻은 성과 등과 주어진 상황의 대응능력을 보여준다.

㉡ **'B'가 많은 경우** : 침착한 인상으로, 차분하게 있는 타입이다.
- **면접관의 심리** : '좀처럼 행동하려 하지 않아 보이고, 일을 빠르게 처리할 수 있을까?'

④ **지속성(노력성)** … 무슨 일이든 포기하지 않고 끈기 있게 하려는 정도를 측정한다.

질문	선택
A : 일단 시작한 일은 시간이 걸려도 끝까지 마무리한다. B : 일을 하다 어려움에 부딪히면 단념한다.	
A : 끈질긴 편이다. B : 바로 단념하는 편이다.	
A : 인내가 강하다는 말을 듣는다. B : 금방 싫증을 낸다는 말을 듣는다.	
A : 집념이 깊은 편이다. B : 담백한 편이다.	
A : 한 가지 일에 구애되는 것이 좋다고 생각한다. B : 간단하게 체념하는 것이 좋다고 생각한다.	

▶측정결과

㉠ 'A'가 많은 경우 : 시작한 것은 어려움이 있어도 포기하지 않고 인내심이 높다.
- 면접관의 심리 : '한 가지의 일에 너무 구애되고, 업무의 진행이 원활할까?'
- 면접대책 : 인내력이 있는 것은 플러스 평가를 받을 수 있지만 집착이 강해 보이기도 한다.

㉡ 'B'가 많은 경우 : 뒤끝이 없고 조그만 실패로 일을 포기하기 쉽다.
- 면접관의 심리 : '질리는 경향이 있고, 일을 정확히 끝낼 수 있을까?'
- 면접대책 : 지속적인 노력으로 성공했던 사례를 준비하도록 한다.

⑤ 신중성(주의성) … 자신이 처한 주변상황을 즉시 파악하고 자신의 행동이 어떤 영향을 미치는지를 측정한다.

질문	선택
A : 여러 가지로 생각하면서 완벽하게 준비하는 편이다. B : 행동할 때부터 임기응변적인 대응을 하는 편이다.	
A : 신중해서 타이밍을 놓치는 편이다. B : 준비 부족으로 실패하는 편이다.	
A : 자신은 어떤 일에도 신중히 대응하는 편이다. B : 순간적인 충동으로 활동하는 편이다.	
A : 시험을 볼 때 끝날 때까지 재검토하는 편이다. B : 시험을 볼 때 한 번에 모든 것을 마치는 편이다.	
A : 일에 대해 계획표를 만들어 실행한다. B : 일에 대한 계획표 없이 진행한다.	

▶측정결과

㉠ 'A'가 많은 경우 : 주변 상황에 민감하고, 예측하여 계획 있게 일을 진행한다.
- 면접관의 심리 : '너무 신중해서 적절한 판단을 할 수 있을까?', '앞으로의 상황에 불안을 느끼지 않을까?'
- 면접대책 : 예측을 하고 실행을 하는 것은 플러스 평가가 되지만, 너무 신중하면 일의 진행이 정체될 가능성을 보이므로 추진력이 있다는 강한 의욕을 보여준다.

㉡ 'B'가 많은 경우 : 주변 상황을 살펴보지 않고 착실한 계획 없이 일을 진행시킨다.
- 면접관의 심리 : '사려 깊지 않고, 실패하는 일이 많지 않을까?', '판단이 빠르고 유연한 사고를 할 수 있을까?'
- 면접대책 : 사전준비를 중요하게 생각하고 있다는 것 등을 보여주고, 경솔한 인상을 주지 않도록 한다. 또한 판단력이 빠르거나 유연한 사고 덕분에 일 처리를 잘 할 수 있다는 것을 강조한다.

(3) 의욕적인 측면

의욕적인 측면은 의욕의 정도, 활동력의 유무 등을 측정한다. 여기서의 의욕이란 우리들이 보통 말하고 사용하는 '하려는 의지'와는 조금 뉘앙스가 다르다. '하려는 의지'란 그 때의 환경이나 기분에 따라 변화하는 것이지만, 여기에서는 조금 더 변화하기 어려운 특징, 말하자면 정신적 에너지의 양으로 측정하는 것이다.

의욕적 측면은 행동적 측면과는 다르고, 전반적으로 어느 정도 점수가 높은 쪽을 선호한다. 모의검사의 의욕적 측면의 결과가 낮다면, 평소 일에 몰두할 때 조금 의욕 있는 자세를 가지고 서서히 개선하도록 노력해야 한다.

① 달성의욕 … 목적의식을 가지고 높은 이상을 가지고 있는지를 측정한다.

질문	선택
A : 경쟁심이 강한 편이다. B : 경쟁심이 약한 편이다.	
A : 어떤 한 분야에서 제1인자가 되고 싶다고 생각한다. B : 어느 분야에서든 성실하게 임무를 진행하고 싶다고 생각한다.	
A : 규모가 큰 일을 해보고 싶다. B : 맡은 일에 충실히 임하고 싶다.	
A : 아무리 노력해도 실패한 것은 아무런 도움이 되지 않는다. B : 가령 실패했을 지라도 나름대로의 노력이 있었으므로 괜찮다.	
A : 높은 목표를 설정하여 수행하는 것이 의욕적이다. B : 실현 가능한 정도의 목표를 설정하는 것이 의욕적이다.	

▶측정결과

㉠ 'A'가 많은 경우 : 큰 목표와 높은 이상을 가지고 승부욕이 강한 편이다.
- 면접관의 심리 : '열심히 일을 해줄 것 같은 유형이다.'
- 면접대책 : 달성의욕이 높다는 것은 어떤 직종이라도 플러스 평가가 된다.

㉡ 'B'가 많은 경우 : 현재의 생활을 소중하게 여기고 비약적인 발전을 위하여 기를 쓰지 않는다.
- 면접관의 심리 : '외부의 압력에 약하고, 기획입안 등을 하기 어려울 것이다.'
- 면접대책 : 일을 통하여 하고 싶은 것들을 구체적으로 어필한다.

② 활동의욕 … 자신에게 잠재된 에너지의 크기로, 정신적인 측면의 활동력이라 할 수 있다.

질문	선택
A : 하고 싶은 일을 실행으로 옮기는 편이다. B : 하고 싶은 일을 좀처럼 실행할 수 없는 편이다.	
A : 어려운 문제를 해결해 가는 것이 좋다. B : 어려운 문제를 해결하는 것을 잘하지 못한다.	
A : 일반적으로 결단이 빠른 편이다. B : 일반적으로 결단이 느린 편이다.	
A : 곤란한 상황에도 도전하는 편이다. B : 사물의 본질을 깊게 관찰하는 편이다.	
A : 시원시원하다는 말을 잘 듣는다. B : 꼼꼼하다는 말을 잘 듣는다.	

▶측정결과

㉠ 'A'가 많은 경우 : 꾸물거리는 것을 싫어하고 재빠르게 결단해서 행동하는 타입이다.
 • 면접관의 심리 : '일을 처리하는 솜씨가 좋고, 일을 척척 진행할 수 있을 것 같다.'
 • 면접대책 : 활동의욕이 높은 것은 플러스 평가가 된다. 사교성이나 활동성이 강하다는 인상을 준다.

㉡ 'B'가 많은 경우 : 안전하고 확실한 방법을 모색하고 차분하게 시간을 아껴서 일에 임하는 타입이다.
 • 면접관의 심리 : '재빨리 행동을 못하고, 일의 처리속도가 느린 것이 아닐까?'
 • 면접대책 : 활동성이 있는 것을 좋아하고 움직임이 더디다는 인상을 주지 않도록 한다.

3 성격의 유형

(1) 인성검사유형의 4가지 척도

정서적인 측면, 행동적인 측면, 의욕적인 측면의 요소들은 성격 특성이라는 관점에서 제시된 것들로 각 개인의 장·단점을 파악하는 데 유용하다. 그러나 전체적인 개인의 인성을 이해하는 데는 한계가 있다.

성격의 유형은 개인의 '성격적인 특색'을 가리키는 것으로, 사회인으로서 적합한지, 아닌지를 말하는 관점과는 관계가 없다. 따라서 채용의 합격 여부에는 사용되지 않는 경우가 많으며, 입사 후의 적정 부서 배치의 자료가 되는 편이라 생각하면 된다. 그러나 채용과 관계가 없다고 해서 아무런 준비도 필요없는 것은 아니다. 자신을 아는 것은 면접 대책의 밑거름이 되므로 모의검사 결과를 충분히 활용하도록 하여야 한다.

본서에서는 4개의 척도를 사용하여 기본적으로 16개의 패턴으로 성격의 유형을 분류하고 있다. 각 개인의 성격이 어떤 유형인지 재빨리 파악하기 위해 사용되며, '적성'에 맞는지, 맞지 않는지의 관점에 활용된다.

- 흥미·관심의 방향 : 내향형 ←————→ 외향형
- 사물에 대한 견해 : 직관형 ←————→ 감각형
- 판단하는 방법 : 감정형 ←————→ 사고형
- 환경에 대한 접근방법 : 지각형 ←————→ 판단형

(2) 성격유형

① 흥미·관심의 방향(내향⇆외향) … 흥미·관심의 방향이 자신의 내면에 있는지, 주위환경 등 외면에 향하는 지를 가리키는 척도이다.

질문	선택
A : 내성적인 성격인 편이다. B : 개방적인 성격인 편이다.	
A : 항상 신중하게 생각을 하는 편이다. B : 바로 행동에 착수하는 편이다.	
A : 수수하고 조심스러운 편이다. B : 자기 표현력이 강한 편이다.	
A : 다른 사람과 함께 있으면 침착하지 않다. B : 혼자서 있으면 침착하지 않다.	

▶측정결과
㉠ 'A'가 많은 경우(내향) : 관심의 방향이 자기 내면에 있으며, 조용하고 낯을 가리는 유형이다. 행동력은 부족하나 집중력이 뛰어나고 신중하고 꼼꼼하다.
㉡ 'B'가 많은 경우(외향) : 관심의 방향이 외부환경에 있으며, 사교적이고 활동적인 유형이다. 꼼꼼함이 부족하여 대충하는 경향이 있으나 행동력이 있다.

② 일(사물)을 보는 방법(직감↹감각) … 일(사물)을 보는 법이 직감적으로 형식에 얽매이는지, 감각적으로 상식적인지를 가리키는 척도이다.

질문	선택
A : 현실주의적인 편이다. B : 상상력이 풍부한 편이다. A : 정형적인 방법으로 일을 처리하는 것을 좋아한다. B : 만들어진 방법에 변화가 있는 것을 좋아한다. A : 경험에서 가장 적합한 방법으로 선택한다. B : 지금까지 없었던 새로운 방법을 개척하는 것을 좋아한다. A : 성실하다는 말을 듣는다. B : 호기심이 강하다는 말을 듣는다.	

▶측정결과
㉠ 'A'가 많은 경우(감각) : 현실적이고 경험주의적이며 보수적인 유형이다.
㉡ 'B'가 많은 경우(직관) : 새로운 주제를 좋아하며, 독자적인 시각을 가진 유형이다.

③ 판단하는 방법(감정↹사고) … 일을 감정적으로 판단하는지, 논리적으로 판단하는지를 가리키는 척도이다.

질문	선택
A : 인간관계를 중시하는 편이다. B : 일의 내용을 중시하는 편이다. A : 결론을 자기의 신념과 감정에서 이끌어내는 편이다. B : 결론을 논리적 사고에 의거하여 내리는 편이다. A : 다른 사람보다 동정적이고 눈물이 많은 편이다. B : 다른 사람보다 이성적이고 냉정하게 대응하는 편이다. A : 남의 이야기를 듣고 감정몰입이 빠른 편이다. B : 고민 상담을 받으면 해결책을 제시해주는 편이다.	

▶측정결과
㉠ 'A'가 많은 경우(감정) : 일을 판단할 때 마음·감정을 중요하게 여기는 유형이다. 감정이 풍부하고 친절하나 엄격함이 부족하고 우유부단하며, 합리성이 부족하다.
㉡ 'B'가 많은 경우(사고) : 일을 판단할 때 논리성을 중요하게 여기는 유형이다. 이성적이고 합리적이나 타인에 대한 배려가 부족하다.

④ 환경에 대한 접근방법 … 주변상황에 어떻게 접근하는지, 그 판단기준을 어디에 두는지를 측정한다.

질문	선택
A : 사전에 계획을 세우지 않고 행동한다. B : 반드시 계획을 세우고 그것에 의거해서 행동한다.	
A : 자유롭게 행동하는 것을 좋아한다. B : 조직적으로 행동하는 것을 좋아한다.	
A : 조직성이나 관습에 속박당하지 않는다. B : 조직성이나 관습을 중요하게 여긴다.	
A : 계획 없이 낭비가 심한 편이다. B : 예산을 세워 물건을 구입하는 편이다.	

▶측정결과

㉠ 'A'가 많은 경우(지각) : 일의 변화에 융통성을 가지고 유연하게 대응하는 유형이다. 낙관적이며 질서보다는 자유를 좋아하나 임기응변식의 대응으로 무계획적인 인상을 줄 수 있다.

㉡ 'B'가 많은 경우(판단) : 일의 진행시 계획을 세워서 실행하는 유형이다. 순차적으로 진행하는 일을 좋아하고 끈기가 있으나 변화에 대해 적절하게 대응하지 못하는 경향이 있다.

(3) 성격유형의 판정

성격유형은 합격 여부의 판정보다는 배치를 위한 자료로써 이용된다. 즉, 기업은 입사시험 단계에서 입사 후에도 사용할 수 있는 정보를 입수하고 있다는 것이다. 성격검사에서는 어느 척도가 얼마나 고득점이었는지에 주시하고 각각의 측면에서 반드시 하나씩 고르고 편성한다. 편성은 모두 16가지가 되나 각각의 측면을 더 세분하면 200가지 이상의 유형이 나온다.

여기에서는 16가지 편성을 제시한다. 성격검사에 어떤 정보가 게재되어 있는지를 이해하면서 자기의 성격유형을 파악하기 위한 실마리로 활용하도록 한다.

① 내향 – 직관 – 감정 – 지각(TYPE A)

관심이 내면에 향하고 조용하고 소극적이다. 사물에 대한 견해는 새로운 것에 대해 호기심이 강하고, 독창적이다. 감정은 좋아하는 것과 싫어하는 것의 판단이 확실하고, 감정이 풍부하고 따뜻한 느낌이 있는 반면, 합리성이 부족한 경향이 있다. 환경에 접근하는 방법은 순응적이고 상황의 변화에 대해 유연하게 대응하는 것을 잘한다.

② 내향 – 직관 – 감정 – 판단(TYPE B)

관심이 내면으로 향하고 조용하고 쑥스러움을 잘 타는 편이다. 사물을 보는 관점은 독창적이며, 자기나름대로 궁리하며 생각하는 일이 많다. 좋고 싫음으로 판단하는 경향이 강하고 타인에게는 친절한 반면, 우유부단하기 쉬운 편이다. 환경 변화에 대해 유연하게 대응하는 것을 잘한다.

③ 내향 – 직관 – 사고 – 지각(TYPE C)

관심이 내면으로 향하고 얌전하고 교제범위가 좁다. 사물을 보는 관점은 독창적이며, 현실에서 먼 추상적인 것을 생각하기를 좋아한다. 논리적으로 생각하고 판단하는 경향이 강하고 이성적이지만, 남의 감정에 대해서는 무반응인 경향이 있다. 환경의 변화에 순응적이고 융통성 있게 임기응변으로 대응할 수가 있다.

④ 내향 – 직관 – 사고 – 판단(TYPE D)

관심이 내면으로 향하고 주의깊고 신중하게 행동을 한다. 사물을 보는 관점은 독창적이며 논리를 좋아해서 이치를 따지는 경향이 있다. 논리적으로 생각하고 판단하는 경향이 강하고, 객관적이지만 상대방의 마음에 대한 배려가 부족한 경향이 있다. 환경에 대해서는 순응하는 것보다 대응하며, 한 번 정한 것은 끈질기게 행동하려 한다.

⑤ 내향 – 감각 – 감정 – 지각(TYPE E)

관심이 내면으로 향하고 조용하며 소극적이다. 사물을 보는 관점은 상식적이고 그대로의 것을 좋아하는 경향이 있다. 좋음과 싫음으로 판단하는 경향이 강하고 타인에 대해서 동정심이 많은 반면, 엄격한 면이 부족한 경향이 있다. 환경에 대해서는 순응적이고, 예측할 수 없다해도 태연하게 행동하는 경향이 있다.

⑥ 내향 – 감각 – 감정 – 판단(TYPE F)

관심이 내면으로 향하고 얌전하며 쑥스러움을 많이 탄다. 사물을 보는 관점은 상식적이고 논리적으로 생각하는 것보다도 경험을 중요시하는 경향이 있다. 좋고 싫음으로 판단하는 경향이 강하고 사람이 좋은 반면, 개인적 취향이나 소원에 영향을 받는 일이 많은 경향이 있다. 환경에 대해서는 영향을 받지 않고, 자기 페이스 대로 꾸준히 성취하는 일을 잘한다.

⑦ 내향 – 감각 – 사고 – 지각(TYPE G)

관심이 내면으로 향하고 얌전하고 교제범위가 좁다. 사물을 보는 관점은 상식적인 동시에 실천적이며, 틀에 박힌 형식을 좋아한다. 논리적으로 판단하는 경향이 강하고 침착하지만 사람에 대해서는 엄격하여 차가운 인상을 주는 일이 많다. 환경에 대해서 순응적이고, 계획적으로 행동하지 않으며 자유로운 행동을 좋아하는 경향이 있다.

⑧ 내향 – 감각 – 사고 – 판단(TYPE H)

관심이 내면으로 향하고 주의 깊고 신중하게 행동을 한다. 사물을 보는 관점이 상식적이고 새롭고 경험하지 못한 일에 대응을 잘 하지 못한다. 논리적으로 생각하고 판단하는 경향이 강하고, 공평하지만 상대방의 감정에 대해 배려가 부족할 때가 있다. 환경에 대해서는 작용하는 편이고, 질서 있게 행동하는 것을 좋아한다.

⑨ 외향 – 직관 – 감정 – 지각(TYPE I)

관심이 외향으로 향하고 밝고 활동적이며 교제범위가 넓다. 사물을 보는 관점은 독창적이고 호기심이 강하며 새로운 것을 생각하는 것을 좋아한다. 좋음 싫음으로 판단하는 경향이 강하다. 사람은 좋은 반면 개인적 취향이나 소원에 영향을 받는 일이 많은 편이다.

⑩ 외향 – 직관 – 감정 – 판단(TYPE J)

관심이 외향으로 향하고 개방적이며 누구와도 쉽게 친해질 수 있다. 사물을 보는 관점은 독창적이고 자기 나름대로 궁리하고 생각하는 면이 많다. 좋음과 싫음으로 판단하는 경향이 강하고, 타인에 대해 동정적이기 쉽고 엄격함이 부족한 경향이 있다. 환경에 대해서는 작용하는 편이고 질서 있는 행동을 하는 것을 좋아한다.

⑪ 외향 – 직관 – 사고 – 지각(TYPE K)

관심이 외향으로 향하고 태도가 분명하며 활동적이다. 사물을 보는 관점은 독창적이고 현실과 거리가 있는 추상적인 것을 생각하는 것을 좋아한다. 논리적으로 생각하고 판단하는 경향이 강하고, 공평하지만 상대에 대한 배려가 부족할 때가 있다.

⑫ 외향 – 직관 – 사고 – 판단(TYPE L)

관심이 외향으로 향하고 밝고 명랑한 성격이며 사교적인 것을 좋아한다. 사물을 보는 관점은 독창적이고 논리적인 것을 좋아하기 때문에 이치를 따지는 경향이 있다. 논리적으로 생각하고 판단하는 경향이 강하고 침착성이 뛰어나지만 사람에 대해서 엄격하고 차가운 인상을 주는 경우가 많다. 환경에 대해 작용하는 편이고 계획을 세우고 착실하게 실행하는 것을 좋아한다.

⑬ 외향 – 감각 – 감정 – 지각(TYPE M)

관심이 외향으로 향하고 밝고 활동적이고 교제범위가 넓다. 사물을 보는 관점은 상식적이고 종래대로 있는 것을 좋아한다. 보수적인 경향이 있고 좋아함과 싫어함으로 판단하는 경향이 강하며 타인에게는 친절한 반면, 우유부단한 경우가 많다. 환경에 대해 순응적이고, 융통성이 있고 임기응변으로 대응할 가능성이 높다.

⑭ 외향 – 감각 – 감정 – 판단(TYPE N)

관심이 외향으로 향하고 개방적이며 누구와도 쉽게 대면할 수 있다. 사물을 보는 관점은 상식적이고 논리적으로 생각하기보다는 경험을 중시하는 편이다. 좋아함과 싫어함으로 판단하는 경향이 강하고 감정이 풍부하며 따뜻한 느낌이 있는 반면에 합리성이 부족한 경우가 많다. 환경에 대해서 작용하는 편이고, 한 번 결정한 것은 끈질기게 실행하려고 한다.

⑮ 외향 – 감각 – 사고 – 지각(TYPE O)

관심이 외향으로 향하고 시원한 태도이며 활동적이다. 사물을 보는 관점이 상식적이며 동시에 실천적이고 명백한 형식을 좋아하는 경향이 있다. 논리적으로 생각하고 판단하는 경향이 강하고, 객관적이지만 상대 마음에 대해 배려가 부족한 경향이 있다.

⑯ 외향 – 감각 – 사고 – 판단(TYPE P)

관심이 외향으로 향하고 밝고 명랑하며 사교적인 것을 좋아한다. 사물을 보는 관점은 상식적이고 경험하지 못한 새로운 것에 대응을 잘 하지 못한다. 논리적으로 생각하고 판단하는 경향이 강하고 이성적이지만 사람의 감정에 무심한 경향이 있다. 환경에 대해서는 작용하는 편이고, 자기 페이스대로 꾸준히 성취하는 것을 잘한다.

4 인성검사의 대책

(1) 미리 알아두어야 할 점

① 출제 문항 수 … 인성검사의 출제 문항 수는 특별히 정해진 것이 아니며 각 기업체의 기준에 따라 달라질 수 있다. 보통 100문항 이상에서 500문항까지 출제된다고 예상하면 된다.

　㉠ 1Set로 묶인 세 개의 문항 중 자신에게 가장 가까운 것(Most)과 가장 먼 것(Least)을 하나씩 고르는 유형(72Set, 1Set당 3문항)

다음 세 가지 문항 중 자신에게 가장 가까운 것은 Most, 가장 먼 것은 Least에 체크하시오.

질문	Most	Least
① 자신의 생각이나 의견은 좀처럼 변하지 않는다.	✔	
② 구입한 후 끝까지 읽지 않은 책이 많다.		✔
③ 여행가기 전에 계획을 세운다.		

ⓛ '예' 아니면 '아니오'의 유형(178문항)

다음 문항을 읽고 자신에게 해당되는지 안 되는지를 판단하여 해당될 경우 '예'를, 해당되지 않을 경우 '아니오'를 고르시오.

질문	예	아니오
① 걱정거리가 있어서 잠을 못 잘 때가 있다.	✔	
② 시간에 쫓기는 것이 싫다.		✔

ⓒ 그 외의 유형

다음 문항에 대해서 평소에 자신이 생각하고 있는 것이나 행동하고 있는 것에 체크하시오.

질문	전혀 그렇지 않다	그렇지 않다	그렇다	매우 그렇다
① 머리를 쓰는 것보다 땀을 흘리는 일이 좋다.			✔	
② 자신은 사교적이 아니라고 생각한다.	✔			

(2) 임하는 자세

① 솔직하게 있는 그대로 표현한다 … 인성검사는 평범한 일상생활 내용들을 다룬 짧은 문장과 어떤 대상이나 일에 대한 선로를 선택하는 문장으로 구성되었으므로 평소에 자신이 생각한 바를 너무 곰꼼히 생각하지 말고 문제를 보는 순간 떠오른 것을 표현한다.

② 모든 문제를 신속하게 대답한다 … 인성검사는 시간 제한이 없는 것이 원칙이지만 기업체들은 일정한 시간 제한을 두고 있다. 인성검사는 개인의 성격과 자질을 알아보기 위한 검사이기 때문에 정답이 없다. 다만, 기업체에서 바람직하게 생각하거나 기대되는 결과가 있을 뿐이다. 따라서 시간에 쫓겨서 대충 대답을 하는 것은 바람직하지 못하다.

02 실전 인성검사

※ 인성검사는 개인의 성향을 측정하기 위한 도구로 정답이 없습니다.

┃1~211┃ 다음에 제시된 문항이 자신에게 해당한다면 YES, 그렇지 않다면 NO를 선택하고, 그 정도를 '① 매우 그렇다, ② 그렇다, ③ 보통이다, ④ 그렇지 않다, ⑤ 전혀 그렇지 않다' 중에서 고르시오.

문항예시	Y or N	①	②	③	④	⑤
1. 엉덩이가 무겁다.						
2. 행동력이 있다.						
3. 다른 사람 앞에서 이야기를 잘한다.						
4. 열정적인 사람이다.						
5. 협동성이 있다.						
6. 잠자리에 들기 전 내일 할일을 확인한다.						
7. 꾸준히 노력한다.						
8. 성급하지 않다.						
9. 평가하는 것을 좋아한다.						
10. 소극적이다.						
11. 귀찮아할 때가 많다.						
12. 평범한 인생을 살고 싶다.						
13. 예상하지 못한 일이 벌어져도 당황하지 않는다.						
14. 포기도 필요하다고 생각한다.						
15. 침착하다는 말을 자주 듣는다.						
16. 이윤이 윤리보다 중요하다고 생각한다.						
17. 사교적이다.						
18. 모험보다는 안전한 길을 선택한다.						
19. 지위에 맞는 행동이 있다고 생각한다.						
20. 외출 시 문을 잠갔는지 재차 확인한다.						
21. 결정한 일에 구속받지 않는다.						
22. 땀을 흘리는 것보다 머리를 쓰는 일이 좋다.						
23. 질문을 받으면 바로바로 대답한다.						
24. 사람과 만날 약속이 즐겁다.						

문항예시	Y or N	①	②	③	④	⑤
25. 한꺼번에 많은 일을 떠맡으면 부담스럽다.						
26. 좋은 사람이 되고 싶다.						
27. 좋다고 생각하면 바로 행동한다.						
28. 성격이 시원시원하다.						
29. 나쁜 소식을 들으면 절망한다.						
30. 실패가 걱정되어 전전긍긍하는 편이다.						
31. 다수결에 따르는 것을 좋아한다.						
32. 혼밥을 즐긴다.						
33. 승부근성이 강하다.						
34. 자주 흥분하는 편이다.						
35. 타인에게 폐를 끼치는 것이 싫다.						
36. 자신에 대해 안 좋은 소문이 돌까 걱정스럽다.						
37. 자존감이 낮다.						
38. 변덕스러운 편이다.						
39. 사람은 누구나 고독하다고 생각한다.						
40. 거짓말을 한 적이 없다.						
41. 문제가 생기면 해결될 때까지 고민한다.						
42. 감성적이다.						
43. 자신만의 신념이 있다.						
44. 다른 사람을 바보 같다고 생각한 적이 있다.						
45. 생각한 것을 금방 말해버린다.						
46. 싫어하는 사람이 없다.						
47. 지구 종말을 걱정한 적이 있다.						
48. 고생을 사서 하는 편이다.						
49. 항상 무언가를 생각한다.						
50. 문제를 해결하기 위해 여러 사람과 상의한다.						
51. 내 방식대로 일을 한다.						
52. 영화를 보고 우는 일이 많다.						
53. 화를 잘 내지 않는다.						
54. 사소한 충고에도 걱정을 한다.						
55. 자신은 도움이 안 되는 사람이라고 생각한다.						
56. 금방 싫증을 내는 편이다.						
57. 나만의 개성이 있다.						

문항예시	Y or N	①	②	③	④	⑤
58. 자기주장이 강하다.						
59. 산만하다는 말을 들은 적이 있다.						
60. 학교에 가기 싫은 날이 한 번도 없었다.						
61. 대인관계가 어렵다.						
62. 사려깊다.						
63. 몸을 움직이는 것을 좋아한다.						
64. 끈기가 있다.						
65. 신중하다.						
66. 인생의 목표는 클수록 좋다.						
67. 어떤 일이라도 바로 시작하는 편이다.						
68. 낯을 가린다.						
69. 생각한 뒤 행동한다.						
70. 쉬는 날엔 밖에 나가지 않는다.						
71. 시작한 일은 반드시 끝을 본다.						
72. 면밀하게 계획을 세운 여행을 좋아한다.						
73. 야망이 있는 사람이다.						
74. 활동력이 있다.						
75. 왁자지껄한 자리를 좋아하지 않는다.						
76. 돈을 허비한 적이 있다.						
77. 소풍 전날 기대로 잠을 이루지 못했다.						
78. 하나의 취미에 열중한다.						
79. 모임에서 회장을 한 적이 있다.						
80. 성공신화에 대한 이야기를 좋아한다.						
81. 어떤 일에도 의욕적으로 임한다.						
82. 학급에서 존재가 희미했다.						
83. 무언가에 깊이 몰두하는 편이다.						
84. 칭찬을 듣는 것을 좋아한다.						
85. 흐린 날은 외출 시 우산을 반드시 챙긴다.						
86. 조연배우보다는 주연배우를 좋아한다.						
87. 공격적인 성향이 있다.						
88. 리드를 받는 편이다.						
89. 너무 신중해서 기회를 놓친 적이 있다.						
90. 굼뜨다는 말을 들어 본 적이 있다.						

문항예시	Y or N	①	②	③	④	⑤
91. 야근을 해서라도 할당된 일을 끝내야 맘이 편하다.						
92. 누군가를 방문할 때는 반드시 사전에 약속을 잡는다.						
93. 노력해도 결과가 따르지 않으면 의미가 없다.						
94. 무조건 행동해야 한다.						
95. 유행에 둔감하다고 생각한다.						
96. 정해진 대로 움직이는 것은 시시하다.						
97. 이루고 싶은 꿈이 있다.						
98. 질서보다는 자유가 중요하다.						
99. 같이 하는 취미보다 혼자서 하는 취미를 즐긴다.						
100. 직관적으로 판단하는 편이다.						
101. 드라마 속 등장인물의 감정에 쉽게 이입된다.						
102. 시대의 흐름에 역행해서라도 자신의 주장을 관철 하고 싶다.						
103. 다른 사람의 소문에 관심이 많다.						
104. 창조적인 일을 좋아한다.						
105. 눈물이 많은 편이다.						
106. 융통성이 있다.						
107. 친구의 휴대전화 번호를 외우고 있다.						
108. 스스로 고안하는 것을 좋아한다.						
109. 정이 두터운 사람으로 남고 싶다.						
110. 조직의 일원으로 잘 어울린다.						
111. 세상사에 관심이 별로 없다.						
112. 항상 변화를 추구한다.						
113. 업무는 인간관계로 선택한다.						
114. 환경이 변하는 것에 구애되지 않는다.						
115. 불안감이 강한 편이다.						
116. 인생은 살 가치가 있다고 생각한다.						
117. 의지가 약한 편이다.						
118. 다른 사람이 하는 일에 별로 관심이 없다.						
119. 사람을 설득하는 일에 능하다.						
120. 심심한 것을 못 참는다.						
121. 다른 사람 욕을 한 적이 한 번도 없다.						
122. 타인의 시선을 중요하게 생각한다.						

문항예시	Y or N	①	②	③	④	⑤
123. 금방 낙심하는 편이다.						
124. 다른 사람에게 의존적이다.						
125. 그다지 융통성이 있는 편이 아니다.						
126. 다른 사람이 내 일에 간섭하는 것이 싫다.						
127. 낙천적이다.						
128. 과제를 잊어버린 적이 한 번도 없다.						
129. 밤길에 혼자 다니는 것이 불안하다.						
130. 상냥하다는 말을 들은 적이 있다.						
131. 자신은 유치한 사람이다.						
132. 잡담을 하는 것보다 책을 읽는 게 낫다.						
133. 나는 영업에 적합한 타입이다.						
134. 술자리에서 술을 마시지 않아도 흥을 돋울 수 있다.						
135. 병원에 가는 것을 싫어한다.						
136. 나쁜 일이 생기면 걱정이 돼 어쩔 줄 모른다.						
137. 쉽게 무기력해지는 편이다.						
138. 비교적 고분고분한 편이다.						
139. 독자적으로 행동한 적이 있다.						
140. 나만의 독립된 공간이 필요하다.						
141. 쉽게 감동한다.						
142. 어떤 것에 대해 불만을 가진 적이 없다.						
143. 밤에 잠들지 못 할 때가 많다.						
144. 자주 후회한다.						
145. 쉽게 뜨거워졌다 쉽게 식는다.						
146. 자시만의 세계를 가지고 있다.						
147. 많은 사람 앞에서도 긴장하는 일이 없다.						
148. 말하는 것을 아주 좋아한다.						
149. 될 대로 되라고 생각한 적이 한 번도 없다.						
150. 어두운 성격이다.						
151. 활동범위가 넓은 편이다.						
152. 넓고 얕은 관계보다 좁고 깊은 관계를 추구한다.						
153. 돌다리도 두드려보고 건너는 편이다.						
154. 역사에 이름을 남기고 싶다.						
155. 여러 가지 일을 함께 처리하는 데 능숙하다.						

문항예시	Y or N	①	②	③	④	⑤
156. 약속을 미룬 적이 많다.						
157. 한 번 결정한 것에 철저히 구속받는다.						
158. 이왕 할 거라면 일등이 되고 싶다.						
159. 과감하게 도전하는 타입이다.						
160. 사교적인 모임에 나가는 것은 부담스럽다.						
161. 무심코 예의에 대해서 말하고 싶어진다.						
162. 건강관리에 신경을 쓰는 편이다.						
163. 단념하면 끝이라고 생각한다.						
164. 무언가를 평가하고 있는 자신을 발견할 때가 있다.						
165. 조금 뒤의 일이라도 메모해 둔다.						
166. 리더십이 있는 사람이 되고 싶다.						
167. 통찰력이 있는 편이다.						
168. 엉덩이가 가벼운 편이다.						
169. 여러 가지로 구애되는 것이 많다.						
170. 권력욕이 있다.						
171. 업무를 할당받으면 기쁘다.						
172. 사색적인 사람이라고 생각한다.						
173. 비교적 개혁적이다.						
174. 좋고 싫음이 뚜렷하다.						
175. 전통은 소중한 것이다.						
176. 교제 범위가 좁은 편이다.						
177. 발상의 전환은 필요하다.						
178. 고정관념이 없는 편이다.						
179. 너무 주관적이어서 실패한다.						
180. 현실적이고 실용적인 것을 추구한다.						
181. 롤 모델이 있다.						
182. 적은 가능성이라도 있다면 도전할 만하다.						
183. 선물은 마음이 중요하다.						
184. 여행은 계획 없이 편하게 하는 것이 좋다.						
185. 추상적인 일에 관심이 있다.						
186. 일은 대담하게 하는 편이다.						
187. 조용하고 조심스러운 성격이다.						
188. 괴로워하는 사람을 보면 우선 동정한다.						

문항예시	Y or N	①	②	③	④	⑤
189. 가치 기준은 자기 내면에 있다고 생각한다.						
190. 상상력이 풍부하다.						
191. 자신을 인정해 주는 상사를 만나고 싶다.						
192. 인생은 앞날을 알 수 없어 재미있다.						
193. 밝은 성격이다.						
194. 별로 반성하지 않는다.						
195. 언쟁에서 진 적이 없다.						
196. 예술 분야에 관심이 많다.						
197. 말하는 것보다 듣는 것이 편하다.						
198. 남을 먼저 배려하는 편이다.						
199. 나만의 스트레스 해소법을 가지고 있다.						
200. 주변 사람들의 말에 절대 흔들리지 않는다.						
201. 사후세계가 존재한다고 믿는다.						
202. 종교는 가질 만한 것이다.						
203. 책상 정리가 되어 있지 않으면 불안하다.						
204. 신뢰할 수 있는 사람이다.						
205. 모든 일에 일등이 되고 싶다.						
206. 큰 목표를 이루기 위해서라면 작은 부정을 저지를 수 있다.						
207. 파란만장한 삶을 살아왔다고 생각한다.						
208. 관찰력이 뛰어나다.						
209. 주도면밀하다는 말을 들은 적이 있다.						
210. 높은 이상을 추가한다.						
211. 무언가에 얽매이는 것을 싫어한다.						

면접

성공취업을 위한 면접의 기본 및 면접기출을 수록하여 취업의
마무리까지 깔끔하게 책임집니다.

V

면접

01 면접의 기본

1 면접 준비

(1) 면접의 기본 원칙

① **면접의 의미** … 면접이란 다양한 면접기법을 활용하여 지원한 직무에 필요한 능력을 지원자가 보유하고 있는지를 확인하는 절차라고 할 수 있다. 즉, 지원자의 입장에서는 채용 직무수행에 필요한 요건들과 관련하여 자신의 환경, 경험, 관심사, 성취 등에 대해 기업에 직접 어필할 수 있는 기회를 제공받는 것이며, 기업의 입장에서는 서류전형만으로 알 수 없는 지원자에 대한 정보를 직접적으로 수집하고 평가하는 것이다.

② **면접의 특징** … 면접은 기업의 입장에서 서류전형이나 필기전형에서 드러나지 않는 지원자의 능력이나 성향을 볼 수 있는 기회로, 면대면으로 이루어지며 즉흥적인 질문들이 포함될 수 있기 때문에 지원자가 완벽하게 준비하기 어려운 부분이 있다. 하지만 지원자 입장에서도 서류전형이나 필기전형에서 모두 보여주지 못한 자신의 능력 등을 기업의 인사담당자에게 어필할 수 있는 추가적인 기회가 될 수도 있다.

[서류 · 필기전형과 차별화되는 면접의 특징]

- 직무수행과 관련된 다양한 지원자 행동에 대한 관찰이 가능하다.
- 면접관이 알고자 하는 정보를 심층적으로 파악할 수 있다.
- 서류상의 미비한 사항과 의심스러운 부분을 확인할 수 있다.
- 커뮤니케이션 능력, 대인관계 능력 등 행동 · 언어적 정보도 얻을 수 있다.

③ **면접의 유형**

　㉠ **구조화 면접** : 구조화 면접은 사전에 계획을 세워 질문의 내용과 방법, 지원자의 답변 유형에 따른 추가 질문과 그에 대한 평가 역량이 정해져 있는 면접 방식으로 표준화 면접이라고도 한다.

　　• 표준화된 질문이나 평가요소가 면접 전 확정되며, 지원자는 편성된 조나 면접관에 영향을 받지 않고 동일한 질문과 시간을 부여받을 수 있다.

- 조직 또는 직무별로 주요하게 도출된 역량을 기반으로 평가요소가 구성되어, 조직 또는 직무에서 필요한 역량을 가진 지원자를 선발할 수 있다.
- 표준화된 형식을 사용하는 특성 때문에 비구조화 면접에 비해 신뢰성과 타당성, 객관성이 높다.

ⓒ 비구조화 면접 : 비구조화 면접은 면접 계획을 세울 때 면접 목적만을 명시하고 내용이나 방법은 면접관에게 전적으로 일임하는 방식으로 비표준화 면접이라고도 한다.
- 표준화된 질문이나 평가요소 없이 면접이 진행되며, 편성된 조나 면접관에 따라 지원자에게 주어지는 질문이나 시간이 다르다.
- 면접관의 주관적인 판단에 따라 평가가 이루어져 평가 오류가 빈번히 일어난다.
- 상황 대처나 언변이 뛰어난 지원자에게 유리한 면접이 될 수 있다.

④ 경쟁력 있는 면접 요령

㉠ 면접 전에 준비하고 유념할 사항
- 예상 질문과 답변을 미리 작성한다.
- 작성한 내용을 문장으로 외우지 않고 키워드로 기억한다.
- 지원한 회사의 최근 기사를 검색하여 기억한다.
- 지원한 회사가 속한 산업군의 최근 기사를 검색하여 기억한다.
- 면접 전 1주일간 이슈가 되는 뉴스를 기억하고 자신의 생각을 반영하여 정리한다.
- 찬반토론에 대비한 주제를 목록으로 정리하여 자신의 논리를 내세운 예상답변을 작성한다.

㉡ 면접장에서 유념할 사항
- 질문의 의도 파악 : 답변을 할 때에는 질문 의도를 파악하고 그에 충실한 답변이 될 수 있도록 질문사항을 유념해야 한다. 많은 지원자가 하는 실수 중 하나로 답변을 하는 도중 자기 말에 심취되어 질문의 의도와 다른 답변을 하거나 자신이 알고 있는 지식만을 나열하는 경우가 있는데, 이럴 경우 의사소통능력이 부족한 사람으로 인식될 수 있으므로 주의하도록 한다.
- 답변은 두괄식 : 답변을 할 때에는 두괄식으로 결론을 먼저 말하고 그 이유를 설명하는 것이 좋다. 미괄식으로 답변을 할 경우 용두사미의 답변이 될 가능성이 높으며, 결론을 이끌어 내는 과정에서 논리성이 결여될 우려가 있다. 또한 면접관이 결론을 듣기 전에 말을 끊고 다른 질문을 추가하는 예상치 못한 상황이 발생될 수 있으므로 답변은 자신이 전달하고자 하는 바를 먼저 밝히고 그에 대한 설명을 하는 것이 좋다.

- 지원한 회사의 기업정신과 인재상을 기억 : 답변을 할 때에는 회사가 원하는 인재라는 인상을 심어주기 위해 지원한 회사의 기업정신과 인재상 등을 염두에 두고 답변을 하는 것이 좋다. 모든 회사에 해당되는 두루뭉술한 답변보다는 지원한 회사에 맞는 맞춤형 답변을 하는 것이 좋다.
- 나보다는 회사와 사회적 관점에서 답변 : 답변을 할 때에는 자기중심적인 관점을 피하고 좀 더 넓은 시각으로 회사와 국가, 사회적 입장까지 고려하는 인재임을 어필하는 것이 좋다. 자기중심적 시각을 바탕으로 자신의 출세만을 위해 회사에 입사하려는 인상을 심어줄 경우 면접에서 불이익을 받을 가능성이 높다.
- 난처한 질문은 정직한 답변 : 난처한 질문에 답변을 해야 할 때에는 피하기보다는 정면돌파로 정직하고 솔직하게 답변하는 것이 좋다. 난처한 부분을 감추고 드러내지 않으려 회피하려는 지원자의 모습은 인사담당자에게 입사 후에도 비슷한 상황에 처했을 때 회피할 수도 있다는 우려를 심어줄 수 있다. 따라서 직장생활에 있어 중요한 덕목 중 하나인 정직을 바탕으로 솔직하게 답변을 하도록 한다.

(2) 면접의 종류 및 준비 전략

① 인성면접

　㉠ 면접 방식 및 판단기준
- 면접 방식 : 인성면접은 면접관이 가지고 있는 개인적 면접 노하우나 관심사에 의해 질문을 실시한다. 주로 입사지원서나 자기소개서의 내용을 토대로 지원동기, 과거의 경험, 미래 포부 등을 이야기하도록 하는 방식이다.
- 판단기준 : 면접관의 개인적 가치관과 경험, 해당 역량의 수준, 경험의 구체성·진실성 등
　㉡ 특징 : 인성면접은 그 방식으로 인해 역량과 무관한 질문들이 많고 지원자에게 주어지는 면접질문, 시간 등이 다를 수 있다. 또한 입사지원서나 자기소개서의 내용을 토대로 하기 때문에 지원자별 질문이 달라질 수 있다.

ⓒ 예시 문항 및 준비전략

• 예시 문항

> • 3분 동안 자기소개를 해 보십시오.
> • 자신의 장점과 단점을 말해 보십시오.
> • 학점이 좋지 않은데 그 이유가 무엇입니까?
> • 최근에 인상 깊게 읽은 책은 무엇입니까?
> • 회사를 선택할 때 중요시하는 것은 무엇입니까?
> • 일과 개인생활 중 어느 쪽을 중시합니까?
> • 10년 후 자신은 어떤 모습일 것이라고 생각합니까?
> • 휴학 기간 동안에는 무엇을 했습니까?

• 준비전략 : 인성면접은 입사지원서나 자기소개서의 내용을 바탕으로 하는 경우가 많으므로 자신이 작성한 입사지원서와 자기소개서의 내용을 충분히 숙지하도록 한다. 또한 최근 사회적으로 이슈가 되고 있는 뉴스에 대한 견해를 묻거나 시사상식 등에 대한 질문을 받을 수 있으므로 이에 대한 대비도 필요하다. 자칫 부담스러워 보이지 않는 질문으로 가볍게 대답하지 않도록 주의하고 모든 질문에 입사 의지를 담아 성실하게 답변하는 것이 중요하다.

② 발표면접

㉠ 면접 방식 및 판단기준

• 면접 방식 : 지원자가 특정 주제와 관련된 자료를 검토하고 그에 대한 자신의 생각을 면접관 앞에서 주어진 시간 동안 발표하고 추가 질의를 받는 방식으로 진행된다.

• 판단기준 : 지원자의 사고력, 논리력, 문제해결력 등

㉡ 특징 : 발표면접은 지원자에게 과제를 부여한 후, 과제를 수행하는 과정과 결과를 관찰·평가한다. 따라서 과제수행 결과뿐 아니라 수행과정에서의 행동을 모두 평가할 수 있다.

ⓒ 예시 문항 및 준비전략

• 예시 문항

[신입사원 조기 이직 문제]

※ 지원자는 아래에 제시된 자료를 검토한 뒤, 신입사원 조기 이직의 원인을 크게 3가지로 정리하고 이에 대한 구체적인 개선안을 도출하여 발표해 주시기 바랍니다.

※ 본 과제에 정해진 정답은 없으나 논리적 근거를 들어 개선안을 작성해 주십시오.

• A기업은 동종업계 유사기업들과 비교해 볼 때, 비교적 높은 재무안정성을 유지하고 있으며 업무강도가 그리 높지 않은 것으로 외부에 알려져 있음.

• 최근 조사결과, 동종업계 유사기업들과 연봉을 비교해 보았을 때 연봉 수준도 그리 나쁘지 않은 편이라는 것이 확인되었음.

• 그러나 지난 3년간 1~2년차 직원들의 이직률이 계속해서 증가하고 있는 추세이며, 경영진 회의에서 최우선 해결과제 중 하나로 거론되었음.

• 이에 따라 인사팀에서 현재 1~2년차 사원들을 대상으로 개선되어야 하는 A기업의 조직문화에 대한 설문조사를 실시한 결과, '상명하복식의 의사소통'이 36.7%로 1위를 차지했음.

• 이러한 설문조사와 함께, 신입사원 조기 이직에 대한 원인을 분석한 결과 파랑새 증후군, 셀프홀릭 증후군, 피터팬 증후군 등 3가지로 분류할 수 있었음.

〈동종업계 유사기업들과의 연봉 비교〉   〈우리 회사 조직문화 중 개선되었으면 하는 것〉

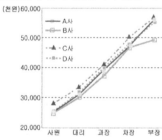
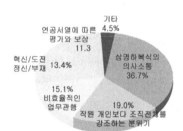

〈신입사원 조기 이직의 원인〉

• 파랑새 증후군

- 현재의 직장보다 더 좋은 직장이 있을 것이라는 막연한 기대감으로 끊임없이 새로운 직장을 탐색함.

- 학력 수준과 맞지 않는 '하향지원', 전공과 적성을 고려하지 않고 일단 취업하고 보자는 '묻지마 지원'이 파랑새 증후군을 초래함.

• 셀프홀릭 증후군

- 본인의 역량에 비해 가치가 낮은 일을 주로 하면서 갈등을 느낌.

• 피터팬 증후군

- 기성세대의 문화를 무조건 수용하기보다는 자유로움과 변화를 추구함.

- 상명하복, 엄격한 규율 등 기성세대가 당연시하는 관행에 거부감을 가지며 직장에 답답함을 느낌.

• 준비전략 : 발표면접의 시작은 과제 안내문과 과제 상황, 과제 자료 등을 정확하게 이해하는 것에서 출발한다. 과제 안내문을 침착하게 읽고 제시된 주제 및 문제와 관련된 상황의 맥락을 파악한 후 과제를 검토한다. 제시된 기사나 그래프 등을 충분히 활용하여 주어진 문제를 해결할 수 있는 해결책이나 대안을 제시하며, 발표를 할 때에는 명확하고 자신 있는 태도로 전달할 수 있도록 한다.

③ 토론면접

㉠ 면접 방식 및 판단기준

• 면접 방식 : 상호갈등적 요소를 가진 과제 또는 공통의 과제를 해결하는 내용의 토론 과제를 제시하고, 그 과정에서 개인 간의 상호작용 행동을 관찰하는 방식으로 면접이 진행된다.

• 판단기준 : 팀워크, 적극성, 갈등 조정, 의사소통능력, 문제해결능력 등

㉡ 특징 : 토론을 통해 도출해 낸 최종안의 타당성도 중요하지만, 결론을 도출해 내는 과정에서의 의사소통능력이나 갈등상황에서 의견을 조정하는 능력 등이 중요하게 평가되는 특징이 있다.

㉢ 예시 문항 및 준비전략

• 예시 문항

> • 군 가산점제 부활에 대한 찬반토론
> • 담뱃값 인상에 대한 찬반토론
> • 비정규직 철폐에 대한 찬반토론
> • 대학의 영어 강의 확대 찬반토론
> • 워크숍 장소 선정을 위한 토론

• 준비전략 : 토론면접은 무엇보다 팀워크와 적극성이 강조된다. 따라서 토론과정에 적극적으로 참여하며 자신의 의사를 분명하게 전달하며, 갈등상황에서 자신의 의견만 내세울 것이 아니라 다른 지원자의 의견을 경청하고 배려하는 모습도 중요하다. 갈등상황을 일목요연하게 정리하여 조정하는 등의 의사소통능력을 발휘하는 것도 좋은 전략이 될 수 있다.

④ 상황면접

㉠ 면접 방식 및 판단기준

• 면접 방식 : 상황면접은 직무 수행 시 접할 수 있는 상황들을 제시하고, 그러한 상황에서 어떻게 행동할 것인지를 이야기하는 방식으로 진행된다.

• 판단기준 : 해당 상황에 적절한 역량의 구현과 구체적 행동지표

ⓒ 특징 : 실제 직무 수행 시 접할 수 있는 상황들을 제시하므로 입사 이후 지원자의 업무 수행능력을 평가하는 데 적절한 면접 방식이다. 또한 지원자의 가치관, 태도, 사고방식 등의 요소를 통합적으로 평가하는 데 용이하다.

ⓒ 예시 문항 및 준비전략

• 예시 문항

> 당신은 생산관리팀의 팀원으로, 생산팀이 기한에 맞춰 효율적으로 제품을 생산할 수 있도록 관리하는 역할을 맡고 있습니다. 3개월 뒤에 제품A를 정상적으로 출시하기 위해 생산팀의 생산 계획을 수립한 상황입니다. 그러나 원가가 곧 실적으로 이어지는 구매팀에서는 최대한 원가를 줄여 전반적 단가를 낮추려고 원가절감을 위한 제안을 하였으나, 연구개발팀에서는 구매팀이 제안한 방식으로 제품을 생산할 경우 대부분이 구매팀의 실적으로 산정될 것이므로 제대로 확인도 해보지 않은 채 적합하지 않은 방식이라고 판단하고 있습니다. 당신은 어떻게 하겠습니까?

• 준비전략 : 상황면접은 먼저 주어진 상황에서 핵심이 되는 문제가 무엇인지를 파악하는 것에서 시작한다. 주질문과 세부질문을 통하여 질문의 의도를 파악하였다면, 그에 대한 구체적인 행동이나 생각 등에 대해 응답할수록 높은 점수를 얻을 수 있다.

⑤ 역할면접

㉠ 면접 방식 및 판단기준

• 면접 방식 : 역할면접 또는 역할연기 면접은 기업 내 발생 가능한 상황에서 부딪히게 되는 문제와 역할을 가상적으로 설정하여 특정 역할을 맡은 사람과 상호작용하고 문제를 해결해 나가도록 하는 방식으로 진행된다. 역할연기 면접에서는 면접관이 직접 역할연기를 하면서 지원자를 관찰하기도 하지만, 역할연기 수행만 전문적으로 하는 사람을 투입할 수도 있다.

• 판단기준 : 대처능력, 대인관계능력, 의사소통능력 등

㉡ 특징 : 역할면접은 실제 상황과 유사한 가상 상황에서의 행동을 관찰함으로서 지원자의 성격이나 대처 행동 등을 관찰할 수 있다.

㉢ 예시 문항 및 준비전략

• 예시 문항

> **[금융권 역할면접의 예]**
> 당신은 ○○은행의 신입 텔러이다. 사람이 많은 월말 오전 한 할아버지(면접관 또는 역할담당자)께서 ○○은행을 사칭한 보이스피싱으로 500만 원을 피해 보았다며 소란을 일으키고 있다. 실제 업무상황이라고 생각하고 상황에 대처해 보시오.

• 준비전략 : 역할연기 면접에서 측정하는 역량은 주로 갈등의 원인이 되는 문제를 해결하고 제시된 해결방안을 상대방에게 설득하는 것이다. 따라서 갈등해결, 문제해결, 조정·통합, 설득력과 같은 역량이 중요시된다. 또한 갈등을 해결하기 위해서 상대방에 대한 이해도 필수적인 요소이므로 고객 지향을 염두에 두고 상황에 맞게 대처해야 한다.

역할면접에서는 변별력을 높이기 위해 면접관이 압박적인 분위기를 조성하는 경우가 많기 때문에 스트레스 상황에서 불안해하지 않고 유연하게 대처할 수 있도록 시간과 노력을 들여 충분히 연습하는 것이 좋다.

2 면접 이미지 메이킹

(1) 성공적인 이미지 메이킹 포인트

① 복장 및 스타일

㉠ 남성

• 양복 : 양복은 단색으로 하며 넥타이나 셔츠로 포인트를 주는 것이 효과적이다. 짙은 회색이나 감청색이 가장 단정하고 품위 있는 인상을 준다.
• 셔츠 : 흰색이 가장 선호되나 자신의 피부색에 맞추는 것이 좋다. 푸른색이나 베이지색은 산뜻한 느낌을 줄 수 있다. 양복과의 배색도 고려하도록 한다.
• 넥타이 : 의상에 포인트를 줄 수 있는 아이템이지만 너무 화려한 것은 피한다. 지원자의 피부색은 물론, 정장과 셔츠의 색을 고려하며, 체격에 따라 넥타이 폭을 조절하는 것이 좋다.
• 구두 & 양말 : 구두는 검정색이나 짙은 갈색이 어느 양복에나 무난하게 어울리며 깔끔하게 닦아 준비한다. 양말은 정장과 동일한 색상이나 검정색을 착용한다.
• 헤어스타일 : 머리스타일은 단정한 느낌을 주는 짧은 헤어스타일이 좋으며 앞머리가 있다면 이마나 눈썹을 가리지 않는 선에서 정리하는 것이 좋다.

ⓛ 여성

- 의상 : 단정한 스커트 투피스 정장이나 슬랙스 슈트가 무난하다. 블랙이나 그레이, 네이비, 브라운 등 차분해 보이는 색상을 선택하는 것이 좋다.
- 소품 : 구두, 핸드백 등은 같은 계열로 코디하는 것이 좋으며 구두는 너무 화려한 디자인이나 굽이 높은 것을 피한다. 스타킹은 의상과 구두에 맞춰 단정한 것으로 선택한다.
- 액세서리 : 액세서리는 너무 크거나 화려한 것은 좋지 않으며 과하게 많이 하는 것도 좋은 인상을 주지 못한다. 착용하지 않거나 작고 깔끔한 디자인으로 포인트를 주는 정도가 적당하다.
- 메이크업 : 화장은 자연스럽고 밝은 이미지를 표현하는 것이 좋으며 진한 색조는 인상이 강해 보일 수 있으므로 피한다.
- 헤어스타일 : 커트나 단발처럼 짧은 머리는 활동적이면서도 단정한 이미지를 줄 수 있도록 정리한다. 긴 머리의 경우 하나로 묶거나 단정한 머리망으로 정리하는 것이 좋으며, 짙은 염색이나 화려한 웨이브는 피한다.

② 인사

ⓐ 인사의 의미 : 인사는 예의범절의 기본이며 상대방의 마음을 여는 기본적인 행동이라고 할 수 있다. 인사는 처음 만나는 면접관에게 호감을 살 수 있는 가장 쉬운 방법이 될 수 있기도 하지만 제대로 예의를 지키지 않으면 지원자의 인성 전반에 대한 평가로 이어질 수 있으므로 각별히 주의해야 한다.

ⓑ 인사의 핵심 포인트

- 인사말 : 인사말을 할 때에는 밝고 친근감 있는 목소리로 하며, 자신의 이름과 수험번호 등을 간략하게 소개한다.
- 시선 : 인사는 상대방의 눈을 보며 하는 것이 중요하며 너무 빤히 쳐다본다는 느낌이 들지 않도록 주의한다.
- 표정 : 인사는 마음에서 우러나오는 존경이나 반가움을 표현하고 예의를 차리는 것이므로 살짝 미소를 지으며 하는 것이 좋다.
- 자세 : 인사를 할 때에는 가볍게 목만 숙인다거나 흐트러진 상태에서 인사를 하지 않도록 주의하며 절도 있고 확실하게 하는 것이 좋다.

③ 시선처리와 표정, 목소리

    ㉠ **시선처리와 표정** : 표정은 면접에서 지원자의 첫인상을 결정하는 중요한 요소이다. 얼굴 표정은 사람의 감정을 가장 잘 표현할 수 있는 의사소통 도구로 표정 하나로 상대방에게 호감을 주거나, 비호감을 사기도 한다. 호감이 가는 인상의 특징은 부드러운 눈썹, 자연스러운 미간, 적당히 볼록한 광대, 올라간 입 꼬리 등으로 가볍게 미소를 지을 때의 표정과 일치한다. 따라서 면접 중에는 밝은 표정으로 미소를 지어 호감을 형성할 수 있도록 한다. 시선은 면접관과 고르게 맞추되 생기 있는 눈빛을 띄도록 하며, 너무 빤히 쳐다본다는 인상을 주지 않도록 한다.

    ㉡ **목소리** : 면접은 주로 면접관과 지원자의 대화로 이루어지므로 목소리가 미치는 영향이 상당하다. 답변을 할 때에는 부드러우면서도 활기차고 생동감 있는 목소리로 하는 것이 면접관에게 호감을 줄 수 있으며 적당한 제스처가 더해진다면 상승효과를 얻을 수 있다. 그러나 적절한 답변을 하였음에도 불구하고 콧소리나 날카로운 목소리, 자신감 없는 작은 목소리는 답변의 신뢰성을 떨어뜨릴 수 있으므로 주의하도록 한다.

④ **자세**

    ㉠ **걷는 자세**
- 면접장에 입실할 때에는 상체를 곧게 유지하고 발끝은 평행이 되게 하며 무릎을 스치듯 11자로 걷는다.
- 시선은 정면을 향하고 턱은 가볍게 당기며 어깨나 엉덩이가 흔들리지 않도록 주의한다.
- 발바닥 전체가 닿는 느낌으로 안정감 있게 걸으며 발소리가 나지 않도록 주의한다.
- 보폭은 어깨넓이만큼이 적당하지만, 스커트를 착용했을 경우 보폭을 줄인다.
- 걸을 때도 미소를 유지한다.

    ㉡ **서있는 자세**
- 몸 전체를 곧게 펴고 가슴을 자연스럽게 내민 후 등과 어깨에 힘을 주지 않는다.
- 정면을 바라본 상태에서 턱을 약간 당기고 아랫배에 힘을 주어 당기며 바르게 선다.
- 양 무릎과 발뒤꿈치는 붙이고 발끝은 11자 또는 V형을 취한다.
- 남성의 경우 팔을 자연스럽게 내리고 양손을 가볍게 쥐어 바지 옆선에 붙이고, 여성의 경우 공수자세를 유지한다.

ⓒ 앉은 자세

• 남성

> • 의자 깊숙이 앉고 등받이와 등 사이에 주먹 1개 정도의 간격을 두며 기대듯 앉지 않도록 주의한다. (남녀 공통 사항)
> • 무릎 사이에 주먹 2개 정도의 간격을 유지하고 발끝은 11자를 취한다.
> • 시선은 정면을 바라보며 턱은 가볍게 당기고 미소를 짓는다. (남녀 공통 사항)
> • 양손은 가볍게 주먹을 쥐고 무릎 위에 올려놓는다.
> • 앉고 일어날 때에는 자세가 흐트러지지 않도록 주의한다. (남녀 공통 사항)

• 여성

> • 스커트를 입었을 경우 왼손으로 뒤쪽 스커트 자락을 누르고 오른손으로 앞쪽 자락을 누르며 의자에 앉는다.
> • 무릎은 붙이고 발끝을 가지런히 하며, 다리를 왼쪽으로 비스듬히 기울이면 여성스러워 보이는 효과가 있다.
> • 양손을 모아 무릎 위에 모아 놓으며 스커트를 입었을 경우 스커트 위를 가볍게 누르듯이 올려놓는다.

(2) 면접 예절

① 행동 관련 예절

ⓐ **지각은 절대금물** : 시간을 지키는 것은 예절의 기본이다. 지각을 할 경우 면접에 응시할 수 없거나, 면접 기회가 주어지더라도 불이익을 받을 가능성이 높아진다. 따라서 면접 장소가 결정되면 교통편과 소요시간을 확인하고 가능하다면 사전에 미리 방문해 보는 것도 좋다. 면접 당일에는 서둘러 출발하여 면접 시간 20~30분 전에 도착하여 회사를 둘러보고 환경에 익숙해지는 것도 성공적인 면접을 위한 요령이 될 수 있다.

ⓑ **면접 대기 시간** : 지원자들은 대부분 면접장에서의 행동과 답변 등으로만 평가를 받는다고 생각하지만 그렇지 않다. 면접관이 아닌 면접진행자 역시 대부분 인사실무자이며 면접관이 면접 후 지원자에 대한 평가에 있어 확신을 위해 면접진행자의 의견을 구한다면 면접진행자의 의견이 당락에 영향을 줄 수 있다. 따라서 면접 대기 시간에도 행동과 말을 조심해야 하며, 면접을 마치고 돌아가는 순간까지도 긴장을 늦춰서는 안 된다. 면접 중 압박적인 질문에 답변을 잘 했지만, 면접장을 나와 흐트러진 모습을 보이거나 욕설을 한다면 면접 탈락의 요인이 될 수 있으므로 주의해야 한다.

ⓒ **입실 후 태도**: 본인의 차례가 되어 호명되면 또렷하게 대답하고 들어간다. 만약 면접장 문이 닫혀 있다면 상대에게 소리가 들릴 수 있을 정도로 노크를 두세 번 한 후 대답을 듣고 나서 들어가야 한다. 문을 여닫을 때에는 소리가 나지 않게 조용히 하며 공손한 자세로 인사한 후 성명과 수험번호를 말하고 면접관의 지시에 따라 자리에 앉는다. 이 경우 착석하라는 말이 없는데 먼저 의자에 앉으면 무례한 사람으로 보일 수 있으므로 주의한다. 의자에 앉을 때에는 끝에 앉지 말고 무릎 위에 양손을 가지런히 얹는 것이 예절이라고 할 수 있다.

ⓔ **옷매무새를 자주 고치지 마라.**: 일부 지원자의 경우 옷매무새 또는 헤어스타일을 자주 고치거나 확인하기도 하는데 이러한 모습은 과도하게 긴장한 것 같아 보이거나 면접에 집중하지 못하는 것으로 보일 수 있다. 남성 지원자의 경우 넥타이를 자꾸 고쳐 맨다 거나 정장 상의 끝을 너무 자주 만지작거리지 않는다. 여성 지원자는 머리를 계속 쓸 어 올리지 않고, 특히 짧은 치마를 입고서 신경이 쓰여 치마를 끌어 내리는 행동은 좋지 않다.

ⓜ **다리를 떨거나 산만한 시선은 면접 탈락의 지름길**: 자신도 모르게 다리를 떨거나 손가락을 만지는 등의 행동을 하는 지원자가 있는데, 이는 면접관의 주의를 끌 뿐만 아니라 불안하고 산만한 사람이라는 느낌을 주게 된다. 따라서 가능한 한 바른 자세로 앉아 있는 것이 좋다. 또한 면접관과 시선을 맞추지 못하고 여기저기 둘러보는 듯한 산만한 시선은 지원자가 거짓말을 하고 있다고 여겨지거나 신뢰할 수 없는 사람이라고 생각될 수 있다.

② **답변 관련 예절**

ⓖ **면접관이나 다른 지원자와 가치 논쟁을 하지 않는다.**: 질문을 받고 답변하는 과정에서 면 접관 또는 다른 지원자의 의견과 다른 의견이 있을 수 있다. 특히 평소 지원자가 관심 이 많은 문제이거나 잘 알고 있는 문제인 경우 자신과 다른 의견에 대해 이의가 있을 수 있다. 하지만 주의할 것은 면접에서 면접관이나 다른 지원자와 가치 논쟁을 할 필 요는 없다는 것이며 오히려 불이익을 당할 수도 있다. 정답이 정해져 있지 않은 경우 에는 가치관이나 성장배경에 따라 문제를 받아들이는 태도에서 답변까지 충분히 차이 가 있을 수 있으므로 굳이 면접관이나 다른 지원자의 가치관을 지적하고 고치려 드는 것은 좋지 않다.

ⓛ 답변은 항상 정직해야 한다. : 면접이라는 것이 아무리 지원자의 장점을 부각시키고 단점을 축소시키는 것이라고 해도 절대로 거짓말을 해서는 안 된다. 거짓말을 하게 되면 지원자는 불안하거나 꺼림칙한 마음이 들게 되어 면접에 집중을 하지 못하게 되고 수많은 지원자를 상대하는 면접관은 그것을 놓치지 않는다. 거짓말은 그 지원자에 대한 신뢰성을 떨어뜨리며 이로 인해 다른 스펙이 아무리 훌륭하다고 해도 채용에서 탈락하게 될 수 있음을 명심하도록 한다.

ⓒ 경력직일 경우 전 직장에 대해 험담하지 않는다. : 지원자가 전 직장에서 무슨 업무를 담당했고 어떤 성과를 올렸는지는 면접관이 관심을 둘 사항일 수 있지만, 이전 직장의 기업문화나 상사들이 어땠는지는 그다지 궁금해 하는 사항이 아니다. 전 직장에 대해 험담을 늘어놓는다든가, 동료와 상사에 대한 악담을 하게 된다면 오히려 지원자에 대한 부정적인 이미지만 심어줄 수 있다. 만약 전 직장에 대한 말을 해야 할 경우가 생긴다면 가능한 한 객관적으로 이야기하는 것이 좋다.

ⓔ 자기 자신이나 배경에 대해 자랑하지 않는다. : 자신의 성취나 부모 형제 등 집안사람들이 사회·경제적으로 어떠한 위치에 있는지에 대한 자랑은 면접관으로 하여금 지원자에 대해 오만한 사람이거나 배경에 의존하려는 나약한 사람이라는 이미지를 갖게 할 수 있다. 따라서 자기 자신이나 배경에 대해 자랑하지 않도록 하고, 자신이 한 일에 대해서 너무 자세하게 얘기하지 않도록 주의해야 한다.

3 　면접 질문 및 답변 포인트

(1) 가족 및 대인관계에 관한 질문

① 당신의 가정은 어떤 가정입니까?

면접관들은 지원자의 가정환경과 성장과정을 통해 지원자의 성향을 알고 싶어 이와 같은 질문을 한다. 비록 가정 일과 사회의 일이 완전히 일치하는 것은 아니지만 '가화만사성'이라는 말이 있듯이 가정이 화목해야 사회에서도 화목하게 지낼 수 있기 때문이다. 그러므로 답변 시에는 가족사항을 정확하게 설명하고 집안의 분위기와 특징에 대해 이야기하는 것이 좋다.

② 아버지의 직업은 무엇입니까?

아주 기본적인 질문이지만 지원자는 아버지의 직업과 내가 무슨 관련성이 있을까 생각하기 쉬워 포괄적인 답변을 하는 경우가 많다. 그러나 이는 바람직하지 않은 것으로 단답형으로 답변하면 세부적인 직종 및 근무연한 등을 물을 수 있으므로 모든 걸 한 번에 대답하는 것이 좋다.

③ 친구 관계에 대해 말해 보십시오.

지원자의 인간성을 판단하는 질문으로 교우관계를 통해 답변자의 성격과 대인관계능력을 파악할 수 있다. 새로운 환경에 적응을 잘하여 새로운 친구들이 많은 것도 좋지만, 깊고 오래 지속되어온 인간관계를 말하는 것이 더욱 바람직하다.

(2) 성격 및 가치관에 관한 질문

① 당신의 PR포인트를 말해 주십시오.

PR포인트를 말할 때에는 지나치게 겸손한 태도는 좋지 않으며 적극적으로 자기를 주장하는 것이 좋다. 앞으로 입사 후 하게 될 업무와 관련된 자기의 특성을 구체적인 일화를 더하여 이야기하도록 한다.

② 당신의 장·단점을 말해 보십시오.

지원자의 구체적인 장·단점을 알고자 하기 보다는 지원자가 자기 자신에 대해 얼마나 알고 있으며 어느 정도의 객관적인 분석을 하고 있나, 그리고 개선의 노력 등을 시도하는지를 파악하고자 하는 것이다. 따라서 장점을 말할 때는 업무와 관련된 장점을 뒷받침할 수 있는 근거와 함께 제시하며, 단점을 이야기할 때에는 극복을 위한 노력을 반드시 포함해야 한다.

③ 가장 존경하는 사람은 누구입니까?

존경하는 사람을 말하기 위해서는 우선 그 인물에 대해 알아야 한다. 잘 모르는 인물에 대해 존경한다고 말하는 것은 면접관에게 바로 지적당할 수 있으므로, 추상적이라도 좋으니 평소에 존경스럽다고 생각했던 사람에 대해 그 사람의 어떤 점이 좋고 존경스러운지 대답하도록 한다. 또한 자신에게 어떤 영향을 미쳤는지도 언급하면 좋다.

(3) 학교생활에 관한 질문

① 지금까지의 학교생활 중 가장 기억에 남는 일은 무엇입니까?

가급적 직장생활에 도움이 되는 경험을 이야기하는 것이 좋다. 또한 경험만을 간단하게 말하지 말고 그 경험을 통해서 얻을 수 있었던 교훈 등을 예시와 함께 이야기하는 것이 좋으나 너무 상투적인 답변이 되지 않도록 주의해야 한다.

② 성적은 좋은 편이었습니까?

면접관은 이미 서류심사를 통해 지원자의 성적을 알고 있다. 그럼에도 불구하고 이 질문을 하는 것은 지원자가 성적에 대해서 어떻게 인식하느냐를 알고자 하는 것이다. 성적이 나빴던 이유에 대해서 변명하려 하지 말고 담백하게 받아드리고 그것에 대한 개선노력을 했음을 밝히는 것이 적절하다.

③ 학창시절에 시위나 집회 등에 참여한 경험이 있습니까?

기업에서는 노사분규를 기업의 사활이 걸린 중대한 문제로 인식하고 거시적인 차원에서 접근한다. 이러한 기업문화를 제대로 인식하지 못하여 학창시절의 시위나 집회 참여 경험을 자랑스럽게 답변할 경우 감점요인이 되거나 심지어는 탈락할 수 있다는 사실에 주의한다. 시위나 집회에 참가한 경험을 말할 때에는 타당성과 정도에 유의하여 답변해야 한다.

(4) 지원동기 및 직업의식에 관한 질문

① 왜 우리 회사를 지원했습니까?

이 질문은 어느 회사나 가장 먼저 물어보고 싶은 것으로 지원자들은 기업의 이념, 대표의 경영능력, 재무구조, 복리후생 등 외적인 부분을 설명하는 경우가 많다. 이러한 답변도 적절하지만 지원 회사의 주력 상품에 관한 소비자의 인지도, 경쟁사 제품과의 시장점유율을 비교하면서 입사동기를 설명한다면 상당히 주목 받을 수 있을 것이다.

② 만약 이번 채용에 불합격하면 어떻게 하겠습니까?

불합격할 것을 가정하고 회사에 응시하는 지원자는 거의 없을 것이다. 이는 지원자를 궁지로 몰아넣고 어떻게 대응하는지를 살펴보며 입사 의지를 알아보려고 하는 것이다. 이 질문은 너무 깊이 들어가지 말고 침착하게 답변하는 것이 좋다.

③ 당신이 생각하는 바람직한 사원상은 무엇입니까?

직장인으로서 또는 조직의 일원으로서의 자세를 묻는 질문으로 지원하는 회사에서 어떤 인재상을 요구하는 가를 알아두는 것이 좋으며, 평소에 자신의 생각을 미리 정리해 두어 당황하지 않도록 한다.

④ 직무상의 적성과 보수의 많음 중 어느 것을 택하겠습니까?

이런 질문에서 회사 측에서 원하는 답변은 당연히 직무상의 적성에 비중을 둔다는 것이다. 그러나 적성만을 너무 강조하다 보면 오히려 솔직하지 못하다는 인상을 줄 수 있으므로 어느 한 쪽을 너무 강조하거나 경시하는 태도는 바람직하지 못하다.

⑤ 상사와 의견이 다를 때 어떻게 하겠습니까?

과거와 다르게 최근에는 상사의 명령에 무조건 따르겠다는 수동적인 자세는 바람직하지 않다. 회사에서는 때에 따라 자신이 판단하고 행동할 수 있는 직원을 원하기 때문이다. 그러나 지나치게 자신의 의견만을 고집한다면 이는 팀원 간의 불화를 야기할 수 있으며 팀 체제에 악영향을 미칠 수 있으므로 선호하지 않는다는 것에 유념하여 답해야 한다.

⑥ 근무지가 지방인데 근무가 가능합니까?

근무지가 지방 중에서도 특정 지역은 되고 다른 지역은 안 된다는 답변은 바람직하지 않다. 직장에서는 순환 근무라는 것이 있으므로 처음에 지방에서 근무를 시작했다고 해서 계속 지방에만 있는 것은 아님을 유의하고 답변하도록 한다.

(5) 여가 활용에 관한 질문

① 취미가 무엇입니까?

기초적인 질문이지만 특별한 취미가 없는 지원자의 경우 대답이 애매할 수밖에 없다. 그래서 가장 많이 대답하게 되는 것이 독서, 영화감상, 혹은 음악감상 등과 같은 흔한 취미를 말하게 되는데 이런 취미는 면접관의 주의를 끌기 어려우며 설사 정말 위와 같은 취미를 가지고 있다하더라도 제대로 답변하기는 힘든 것이 사실이다. 가능하면 독특한 취미를 말하는 것이 좋으며 이제 막 시작한 것이라도 열의를 가지고 있음을 설명할 수 있으면 그것을 취미로 답변하는 것도 좋다.

② 술자리를 좋아합니까?

이 질문은 정말로 술자리를 좋아하는 정도를 묻는 것이 아니다. 우리나라에서는 대부분 술자리가 친교의 자리로 인식되기 때문에 그것에 얼마나 적극적으로 참여할 수 있는 가를 우회적으로 묻는 것이다. 술자리를 싫어한다고 대답하게 되면 원만한 대인관계에 문제가 있을 수 있다고 평가될 수 있으므로 술을 잘 마시지 못하더라도 술자리의 분위기는 즐긴 다고 답변하는 것이 좋으며 주량에 대해서는 정확하게 말하는 것이 좋다.

(6) 여성 지원자들을 겨냥한 질문

① 결혼은 언제 할 생각입니까?

지원자가 결혼예정자일 경우 기업은 채용을 꺼리게 되는 경향이 있다. 업무를 어느 정도 인식하고 수행할 정도가 되면 퇴사하는 일이 흔하기 때문이다. 가능하면 향후 몇 년간은 결혼 계획이 없다고 답변하는 것이 현실적인 대처 요령이며, 덧붙여 결혼 후에도 일하고 자 하는 의지를 강하게 내보인다면 더욱 도움이 된다.

② 만약 결혼 후 남편이나 시댁에서 직장생활을 그만두라고 강요한다면 어떻게 하겠습니까?

결혼적령기의 여성 지원자들에게 빈번하게 묻는 질문으로 의견 대립이 생겼을 때 상대방 을 설득하고 타협하는 능력을 알아보고자 하는 것이다. 따라서 남편이나 시댁과 충분한 대화를 통해 설득하고 계속 근무하겠다는 의지를 밝히는 것이 좋다.

③ 여성의 취업을 어떻게 생각합니까?

여성 지원자들의 일에 대한 열의와 포부를 알고자 하는 질문이다. 많은 기업들이 여성들 의 섬세하고 꼼꼼한 업무능력과 감각을 높이 평가하고 있으며, 사회 전반적인 분위기 역 시 맞벌이를 이해하고 있으므로 자신의 의지를 당당하고 자신감 있게 밝히는 것이 좋다.

④ 커피나 복사 같은 잔심부름이 주어진다면 어떻게 하겠습니까?

여성 지원자들에게 가장 난감하고 자존심상하는 질문일 수 있다. 이 질문은 여성 지원자 에게 잔심부름을 시키겠다는 요구가 아니라 직장생활 중에서의 협동심이나 봉사정신, 직 업관을 알아보고자 하는 것이다. 또한 이 과정에서 압박기법을 사용해 비꼬는 투로 말하 는 수 있는데 이는 자존심이 상하거나 불쾌해질 때의 행동을 알아보려는 것이다. 이럴 경 우 흥분하여 과격하게 답변하면 탈락하게 되며, 무조건 열심히 하겠다는 대답도 신뢰성이 없는 답변이다. 직장생활을 위해 필요한 일이면 할 수 있다는 정도의 긍정적인 답변을 하 되, 한 사람의 사원으로서 당당함을 유지하는 것이 좋다.

(7) 지원자를 당황하게 하는 질문

① 성적이 좋지 않은데 이 정도의 성적으로 우리 회사에 입사할 수 있다고 생각합니까?

비록 자신의 성적이 좋지 않더라도 이미 서류심사에 통과하여 면접에 참여하였다면 기업에서는 지원자의 성적보다 성적 이외의 요소, 즉 성격·열정 등을 높이 평가했다는 것이라고 할 수 있다. 그러나 이런 질문을 받게 되면 지원자는 당황할 수 있으나 주눅 들지 말고 침착하게 대처하는 면모를 보인다면 더 좋은 인상을 남길 수 있다.

② 우리 회사 회장님 함자를 알고 있습니까?

회장이나 사장의 이름을 조사하는 것은 면접일을 통고받았을 때 이미 사전 조사되었어야 하는 사항이다. 단답형으로 이름만 말하기보다는 그 기업에 입사를 희망하는 지원자의 입장에서 답변하는 것이 좋다.

③ 당신은 이 회사에 적합하지 않은 것 같군요.

이 질문은 지원자의 입장에서 상당히 곤혹스러울 수밖에 없다. 질문을 듣는 순간 그렇다면 면접은 왜 참가시킨 것인가 하는 생각이 들 수도 있다. 하지만 당황하거나 흥분하지 말고 침착하게 자신의 어떤 면이 회사에 적당하지 않는지 겸손하게 물어보고 지적당한 부분에 대해서 고치겠다는 의지를 보인다면 오히려 자신의 능력을 어필할 수 있는 기회로 사용할 수도 있다.

④ 다시 공부할 계획이 있습니까?

이 질문은 지원자가 합격하여 직장을 다니다가 공부를 더 하기 위해 회사를 그만 두거나 학습에 더 관심을 두어 일에 대한 능률이 저하될 것을 우려하여 묻는 것이다. 이때에는 당연히 학습보다는 일을 강조해야 하며, 업무 수행에 필요한 학습이라면 업무에 지장이 없는 범위에서 야간학교를 다니거나 회사에서 제공하는 연수 프로그램 등을 활용하겠다고 답변하는 것이 적당하다.

⑤ 지원한 분야가 전공한 분야와 다른데 여기 일을 할 수 있겠습니까?

수험생의 입장에서 본다면 지원한 분야와 전공이 다르지만 서류전형과 필기전형에 합격하여 면접을 보게 된 경우라고 할 수 있다. 이는 결국 해당 회사의 채용 방침상 전공에 크게 영향을 받지 않는다는 것이므로 무엇보다 자신이 전공하지는 않았지만 어떤 업무도 적극적으로 임할 수 있다는 자신감과 능동적인 자세를 보여주도록 노력하는 것이 좋다.

02 면접기출

1 IBK캐피탈 및 IBK기업은행 면접기출

(1) 면접기출

① 기업은행이나 캐피탈 지점을 방문해 본 경험이 있습니까?

② 방문해 본 경험이 있다면 무엇을 느꼈습니까?

③ 기업은행을 방문한 목적은 무엇이었습니까?

④ 왜 기업은행이 본인을 뽑아야 하는지 말해보시오.

⑤ 서비스 정신에 강점이 있다고 되어 있는데 그것을 객관적으로 증명할 증거가 있습니까?

⑥ 지금까지 면접을 보면서 아쉬웠던 점이 있다면 무엇입니까?

⑦ 기업은행의 면접 방식 중 무슨 면접이 계속되어야 한다고 생각합니까?

⑧ 본인은 설득을 하는 편입니까?, 아니면 설득을 당하는 편입니까?

⑨ 은행원이 되기 위해서 언제부터 준비하였습니까?

⑩ 은행원이 되기 위해서 어떠한 노력을 하였는지 말해보시오.

⑪ 금융 관련 IT뉴스를 자주 본다고 되어 있는데 그렇다면 빅데이터에 대해서 설명해 보시오.

⑫ 보안인증방법에는 어떠한 것들이 있는지 설명해 보시오.

⑬ 미래의 은행원상은 무엇이라 생각하는가?

⑭ 우리 회사가 본인을 뽑아야 하는 이유 한 가지를 말해보시오.

⑮ 가장 존경하는 인물과 이유는 무엇인가?

⑯ 1분간 자기소개를 해보시오.

⑰ 마지막으로 하고 싶은 말은 무엇인가?

⑱ 모기지론과 역모기지론을 설명하고 차이점을 분석해보시오.

⑲ 10만 원 권 발행 시 장단점은 무엇이라고 생각하는가?

⑳ 리노미네이션에 대해 설명해보시오.

㉑ PF프로젝트파이낸싱에 대해 설명해보시오.

㉒ 본인이 금융 영업 분야에서 잘 할 수 있는 이유는 무엇인가?

(3) 찬반 토론 기출문제

① 전교조명단공개

② 분양원가공개

③ 정년연장

④ 행정수도이전

⑤ 인터넷 실명제

⑥ 기업의 영어공용화

⑦ 자본시장통합법

⑧ 차이나머니 유입의 규제

(4) 역량면접 기출문제

① 같은 조에 있었던 동료들을 평가하시오.

② 지난 합숙면접 기간 동안 같은 팀 동료들 중 가장 잘했던 사람은 누구인가?

③ 지난 합숙면접 기간 동안 같은 팀 동료들 중 가장 같이 일하고 싶은 사람은 누구인가?

2 기타 금융권 면접기출

(1) 국민은행

① 면접

- 아르바이트하면서 인상 깊었던 손님이 있습니까?
- 평소 고객으로서 국민은행에 바라는 점은 무엇인가요?
- 자신의 장·단점에 대해 말씀해보세요.
- G20에서 금리를 인상해야 한다는 의견을 발표한 현 상황에서 한국은 콜금리를 인상하는 것이 좋은가?
- 원화 가치 상승 문제에 대해 어떻게 생각하십니까?
- 녹색금융과 관련하여 금융상품을 제안해보세요.
- Y세대를 공략하는 새로운 카드 컨셉과 제휴사를 제안해보세요.
- PB가 되고 싶다고 했는데, KB에서 어떤 PB가 되고 싶은가요?
- 봉사활동을 많이 한 것 같은데, 그 중 가장 기억에 남는 것은 무엇인가요?
- 원래 은행원이 되고 싶은 게 아니라 갑자기 준비한 것 아닌가요?
- 상사에게 부당한 일을 당한 적이 있으면 말씀해보세요.
- 국민은행 하면 떠오르는 것이 무엇입니까?

② PT면접

- Y세대를 겨냥한 새로운 제휴처를 생각해 보고 전략을 세워보시오.
- 이색 금융상품 혹은 서비스 아이디어를 제시하시오.
- 레프킨이 노동의 종말을 예상하였는데 노동의 종말시기가 오면 은행원은 일자리를 잃을 것인가? 아니면 역할이 어떻게 변화될 것인가?
- 윤리경영/디자인경영/지식경영의 의의와 국민은행에 어떻게 적용시켜 활용할 것인지에 대한 방안을 제시하시오.

(2) 신한은행

① 면접

- 타행에서 인턴이나 근무한 적이 있다면 타행이 신한과 어떤 부분에서 다른지 말씀해 보세요.
- 신한이 왜 당신을 뽑아야 하는지를 설명해보세요.
- 은행원이 가져야 할 품성은 무엇입니까?
- 신한은행 영업점을 방문해서 느꼈던 점이 무엇입니까?
- 은행관련 전공이 아닌데, 신한은행에 입행하기 위해 어떤 노력을 하였습니까?
- 다른 지원자들과 차별되는 자신만의 장점은 무엇입니까?
- 상사와의 갈등을 어떻게 해결할 것입니까?
- 희망지역이 아닌 다른 지점에 발령받으면 어떻게 할 것입니까?
- 졸업 후 어디에 구직활동을 하였습니까?
- 외국어로 자기소개 또는 본인을 택해야 하는 이유를 이야기해 보세요.

② PT면접

- 신한은행의 IB전략을 제시하시오.
- 해외기업 고객 유치를 위한 마케팅 전략을 제시하시오.
- 대면, 비대면 채널 강화를 위한 전략을 제시하시오.
- 점심시간 고객들의 대기시간을 줄이기 위한 전략을 제시하시오.
- 지점 두 개가 통합됐다. 고객이탈을 방지하기 위한 마케팅 전략을 제시하시오.
- 녹색금융 마케팅 전략을 제시하시오.

(3) 우리은행

① 면접
- 사람들과 친해지는 자신만의 노하우를 말씀해보세요.
- 자산관리사가 되고 싶다고 했는데 PB가 뭐하는지 아나요?
- 증권 PB와 은행 PB의 차이점에 대해 말씀해보세요.
- 우리은행의 가치가 무엇입니까?
- 미소금융, 녹색금융상품 중 우리가 파는 상품에 대해 알고 계십니까?

② PT면접
- 우리은행의 지속적 발전 방향을 제시하시오.
- 성공적인 인적네트워크를 만드는 방법을 제시하시오.
- 신입사원의 이직 비율을 낮추는 방안을 제시하시오.
- 은행과 카드의 시너지 효과 방안을 제시하시오.
- 40대 남성의 포트폴리오 전략을 제시하시오.

(4) 하나은행

① 면접
- 타 전공인데 왜 은행에 지원했나요?
- 까다로운 고객에게 어떻게 대처할 것입니까?
- 입행 후 최종 목표가 무엇입니까?
- 하나은행에 대한 이미지 하면 떠오르는 것 10초간 말씀해보세요.
- 은행원이 주식을 하는 것에 대한 생각을 말씀해보세요.
- MMF/서브프라임모기지/방카슈랑스/더블딥/BIS에 대해서 설명해보세요.
- 은행에서 가장 필요한 자질이 무엇입니까?

② PT면접
- 기업이미지 제고 방안과 효과에 대해 설명하시오.
- 트위터 열풍에 대한 견해와 우리사회에 미칠 영향을 설명하시오.
- 10억을 준다면 자산구성을 해보시오.
- 부동산 문제와 향후 대책을 제시하시오.
- 은행 신규 고객 유치 방안을 제시하시오.
- 하나은행의 새로운 수익 창출 방안을 제시하시오.